航道工程与测量

于洪涛　朱占峰　石江滨　著

吉林科学技术出版社

图书在版编目（CIP）数据

航道工程与测量 / 于洪涛，朱占峰，石江滨著．--
长春：吉林科学技术出版社，2019.10
ISBN 978-7-5578-6215-2

Ⅰ．①航… Ⅱ．①于… ②朱… ③石… Ⅲ．①航道工程②航道测量 Ⅳ．
①U61②U675.4

中国版本图书馆 CIP 数据核字（2019）第 233155 号

航道工程与测量

著　　者	于洪涛　朱占峰　石江滨	
出 版 人	李　梁	
责任编辑	端金香	
封面设计	刘　华	
制　　版	王　朋	
开　　本	185mm×260mm	
字　　数	400 千字	
印　　张	18.25	
版　　次	2019 年 10 月第 1 版	
印　　次	2019 年 10 月第 1 次印刷	

出　　版　吉林科学技术出版社

发　　行　吉林科学技术出版社

地　　址　长春市福祉大路 5788 号出版集团 A 座

邮　　编　130118

发行部电话/传真　0431—81629529　　81629530　　81629531
　　　　　　　　　81629532　　81629533　　81629534

储运部电话　0431—86059116

编辑部电话　0431—81629517

网　　址　www.jlstp.net

印　　刷　北京宝莲鸿图科技有限公司

书　　号　ISBN 978-7-5578-6215-2

定　　价　75.00 元

前言

　　航道是在水域内供船舶及排、筏航行的线路。航道工程是开拓航道和改善航道航行条件的工程。而随着测量技术的发展进步，在我国航道工程测量水平得到了提高，测量现代化程度越来越高。

　　本书通过对河流与航道、航道整治工程、疏浚工程、河流渠化工程、通航建筑物、航道测量基础以及航道的施工测量几个方面内容的分析研究，阐述了航道工程各项目施工建设与航道测量两方面的相关理论与实践技术，以期为我国广大航道施工与测绘从业者提供一本切合实用的参考资料，这也是我们编写《航道工程与测量》这本书的意图所在。

　　由于本书包罗内容较多，涉及知识较烦琐，编写人员较多，各章节内容的格式、深度和广度可能并不一致，且谬误无可避免，敬请广大读者批评指正。

目录

1　河流与航道

　　中国对于河流的称谓很多，较大的河流常称江、河、水，如长江、黄河、汉水等。浙、闽、台地区的一些河流较短小，水流较急，常称溪，如台湾的蜀水溪、福建的沙溪、建溪等。西南地区的河流也有称为川的，如四川的大金川、小金川、云南的螳螂川等。

第一节　河流概述

河流是指由一定区域内地表水和地下水补给，经常或间歇地沿着狭长凹地流动的水流。

河流是地球上水文循环的重要路径，是泥沙、盐类和化学元素等进入湖泊、海洋的通道。中国对于河流的称谓很多，较大的河流常称江、河、水，如长江、黄河、汉水等。浙、闽、台地区的一些河流较短小，水流较急，常称溪，如台湾的蜀水溪、福建的沙溪、建溪等。西南地区的河流也有称为川的，如四川的大金川、小金川、云南的螳螂川等。

一、河流文化

人类社会文明源起于河流文化，人类社会发展积淀河流文化，河流文化生命推动社会发展。河流文化作为一种人类的文化、文明类型，被人们认知已经经历了很长的历史时期，人们把其称为"大河文明"，尼罗河、幼发拉底河、和底格里斯河流域的两河文明、印度河文明、黄河文明。这些大河文明与人类文明息息相关，是人类文明的源泉和发祥地。河流与人类文明的相互作用，造就了河流的文化生命。河流先于人类存在于地球上，供养生命，使地球充满生机。河流与人类社会的关系具有悠久的历史，河流文化生命概念的提出，扩展了社会调控范围，引起了一系列的变革。

（一）意义

河流是地球生命的重要组成部分，是人类生存和发展的基础。河流是地球上多样生态系统中最基本的存在形式之一。历史上人类及其社会生态系统的发生发展与河流相互依存，密不可分。如古中国人发源于黄河流域，古埃及人发源于尼罗河流域，古印度人发源于恒河流域，古巴比伦人发源于两河流域。至20世纪后半期，几乎全世界范围内的河流生态都不同程度地呈现单项或多项并发症：河流崩溃、尾闾消绝。除了美国科罗拉多河外，亚洲几条较大的河流—恒河、印度河、黄河、阿姆河、锡尔河，在一年中的大多数时候都不能入海。

河流不仅产生生命，也孕育和产生人类文化。河流的生命问题，不仅关系到陆地水生生物的繁衍、生息和生态稳态，也直接影响人类在长期历史传统中形成的对河流与人及其社会休戚相关的精神信仰、心灵形象和品味象征意义。

（二）中国河流文化

中国境内的河流，仅流域面积在1000平方千米以上的就有1500多条。全国径流总量达27000多亿立方米，相当于全球径流总量的5.8%。由于主要河流多发源于青藏高原，落差很大。注入海洋的外流河流域面积约占全国陆地总面积的64%。流入内陆湖泊或消失于沙漠、盐滩之中的内流河，流域面积约占全国陆地总面积的 36%。长江、黄河、黑龙江、珠江、辽河、海河、淮河等向东流入太平洋；西藏的雅鲁藏布江向东流出国境再向南注入印度洋；新疆的额尔齐斯河则向北流出国境注入北冰洋。新疆南部的塔里木河，是中国最长的内流河，全长 2179km。河流文化孕育了人类早期文明，人类社会文明发展积淀河流生命。河流文化扩展了社会调控的范围，促进社会政治变革、经济变革和文化变革。

二、河流系统

河流系统是由两条以上大小不等的支流以不同形式汇入主流所构成的集合体。

河流系统是一个自然结构、生态环境和经济社会相互耦合的开放系统，由于水体的流动性、系统与外界不断进行物质和能量的交换以及信息的传递，同时通过系统内各组分之间的协同作用完成系统的自我组织、自我协调。河流系统具有明显的耗散性和协同性。

河流系统是指河道中相互联系的水、沙、河床以及生态系统之间形成的复杂体系。河流系统中的物理、化学、生物等各种过程涉及了地貌学、河床演变学、河流动力学、沉积学、水文水环境、生态学等多个学科。

（一）结构组成

河流从河源至河口构成一个完整的河流系统，它是由许多部分构成，各组成部分间通过水流、生物活动等形成了河流系统的复杂结构。河流系统的组成部分既包括物质的，如河岸带、河床、水体、生物、建筑物等；也包括非物质的，如历史、文化。其中，河岸带、河床、水体构成了河流系统的自然结构；生物群落构成了河流系统的生态结构；历史和文化构成了河流系统的文化结构；建筑物构成了河流系统的调节工程。可见，河流系统主要包括自然结构、生态结构、文化结构、调节工程。

1. 自然结构

由河流源头、湖泊、湿地、河口构成的不同级别的干流和支流，形成了众多的河网水系。在横向上，河流由河岸带、堤防、滩地、水体和河床构成。河流横向结构与河流有无堤防关系密切，对于有堤防的河流，河流系统横向范围包括两岸堤防外护堤地之间的水域、沙洲、滩地、河道主槽和堤防及护堤地；无堤防的河流，河流系统横向范围包括两岸缓冲带之间水域、沙洲、滩地、河道主槽和河岸带。

2. 生态结构

河流系统中具有丰富的生物组成，包括动物、植物和微生物。有水生的，有陆生的，也有两栖。由于水体的流动特性决定了河流系统中生物分布具有纵向成带特点，生物大多具有适应急流生境的特殊形态结构。这些丰富的生物经过长期的自然选择，形成了较为稳定的生态系统，在系统内部具有复杂的食物链和食物网，生物之间通过食物链和食物网进行物质、能量和信息交换，同时生物也与自然结构间存在着相互作用，并依赖于自然结构而生存。河流生态系统基本属于异养型系统，其能量、有机物质主要来源于相邻陆地生态系统产生的枯枝落叶和动物残体及地表水、地下水输入过程中所带的各种养分。

3. 文化结构

河流系统在发展演化过程中，均承载着丰厚的人文历史，同时也充分体现着现代社会的文明特征。这也是河流系统很重要的组成部分，构成河流系统的文化结构。它包括了历史文化和现代文明。历史文化是指过去发生在河流系统沿线的历史掌故、重要历史人物、重要的文物建筑以及社会发展的历程；现代文明是当代社会治理、建设、开发河流系统中所赋予的新文化。

4. 调节工程

河流系统的调节工程是人类用来调节或控制天然径流，进行河流水资源开发利用，防止水旱灾害。满足亲水需求的工程措施。调节工程包括两类：一类是安全保障型调节工程，这类工程是人类为保障生存安全、开发利用水资源而修建的涉水工程，主要包括水闸、水电站、堰坝、桥梁、码头、引排工程和水库等涉水建筑物；另一类是社会服务型调节工程，这类工程是人类为提高河流系统的人水和谐、亲水服务、休闲服务、人文教育等社会服务功能而修建的河岸建筑或设施，它主要包括亲水平台、景观建筑、休闲设施、人文历史建筑、宣传教育基地等。

（二）组成亚系统

河流系统包含3个亚系统：

1. 流域分水地区或产沙地区，即河流来水来沙区。

2. 干流中下游输水输沙带，对平衡的河道来说，输入的泥沙等于输出的泥沙。

3. 河口三角洲沉积作用区。

每个亚系统都是一个开放系统，在系统中，不仅系统与环境气候、地壳运动、基准面等之间，而且系统内部各要素间均不断进行着物质、能量和信息交换。通常第一亚系统为流域科学家、地貌学家和水文学家所关心的对象，在这里环境中的物质、能量以负熵流的形式进入系统；第二亚系统为水力与河道整治工程师和地貌学家共同关心的对象，同时泛滥平原上的古河道及河谷淤积物又为地层学家和沉积学家所关注；第三亚系统关系到地质学和海洋工程，而冲积扇、冲积平原、三角洲的形态、内部结构和地层特点是地质学和地貌学共同关心的课题，在这里物质能量以流的形式输出到环境中去。

三个亚系统的关系是复杂的过程响应关系。受地壳运动、地质条件、地形、气候、植被等独立变量控制的地表侵蚀动力和地表形态决定了第一亚系统的产流及其过程，产沙量及其性质，这些又决定了第二亚系统中的河道特性及第三亚系统的沉积物性质。

（三）特点

按照河流连续体理论，从河流源头到下游，河流系统内的宽度、深度、流速、流量、水温等物理变量具有连续变化特征，生物体在结构和功能方面与物理体系的能量耗散模式保持一致，生物群落的结构和功能会随着动态的能量耗散模式做出实时调整。可见，河流在空间结构、生物组成和时间尺度上是一个连续的整体，具有很强的系统性，将其称之为河流系统，其结构具有四维特性。

河流系统在纵向、横向、垂向等三维空间表现出各自不同的特征。在纵向上，河流系统表现为蜿蜒曲折、分层分级的特征；在横向上，河流系统表现为水体与陆地间的相互作用；在垂向上，河流系统表现为地下水对河流水文要素和化学成分的影响，以及生活在河床底质中的有机体与河流的相互作用。

在时间上，在自然界长期的演变过程中，河流的河势也处于演变之中，其演变过程是一个动态过程，河流的流量、水位等是随着降雨、水文变化及潮流等条件在时间与空间上的变化而发展周期变化和随机变化的，河流的泥沙冲淤、河流形态变化以及生物群落的演替变化都随时间推移而发生着动态变化。

（四）功能

河流系统的功能由其结构决定，各结构组成相互作用，协调运行，实现河流的各项功能。河流系统自然结构主要完成调蓄洪水、稳定河床等河道结构的自我调节功能。生态结构主要完成河流系统物质动态调节功能，维持生态系统的动态平衡和可持续性。文化结构与调节工程主要保证河道能够为人们生产、生活提供更为安全可靠的服务。河流系统主要包括自然调节功能、生态功能和社会服务功能。

1. 自然调节功能

河流在自然演变、发展过程中，在水流的作用下，起着调蓄洪水的运行、调整河道结构形态、调节气候等方面的作用，这即是河流系统的自然调节功能。归纳起来，主要包括水文调蓄功能、输送物质与能量功能、塑造地质地貌功能、调节周边气候功能。

2. 生态功能

河流是自然界物质循环和能量流动的重要通道，在生物圈的物质循环中起着重要作用。没有河流的纽带作用，各种生态系统就无法交流。河流为河流内以至流域内和近海地区的生物提供营养物，为它们运送种子，排走和分解废弃物，并以各种形态为它们提供栖息地，使河流成为多种生态系统生存和演化的基本保证条件。这就是河流系统的生态功能。河流系统的生态功能主要包括栖息地功能、通道作用、过滤和屏蔽作用、源汇功能等。

3. 社会服务功能

河流系统的社会服务功能是指河流在社会的持续发展中所发挥的功能和作用。这种功能和作用可以分为两个方面：一是物质层面，包括河流系统为生产、生活所提供的物质资源、治水活动所产生的各种治河科学技术、水利工程以及由此带来的生活上的便利和社会经济效益等；二是精神层面，包括文化历史、文学艺术、审美观念、伦理道德、哲学思维、社风民俗、休闲娱乐等。

三、河流特性

河流在河床形态、水流运动、水文泥沙以及河床冲淤规律等方面的属性。按流经地区的不同，河流一般可分为山区河流和平原河流。对于较大的河流，其上游段多为山区河流，下游段多为平原河流，中游段则往往兼有山区河流和平原河流的特性。对于较小的河流，其全河段可能均位于山区，也可能均位于平原地区，分别显现相应的特性。

（一）河流形态特征

1. 山区河流

山区河流的平面形态为沿程宽窄相间，呈藕节状。在峡谷河段，河谷横断面多呈 V 形，谷坡陡峭，岸线极不规则，急弯、卡口、突嘴很多，常有孤石突出或礁石林立；在宽谷段或丘陵地段，河床横断面多呈 U 形，谷坡一般较缓，有发育的阶地，江心有洲滩；在溪沟汇入处，常有大量砂石堆积在溪口，形成扇形冲积体，将航道缩窄，甚至堵塞。山区河流纵断面形态存在很多折点，河床高程起伏很大，有的河流起伏高程差为 3 ~ 5m，有的达 30 ~ 40m，中国长江万县附近的河床高差达 60m。山区河流由于纵断面沿程起伏变化，水面线一般也存在折点，形成水流急流段和缓流段相间，由于河床形态特征不同，形成各种碍航的滩险。

2. 平原河流

平原河流流经地势平坦、土质疏松的平原地区，冲积层一般都比较深厚，往往达数十米甚至数百米以上，平面形态多不规则。平原河流河谷宽广，在河谷中分布着广阔的河漫滩。中枯水期水流限制在主河槽中流动，洪水期水流漫滩，河面宽阔。平原河流的河床形态是水流和河床相互作用的产物，其平面形态随河床边界组成不同，形成顺直型河道、弯曲型河道、游荡型河道和分汊型河道等不同河型。河道的横断面尺度较大，多呈宽浅型。平原河流河床纵坡较为平缓，水面比降较小，一般均在 0.3% ~ 0.4% 以下，流速不大，流态比较平稳。河床沿程走向由一系列的深槽和浅滩组成，呈高低不平、波浪起伏状态，两深槽之间的浅滩处水深不足，常是船舶航行的主要障碍。

（二）水文泥沙特性

1. 山区河流

山区河流的河床质多由砾卵石或沙卵石组成，所流经的地区坡面陡峻，径流模数大，汇流时间较短。洪水暴涨暴落是山区河流重要的水文特点，在暴雨集中地区尤为显著，暴雨与山洪往往同时发生，但一般洪水持续时间不长，降雨过后，河道又恢复原来的低水细流。流量与水位变幅大是山区河流又一个重要的水文特点。最大流量与最小流量的比值可达几百倍。例如，中国长江支流嘉陵江的最大流量为 39600m³ 每秒，最小流量为 220m³ 每秒，两者相差 180 倍。但在集水面积大的山区河流，流量过程线自然调平，洪枯流量相差较小。山区河流一般河谷狭窄，调蓄能力低，随流量急剧变化，水位大幅度升降，例如，长江三峡的巫峡段，水位变幅达 55.6m。另外，受河床形态及水流条件影响，山区河流水面比降一般都较大，且沿程分布极不均匀，绝大部分落差集中在局部河段。河床上存在急弯、石梁、卡口等滩险，形成很大的横比降。同时山区河流的流态十分险恶，常有回流、泡水、漩涡、跌水、水跃、剪刀水、横流等出现，对航行造成很大的威胁。

山区河流的泥沙来最主要集中在汛期，含有冲泻质、悬移质和推移质，悬移质含沙量视地区而异。在岩石风化不严重或植被较好的地区，含沙量较小。相反，在岩石风化严重或植被较差的地区，山洪暴发时含沙量极大，甚至形成泥石流。例如，中国黄河府谷水文站最大含沙量达 1190m³（1971 年 7 月 23 日）有些山区河流处于泥石流发育地区，泥石流汇入江河以后，对泥沙运动、河流形态等有很大影响。

2. 平原河流

由于平原河流集水面积大，所流经的地区坡度比较平缓，河槽两侧有广阔的河漫滩，

降雨后汇流时间长，洪峰在传递过程中因槽蓄作用不断削平，因而一般没有洪水陡涨陡落的现象。另外，由于大面积降雨不均匀，支流入汇时间有先后，洪水起涨和回落都比较平缓，持续时间长，流量与水位的变幅一般较小。平原河流水面比降较小，一般流速都在 2~3 米每秒以下，没有山区河流的跌水、横流、泡水等险恶流态。但有一些平原河流，因流域内暴雨集中，降雨面积小而强度大，次数又较多，会造成洪水多峰相连，峰型尖瘦，涨落较快，持续时间较短。例如，黄河花园口站流量过程和长江汉口站流量过程就有显著不同。

平原河流的泥沙以悬移质为主，由于河床组成多为细颗粒泥沙，所以悬移质中床沙质部分多处于饱和状态，但含沙量一般不大。例如，长江汉口站多年平均含沙量为 0.61 千克每立方米；宜昌站为 1.18 千克每立方米，泥沙中径为 0.035 千克每立方米，多年平均输沙量为 5.21 亿吨，洪峰和沙峰基本同步。但有一些平原河流，洪水过程中含沙量变化大，例如，黄河花园口站平均含沙量最大达 31.3 千克每立方米，泥沙中径为 0.025~0.028mm，年输沙量达 16 亿吨，同样的洪峰带来不同的沙峰。

（三）河床演变

1. 山区河流

山区河流除基岩裸露的河床外，一般均为卵石或沙卵石所覆盖。推移质多为卵石及粗沙。在峡谷河段，洪水期间峡谷流速大，将峡谷内的推移质输送到下游河床宽阔段；枯水期间峡谷段水流平缓，而宽阔段的滩上流速、比降均较大，将洪水时期淤积的泥沙部分或全部输移到峡谷河段，推移质运动在空间分布上有明显的不连续性。宽阔段的浅滩，由于洪、枯水流路不一致，一般呈洪淤枯冲的周期性变化。山区河流两岸多为岩质组成，一般横向变幅不大。

2. 平原河流

平原河流在一定的流域来水、来沙和河床边界条件下，经过质构成，在水流作用下很容易发生运动。即使流域来水、来沙和边界条件不发生大的变化，但由于局部条件的影响，河床也会产生冲淤变化。因此平原河流演变主要表现为河床的往复水流与河床的长期调整，多数已达到平衡或准平衡状态。平原河流的河床均由中、细沙等松散物变形，特别是河床的平面变迁和河床中泥沙堆积体的不断变化，这些均对航道带来很大影响。研究河流特性，掌握河流的水文、泥沙特性及河床、浅滩的变化规律，才能正确确定河道和航道的整治原则和方法。

第二节　航道概述

航道是指沿海、江河、湖泊、运河内船舶、排筏可以通航的水域。航道由可通航水域、助航设施和水域条件组成。广义上必须把航道理解为水道或河道整体。

一、航道概念与历史沿革

（一）航道概念

1. 通航水域

就术语的含义而言，船舶及排筏可以通达的水面范围都是通航水域，则沿海、江河、湖泊、水库、渠道和运河内可供船舶、排筏在不同水位期的通航水域即为航道。

要明确界定通航水域，首先要明确船舶和排筏的含义。在《中华人民共和国海上交通安全法》中指明船舶"是指各类排水或非排水船、筏、水上飞机、潜水器和移动式平台"；在《中华人民共和国内河交通安全管理条例》中则规定船舶"是指各类排水或非排水的船艇和移动式平台"。前者将排筏列入船舶的范围，后者则未作这样的明文规定。船舶种类很多，有大有小，其作为水上运载工具的属性是相同的，但不同类别和大小的船舶其功能相异。具有能让营运船舶和大中型排筏通达条件的水域定为有真正意义的通航水域，当然，这类水域同样可供小艇和小排筏通行。

2. 航道

广义上必须把航道理解为水道或河道整体，它可以不包括堤防和整个河漫滩，但不能不包括常遇洪水位线以下的基本河槽或者是中高潮位以下的沿海水域。

航道的狭义理解等同于"航槽"。因为航道应当有尺度标准和设标界限，航道位置可以随河床演变或水位变动而随时移动，航道尺度也可以随季节与水位变化以及治理工程的实施而有所调整。除了运河、通航渠道和某些水网地区的航道以外，航道宽度总是小于河槽的宽度。在天然河流、湖泊、水库内，航道的设定范围总是只占水面宽度的一部分而不是全部。用航标标示出的可供船舶航行利用的这一部分水域，受到客观自然条件的制约。在天然条件下，不同水位期能供船舶安全通航的那一部分水域，既有尺度要求，也有水流条件的要求。在某些特定的航段内，还受到过河建筑物如桥梁、过江管道、缆线的限制。因此，狭义的航道是一个在三维空间尺度上既有要求、又有限制的通道。

（二）历史沿革

中国是世界上较早利用水运的国家之一。相传在大禹时已"导四渎而为贡道"，开始利用天然河流作为航道。公元前 486 年即已开邗沟。中国古代的京杭运河曾将海河、黄河、淮河、长江和钱塘江五大水系连接起来。20 世纪 80 年代中国内河通航里程逾 10 万千米，但航道开发利用还不充分。随着运输事业的发展，水运要求各个水系的航道相互沟通，联接成网。如美国已形成以密西西比河为主干的航道网，西欧已形成以莱茵河为主干的航道网，苏联欧洲部分已形成以伏尔加河为主干的航道网。航道网的建设大大促进了当地运输和生产的发展。

二、航道分类与分级

（一）航道分类

1. 按形成原因分

（1）天然航道：是指自然形成的江、河、湖、海等水域中的航道，包括水网地区在原有较小通道上拓宽加深的那一部分航道，如广东的东平水道、小榄水道等。

（2）人工航道：是指在陆上人工开发的航道，包括人工开辟或开凿的运河和其他通航渠道，如平原地区开挖的运河，山区、丘陵地区开凿的沟通水系的越岭运河，可供船舶航行的排、灌渠道或其他输水渠道等。

2. 按使用性质分

（1）专用航道：指由军事、水利电力、林业、水产等部门以及其他企业事业单位自行建设、使用的航道。

（2）公用航道：由国家各级政府部门建设和维护、供社会使用的航道。

3. 按管理归属分

（1）国家航道

构成国家航道网、可以通航五百吨级以上船舶的内河干线航道。

跨省、自治区、直辖市，可以常年通航三百吨级以上船舶的内河干线航道。

沿海干线航道和主要海港航道。

国家指定的重要航道。

（2）地方航道：是指国家航道和专用航道以外的航道。

4. 按所处地域分

（1）内河航道：是河流、湖泊、水库内的航道以及运河和通航渠道的总称。其中天然的内河航道又可分为山区航道、平原航道、潮汐河口航道和湖区航道等。而湖区航道又可进一步分为湖泊航道、河湖两相航道和滨湖航道。

（2）沿海航道：沿海航道原则上是指位于海岸线附近，具有一定边界可供海船航行的航道。

5. 按通航条件分

（1）依通航时间长短可分为

常年通航航道，即可供船舶全年通航的航道，又可称为常年航道。

季节通航航道，即只能在一定季节（如非封冻季节）或水位期（如中洪水期或中枯水期）内通航的航道，又可称为季节性航道。

（2）依通航限制条件可分为

单行航道，即在同一时间内，只能供船舶沿一个方向行驶，不得追越或在行进中会让的航道，又可称为单线航道。

双行航道，即在同一时间内，允许船舶对驶、并行或追越的航道，又可称为双线航道或双向航道。

限制性航道，即由于水面狭窄、断面系数小等原因，对船舶航行有明显的限制作用的航道，包括运河、通航渠道、狭窄的设闸航道、水网地区的狭窄航道，以及具有上述特征的滩险航道等。

（3）依通航船舶类别可分为

内河船航道，是指只能供内河船舶或船队通航的内河航道。

海船进江航道，是指内河航道中可供进江海船航行的航道，其航线一般通过增设专门的标志辅以必要的"海船进江航行指南"之类的文件加以明确；主航道，是指供多数尺度较大的标准船舶或船队航行的航道。

副航道，是指为分流部分尺度较小的船舶或船队而另行增辟的航道。

缓流航道，是指为使上行船舶能利用缓流航行而开辟的航道，这种航道一般都靠近凸岸边滩。

短捷航道，是指分汊河道上开辟的较主航道航程短的航道，这种航道一般都位于可在中洪水期通航的支汊内。

除上述分类方法外，航道还可按所处特殊部位分别定名的，如桥区航道、港区航道、坝区航道、内河进港航道、海港进港航道等。

（二）航道等级

1. 一级航道：可通航 3000t。

2. 二级航道：可通航 2000t。

3. 三级航道：可通航 1000t。

4. 四级航道：可通航 500t。

5. 五级航道：可通航 300t。

6. 六级航道：可通航 100t。

7. 七级航道：可通航 50t。

等外级航道：可通航 50t 以下。

三、航道工程

（一）开拓航道和改善航道航行条件的工程，常包括以下几个方面：

1. 航道疏浚。

2. 航道整治，如山区航道整治、平原航道整治、河口航道整治。

3. 渠化工程及其他通航建筑物。

4. 径流调节，利用在浅滩上游建造的水库调节流量，以满足水库下游航道水深的要求。

5. 绞滩。

6. 开挖运河。

在河流上兴建航道工程时，应统筹兼顾航运与防洪、灌溉、水力发电等方面的利益，进行综合治理与开发，以谋求国民经济的最大效益。在选定航道工程措施时，应根据河流的自然特点，进行技术经济比较后确定。

（二）天然航道的碍航特点

一般来说山区航道槽窄、弯急、滩多，除存在着航道尺度不足外，有些部位坡陡流急，船舶上行困难、下行危险，称急流滩；有些地区存在着险恶的流态，如回流、横流、旋水和泡水等，船舶难以航行，驾驶稍有不慎，即发生事故，称险滩。平原河流纵坡平缓，河床宽深比大，有碍航行的主要地区是水深不足的浅滩。在水流与河床的相互作用下，顺直河段深槽和浅滩逐渐地下移；汊道河段随着各汊的分流比、分沙比变化，航道也相应地改变尺度；游荡性河道中，没有明显的浅滩和深槽，河床变化频繁，有些河段甚至无法通航。

河口地区泥沙大量沉积形成拦门沙浅滩，如中国的钱塘江河口拦门沙长130km左右，沙顶高出河床基线约10m。航道在潮流、径流及其来沙的相互作用下也不稳定，由于通过的船舶吨位较大，河口区的航道水深也常常不能满足航行要求。

为了消除航行障碍，延长航道里程，加大通航船舶吨位，为了将各个水系连接成四通八达的航道网，以充分发挥水运的优越性，都必须兴建航道工程。

（三）航道建设标准

航道尺度是航道建设的主要标准，包括航道深度、宽度、弯曲半径、断面系数以及水上净空和船闸尺度等。它应满足船舶航行安全方便和建设、运行经济的要求。航道尺度与船型的选定相互影响，与水域的条件（天然航道还是人工航道；山区航道、平原航道还是河口航道；库区航道还是湖区航道等）和货运量大小有关。运量大需要的航道尺度就要相应增大，应进行运输成本、航道工程基建投资和维护费用等的综合比较。一般应根据国家制订的通航标准选取航道尺度，以便使各地区各水系航道畅通和实现直达运输。为了协调船舶、航道、船闸和跨河建筑物的主要尺度，实现内河通航的标准化，促进航道网建设，各国都制订相应的标准。1952年苏联规定了内河航道分成7个标准。1960年欧洲又列出了6个等级的航道。美国对密西西比河和五大湖水系等也规定了相应的水深和船闸等标准。国际上划分航道等级的技术指标有两种：一种是以航道水深作为分级指标，结合选定相应的船型；另一种是以标准驳船的吨位及船型作为分级指标。中国航道分级采用后一种。1963年中国颁发了《全国天然、渠化河流及人工运河通航试行标准》，将通航载重50～3000t船舶的航道分为6级，分别列出了天然河流、渠化河流以及人工运河的航道水深、宽度和弯曲半径，以及船闸尺度和跨河建筑物的通航净空，并列出了各级航道通航水位的保证率标准。自1981年开始中国对原标准进行了修订。

（四）航道要求

1. 有足够的航道深度

航道深度是指全航线中所具有的最小通航保证深度，它取决于航道上关键性的区段和浅滩上的水深。航道深浅是选用船舶吃水量和载重量的主要因素。航道深度增加，可以航行吃水深、载重量大的船舶，但航道深度，必然会使整治和维护航道的费用增高，因此，设计航道深度是，应全面考虑。其公式为：

最小通航深度 = 船舶满载吃水 + 富余水深

2. 有足够的航道宽度

航道宽度视航道等级而定，通常单线航行的情况极少，双线航行最普遍，在运输繁忙的航道上还应考虑三线航行。其公式为：所需航道宽度 = 同时交错的船队或船舶的宽度之和 + 富余宽度。

3. 有适宜的航道转弯半径

航道转弯半径是指航道中心线上的最小曲率半径。一般航道转弯半径不得小于最大航行船舶长度的 4 ~ 5 倍。若河流转弯半径过小，将造成航行困难，应加以整治。若受自然条件限制，航道转弯半径最低不得小于船舶长度的 3 倍，而且航行时要特别谨慎，防止事故发生。

4. 有合理的航道许可流速

航道许可流速是指航线上的最大流速。船舶航行时，上水行驶和下水行驶的航线往往不同，下水就流速大的主流行驶，上水则尽量避开流速大的水区而在缓流区内行驶。船舶的航行速度与流速有如下关系：

下水时：航速 = 船舶静水速度 + 流速；

上水时：航速 = 船舶静水速度 - 流速；

航道上的流速不宜过大，如果航道上的流速太大，上驶船舶必须加大功率才能通过，这样就不经济了。

5. 有符合规定的水上外廓

水上外廓是保证船舶水面以上部分通过所需要随高度和宽度的要求。水上外廓的尺度依航道等级来确定，一般一、二、三、四级航道上的桥梁等的净空高度，取 20 年一遇的洪水期最高水位来确定。五、六级航道期取 10 年一遇的洪水期最高水位来确定。由于水工建筑物如桥墩等下部比上部窄，故此桥梁等水面建筑物的净跨长度，应取枯水期最低水位来确定。

总的来说，航道应有与设计通航船舶相应的航道尺度，包括：

①深度、宽度和弯曲半径。

②流速和水面比降不能太大流态不能太乱。

③跨河建筑物如桥梁、电缆等都应符合水上净空要求。

由于航道只是水域的一部分，为了保证船舶安全方便地沿着航道行驶，就需用标志标示出航道的位置和范围，这种标志称为航标。

四、航道管理维护

为了保证航道畅通无阻，航道管理部门须经常进行航道测量，发现航道的某些段落不能满足所要求的尺度时，应及时实施航道疏浚等工程措施；如发现有障碍物堵塞航道，还应进行扫床打捞。航道管理部门要有计划地定期清除航道中的回淤，维修整治建筑物和船闸，并对航标、通信等设备进行管理和保养。航道疏浚与其他航道工程相比，机动灵活，收效快，疏浚后航道尺度立即增加，施工相对比较简单，不需要消耗大量工程材料和人力。但疏浚后，原有水流泥沙条件改变，常存在企图恢复原地形的趋势，往往出现部分泥沙回淤。回淤的实质是水流为获得新的输沙平衡而出现的再造床过程。

第三节 航道通航条件

一、通航水位

（一）水位

水位是指河流或其他水体的自由水面相对于某一基面的高程。通常以航行基准面和理论最低潮面作为水位基面。

航行基准面是不包括河口潮流段的内河航道测图上所载水深的起算基面。

理论最低潮面是沿海和河口潮流段测图上所载水深的起算基面。

由于江河、湖泊的水面受上下游多种水文因素的影响，处于涨落变化状态，因此，水位是一个经常变化的值。我们通常把水位涨落过程中河流呈现的特性，结合对航道、航运、水利等方面的影响程度，将河流的水位上升、下落过程划分为洪水期、中水期和枯水期。

（二）设计最高通航水位

设计最高通航水位是设计规定某一河段或具体部位允许标准船舶或船队正常通航的最高水位。对船闸而言，当实际水位超过设计最高通航水位时，船舶便不能通航；对无船闸河段，它并不是断航水位，但是，对船舶水线以上高度和航速有限制。

（三）设计最低通航水位

设计最低通航水位是设计规定某一河段或具体部位允许标准船舶或船队正常通航的最低水位。当实际水位低于设计最低通航水位时，航道不能保证标准维护水深，但吃水适宜的船舶可以照常航行，大型船舶（船队）需要减载控制吃水方可航行。

二、通航条件

通航条件是指与通航有关的条件，包括通航尺度、水流条件、气象条件、河床边界条件和通航设施状况等的总称。这里主要介绍通航尺度和通航水流条件。

（一）通航尺度

通航尺度是航道尺度、船闸有效尺度和通航净空尺度的总称。

1. 航道尺度

航道尺度包括航道水深、航道宽度、航道弯曲半径。

我们把为保证标准船舶和船队正常通航，航道所必须具有的最小水深、宽度和弯曲半径称为航道标准尺度。《内河通航标准》规定了相应等级航道的航道尺度标准及确定原则、方法。

航道维护管理单位在对具体的河流进行航道维护的过程中，要根据现行的国家标准《内河通航标准》的规定，结合河流的客观条件和运输实际需要，按照相关程序确定计划维护的航道标准尺度，也称为计划维护尺度。

（1）航道水深：是指航道范围内从水面到底部的垂直距离。就局部河段而言，通常指航道内最浅处水面到河底的垂直距离。

航道水深是体现航道维护状况的重要指标，也是航行船舶合理配载、控制吃水、安全航行所不能缺少的指标。

（2）航道宽度：是指航道中心线的航道两边线之间的水平距离。就局部区段而言，通常指航道最窄处的水平距离。

（3）航道弯曲半径：通常指航道中心线上最小的圆弧半径。

2. 船闸有效尺度

（1）船闸有效尺度包括船闸有效长度、有效宽度和门槛水深。

（2）船闸有效长度是指闸室内可供安全泊船的长度。

（3）船闸有效宽度指闸室内可供安全泊船的宽度。

（4）门槛水深指设计最低通航水位至门槛顶部的垂直距离。

3. 通航净空尺度

（1）通航净空尺度是通航净高和净宽尺度的总称。

（2）通航净高指在跨越航道建筑物的通航孔两侧墩柱的内空范围内，从建筑物梁底最低点至设计最高通航水位间的垂直距离。

（3）通航净宽指在跨越航道建筑物的通航孔两侧墩柱的内空范围内，可供船舶或船队安全航行的有效宽度。

（二）通航水流条件

与通航有关的水流条件包括流速、流向、流态、水面比降、波浪等。

航道仅有足够的航道尺度，而无适合的水流条件是不能满足船舶航行需要的。

1. 流速

流速是指水质点在单位时间内沿某一特定方向移动的距离，单位是 m/s。适宜船舶航行的允许流速不是指航道中的断面平均流速，而是指船舶在航道中实际遇到的流速。

2. 流向

流向是指水流流动的方向。

3. 流态

（1）水流运动的形态称为流态。水流形态的好坏，直接关系到航道条件的好坏。险恶水流可以使航行船舶遭受搁浅、触礁、倾覆沉没等严重的海损事故。

（2）内河航道中常常有如回流、泡水、漩水、滑梁水、夹堰水、扫弯水、走沙水等流态。

4. 水面比降

指水面两点间高差与其水平距离之比。一般来说，水面比降自河源向河口逐渐减小，比降分为纵比降和横比降。在特殊条件下也可形成反比降。

5. 波浪

（1）在外力作用下，具有自由面的液体质点偏离其平衡位置的有规律的振动称为波浪。

（2）对船舶航行有直接影响的波浪主要有风成波、船行波、泄水波。

（3）风直接作用于水面所形成的波浪为风成波，简称风浪。

（4）船舶在航行时，水体受到行驶中船体的排挤，引起流速、压力的变化和水面波动而形成的波浪为船行波。

（5）由于闸坝泄水时在闸坝下游形成的水面波动为泄水波。

（6）波浪对船舶的直接影响是造成船舶发生摇摆，产生不稳定的纵倾和横倾。波浪轻则造成船舶操纵困难，重则使船队系缆断裂散队或船驳翻沉。

三、船舶尺度与通航尺度

实际运用中，航行船舶应根据自身的情况，结合航道部门公布的航道维护尺度、水位以及桥梁、船闸的通航尺度，合理配载和编队，应满足如下条件：

1. 船舶实际最大吃水加上富裕水深，应小于航道维护水深。

2. 船舶或船队最大宽度应小于航道维护宽度。

3. 船舶旋回运动所占水域的最大半径应小于航道弯曲半径。

4. 船舶水线以上高度加上规定的安全距离，应小于过河建筑物的实际净空尺度。

5. 船舶或船队最大宽度加上规定的安全距离应小于通航净宽。

6. 船舶实际最大吃水加上富裕水深，应小于船闸门槛水深。

7. 船舶最大船宽和最大长度应小于船闸有效宽度和有效长度。

第四节　船舶及其操作性能

船舶，各种船只的总称。船舶是能航行或停泊于水域进行运输或作业的交通工具，按不同的使用要求而具有不同的技术性能、装备和结构型式。

船舶是一种主要在地理水中运行的人造交通工具。另外，民用船一般称为船，军用船称为舰，小型船称为艇或舟，其总称为舰船或船艇。内部主要包括容纳空间、支撑结构和排水结构，具有利用外在或自带能源的推进系统。外型一般是利于克服流体阻力的流线性包络，材料随着科技进步不断更新，早期为木、竹、麻等自然材料，近代多是钢材以及铝、玻璃纤维、亚克力和各种复合材料。

一、概述

船舶从史前刳木为舟起，经历了独木舟和木板船时代，1879 年世界上第一艘钢船问世后，又开始了以钢船为主的时代。船舶的推进也由 19 世纪的依靠人力、畜力和风力（即撑篙、划桨、摇橹、拉纤和风帆）发展到使用机器驱动。

1807 年，美国的富尔顿建成第一艘采用明轮推进的蒸汽机船"克莱蒙脱"号，时速约为 8km/h；1839 年，第一艘装有螺旋桨推进器的蒸汽机船"阿基米德"号问世，主机功率为 58.8 千瓦。这种推进器充分显示出它的优越性，因而被迅速推广。

1868 年，中国第一艘载重 600 吨、功率为 288 千瓦的蒸汽机兵船"惠吉"号建造成功。1894 年，英国的帕森斯用他发明的反动式汽轮机作为主机，安装在快艇"透平尼亚"号上，在泰晤士河上试航成功，航速超过了 60km。

早期汽轮机船的汽轮机与螺旋桨是同转速的。后约在 1910 年，出现了齿轮减速、电力传动减速和液力传动减速装置。在这以后，船舶汽轮机都开始采用了减速传动方式。

1902～1903 年在法国建造了一艘柴油机海峡小船；1903 年，俄国建造的柴油机船"万达尔"号下水。20 世纪中叶，柴油机动力装置遂成为运输船舶的主要动力装置。

英国在 1947 年，首先将航空用的燃气轮机改型，然后安装在海岸快艇"加特利克"号上，以代替原来的汽油机，其主机功率为 1837 千瓦，转速为 3600 转/分，经齿轮减速箱和轴系驱动螺旋桨。这种装置的单位重量仅为 2.08 千克/千瓦，远比其他装置轻巧。60 年代先后，又出现了用燃气轮机和蒸汽轮机联合动力装置的大、中型水面军舰。

当代海军力量较强的国家，在大、中型船舰中，除功率很大的采用汽轮机动力装置外，几乎都采用燃气轮机动力装置。在民用船舶中，燃气轮机因效率比柴油机低，用得很少。

原子能的发现和利用又为船舶动力开辟了一条新的途径。1954 年，美国建造的核潜艇"鹦鹉螺"号下水，功率为 11025 千瓦，航速 33km；1959 年，前苏联建成了核动力破冰船"列宁"号，功率为 32340 千瓦；同年，美国核动力商船"萨瓦纳"号下水，功率为 14700 千瓦。

现有的核动力装置都是采用压水型核反应堆汽轮机，主要用在潜艇和航空母舰上，而在民用船舶中，由于经济上的原因没有得到发展。核电池的出现，解决了这些问题，意味着可以批量的制造核电池为动力的船舶。70～80 年代，为了节约能源，有些国家吸收机帆船的优点，研制一种以机为主、以帆助航的船舶。用电子计算机进行联合控制，日本建造的"新爱德丸"号便是这种节能船的代表。

☞ 航道工程与测量

（一）历史

古代埃及文物上绘有船只图样，埃及船只主要在尼罗河上航行。古希腊时代、多使用帆船、多桨船。16世纪甲板船登场，大航海时代到来。多桨船直到18世纪末一直在地中海域使用，北欧甚至持续到19世纪初。中国使用船只的历史也很悠久，在16世纪以前一直处于世界领先地位，在明代中国的造船业达到了鼎盛时期。这为郑和下西洋提供了强大的物质保障。《明史》《郑和传》记载，郑和的航海宝船，长44丈4尺，宽18丈，这是当时世界上最大的海船，折合现今长度为151.18米，宽61.6米。船分四层，船上9桅可挂12个帆，锚重有几千斤，要动用二百人一起才能启航，一艘船可容纳千人以上。

古代中国是当时造船和航海的先驱。春秋战国时期就有了造船工场，能够制造战船；汉代已能制造带舵的楼船；唐、宋时期，河船和海船都有突出的发展，发明了水密隔壁；明朝的郑和七次下西洋的宝船，在尺度、性能和远航范围方面，都居世界领先地位。

刘向《世本》记：古者观落叶因以为舟。意思是说，中国人是因为看见落叶掉在水面上浮而不沉而悟到了船的原理。这跟鲁班悟出锯子的原理有点类似，大概中国人自来亲于木，总是可以从它身上得到层出不穷的灵感。

舟形成之前，泛水之物一般是树、竹苇、葫芦之类的浮具、筏子。筏起于浮具，又多有改进。以桴济河，进而浮于海，这就有点"破天荒"的意思了。孔子说："道不行，乘桴浮于海。"大概他老人家也有点自我欣赏的冒险性情在。

《艺文类聚》载：西周成王时，"于越献舟"。越人，在古汉语里就是一个涉水的代名词，"水行而山处，以船为车，以楫为马，往如飘风，去则难从"。可以想见，以舟为贡品，献与成王，那时越人的船就已造得比较好了，还有，献舟一路，取道东海，渡黄海，泛渤海，入黄河，逆流而上进入渭水，终达周都镐京，船的实用性能及航海技术都已不差。

春秋战国时，大国争霸，造船业及航海业迅速发展。《越绝书》称：越迁都由会稽至琅琊，以水兵2800人"伐松柏以为桴"，沿海北上，气势已然磅礴。至秦，徐福及童男女各3000人，乘楼船入海，寻找不老之药。那楼船之巨，也已不难想象。有了船，从西汉中期前后，海上丝绸之路开始从古合浦郡始发，可通往印度、斯里兰卡，算得上是世界上第一条真正的海上国际贸易航线。三国时期，吴黄龙二年，孙权"遣将军卫温、诸葛直将甲士万人浮海，求夷洲及澶洲"，夷洲，今之台湾，澶洲，就是日本岛屿。

木船开始依赖人工划桨，既而有风帆及橹，橹是由长桨演变而来的，是另一种用人力推进船只的工具，也是控制船舶航向的工具。一器多用，这是中国对世界造船与航海技术上的突出贡献。

东晋后期，法显和尚西行印度，寻求戒律，历时 14 年，数次濒死，终于在 70 岁高龄时，只身远航归国，他的船上所载，就是后来对中国产生了巨大影响的大量佛经。随后，这位老人便与来中国的尼泊尔高僧佛驮跋陀罗一起翻译出了这些佛经。

隋炀帝好大喜功，多次征发民工无数，在江南采伐大量木料，大造龙舟及各种花船数万艘。最大一艘龙舟共有四层，高 45 尺，长 200 尺，上层有正殿、内殿、东西朝堂，中间二层有 120 个房间，都"饰以丹粉，装以金碧珠翠，雕镂奇丽"。随后，这位跟他的龙舟一样花的帝王数次乘船巡幸江都，酒池肉林地日夜寻欢作乐，终于就把江山丢了。

唐朝时，造船上已广泛使用了榫接钉合的木工艺和水密隔舱、黄底龙骨，大腊与防摇装置、漆涂防腐技术、金属锚等先进技术。此时的战船名为楼船、蒙冲、斗舰、走舸、海鹘和游艇，最大的战船"和州载"，费时三年，"载甲三千人，稻米倍之"。自西汉开辟了海上丝绸之路后，唐代与各国的海上交往达到了全面繁荣，长安成了国际性大都市，海外各国的使者、留学生、留学僧、商人不断地到中国来，学习中国先进的文化、政治典章制度，也就是从这时开始，中国人在海外被称为"唐人"。作为当时世界上最强盛的发达国度，唐人开辟了多条海上航线，多次到达南洋、西亚、东非等地。唐朝仍然有和尚到日本，著名的鉴真自 743 年到 754 年经 12 个年头，先后六次东渡日本，终于以非凡的信念和顽强的毅力到达日本的土地。

宋元两代，因海外贸易不断扩大，海上和内河运输规模远超前代。造船业十分发达，浙江、福建、广东成为打造海船的中心，宋代的造船、修船已经开始使用船坞，并创造了运用滑道下水的方法。许多港口都设置了市舶司以管理海外贸易，其中明州、广州、泉州、杭州尤为显要，是清代以前最著名的几大港口。

元时，中国积累了几百年的盛名频频吸引西方各国的贡使，传教士、商人、旅行家陆续来到中国，马可·波罗一呆就是 17 年，并深得忽必烈的信任与重用。1291 年，忽必烈"命备船十三艘，每艘具四桅，可张十二帆"，派马可·波罗从泉州起航，护送阔阔真公主至波斯成婚。

这大概就是古老的东方一个满载着瓷器和丝绸的童话飘向世界的开始。

（二）中国船舶业的发展

近代中国造船业发展迟缓。1865 ~ 1866 年，清政府相继创办江南制造总局和福州船政局，建造了"保民""建威""平海"等军舰和"江新""江华"等长江客货船。

新中国成立后，船舶工业有了很大发展，50 年代建成一批沿海客货船、货船和油船。60 年代以后，中国的造船能力提高得很快，陆续建成多型海洋运输船舶、长江运输船舶、海洋石油开发船舶、海洋调查船舶和军用舰艇、海监船，大型海洋船舶的吨位已达 30 万以上载重吨。除少数特殊船舶外，中国已能设计制造各种军用舰艇和民用船舶。

中国造船在世界造船市场的份额迅速提高，2008、2009 年这两年中国的造船业在国际市场的地位进一步的提高：2008 年，中国造船完工量、承接新船订单和手持船舶订单分别占世界市场份额的 29.5%、37.7% 和 35.5%；与 2007 年的同期相比，完工量和手持订单量分别提高了 6.5% 和 2.5%；中国造船完工量、手持船舶订单量连续 6 年保持了快速的增长，三大造船指标已经全面超过日本成为世界第二造船大国。2009 年，中国造船完工量、新接船舶订单量、手持船舶订单量分别占世界造船市场份额的 34.8%、61.6% 和 38.5%；比 2008 年底分别提高了 5.3%、23.9% 和 3%；从年新接船舶订单来说，2009 年底中国已经成为世界第一；从年底手持订单的份额来说，2009 年底中国已经成为世界第一；从年底造船完工量来说，中国 2009 年底已经成为世界第二；三大造船指标中的两项都超过了日本，至此，中国已堪称世界造船第一大国。

从近十年中国造船业占世界造船市场份额的变化可以看出，中国造船业在全球市场上所占的比重正在明显上升，中国已经成为全球重要的造船中心之一。而国际制造业的产业转移趋势是中国船舶制造业发展面临的最大机遇，在"十一五"期间中国造船业将对韩、日的领先地位形成有力的挑战。但设计能力落后、配套产业发展滞后将是制约行业发展的主要瓶颈。在短期内，国际及国内水运市场的繁荣为行业增长提供了有力地保障，而油价的持续高位运行以及钢铁等原材料价格的上涨则构成了行业运营的主要压力。国际产业转移的趋势已经把造船业的巨大机遇展现在中国企业的面前，但在激烈的市场竞争环境，如何规避各种风险，如何把握机遇，是与企业发展命运攸关的问题。

2008 年难以预料的风险接踵而来，9 月，美国金融危机又如同洪水猛兽正迅速波及全球，全球金融危机全面暴发，受美国金融危机影响我国中小企业纷纷面临着倒闭，产品进出口、汽车行业、纺织行业均受到美国金融危机的严重打击。我国船舶业，这一"中国制造"的支柱也面临着金融风暴严峻的冬天。

与发达国家相比我国船舶配套国产化率不到 50%，发展前景广阔。发达国家船舶配套国产化率已达 90% 以上，我国虽然已经成为世界第一造船大国，但是目前我国船舶配套国产化率还不到 50%，按照《船舶配套业发展"十一五"规划纲要》以及《船舶工业调整和振兴规划》提出的发展目标：到 2015 年本土生产的船用设备装船率要达到 80% 以上，我国船舶配套行业发展前景广阔。

从船舶配套占船价费用来看，我国船舶配套业发展空间巨大。一般情况下船舶配套设备费用占总船价的 30% ~ 40%，而目前我国已经成为世界第一造船大国，每年船舶总产值巨大，以 2009 年为例，国内船舶生产总产值已达 5484 亿元，按照船舶配套设备费用占总船价的 35% 计算，我国船舶配套业产值应该在 1919.4 亿元左右，而实际上，2009 年我国船舶配套业产值仅为 620 亿元，可见我国船舶配套业发展空间巨大。

（三）绿色理念

我国已正式实施《绿色船舶规范》。今后建造的船舶都要按能效、环保、工作环境三大指标进行绿色认可，并划分三个等级：GreenShip Ⅰ 、GreenShip Ⅱ 、GreenShip Ⅲ（其中：GreenShip Ⅲ 为最高级）。

《绿色船舶规范》，共分四章：通则；能效要求；环境保护要求以及工作环境要求。通篇虽没有谈及船舶设计建造中使用绿色涂料的问题。但是绿色船舶是未来航运业发展的必然的趋势，那么保护河流海洋生态义务，各行业责无旁贷。

近些年来，我国船舶建造业在《船舶工业振兴调整规划》的指引下，随海洋物流平台的兴盛跻身为国际强国。而《绿色船舶规范》的出台，不仅与国际海洋环境保护发展趋势有关，而且也与我国在全球海洋装备领域立足龙头应承担的责任有关。

（四）船舶登记条例

中华人民共和国船舶登记条例

1. 为了加强国家对船舶的监督管理，保障船舶登记有关各方的合法权益，制订本条例。

2. 下列船舶应当依照本条例规定进行登记：

（1）在中华人民共和国境内有住所或者主要营业所的中国公民的船舶。

（2）依据中华人民共和国法律设立的主要营业所在中华人民共和国境内的企业法人的船舶。但是，在该法人的注册资本中有外商出资的，中方投资人的出资额不得低于百分之五十。

（3）中华人民共和国政府公务船舶和事业法人的船舶。

（4）中华人民共和国港务监督机构认为应当登记的其他船舶。

二、船舶结构、分类与性能

（一）结构

船舶是由许多部分构成的，按各部分的作用和用途，可综合归纳为船体、船舶动力装置、船舶电气等三大部分。

1. 船体

船体是船舶的基本部分，可分为主体部分和上层建筑部分。主体部分一般指上甲板以下的部分，它是由船壳（船底及船侧）和上甲板围成的具有特定形状的空心体，是保证船舶具有所需浮力、航海性能和船体强度的关键部分。船体一般用于布置动力装置、装载货物、储存燃油和淡水，以及布置其他各种舱室。

为保障船体强度、提高船舶的抗沉性和布置各种舱室，通常设置若干强固的水密舱壁和内底，在主体内形成一定数量的水密舱，并根据需要加设中间甲板或平台，将主体水平分隔成若干层。

上层建筑位于上甲板以上，由左、右侧壁，前、后端壁和各层甲板围成，其内部主要用于布置各种用途的舱室，如工作舱室、生活舱室、贮藏舱室、仪器设备舱室等。上层建筑的大小、层楼和型式因船舶用途和尺度而异。

2. 船舶动力装置

船舶动力装置包括：推进装置——主机经减速装置、传动轴系以驱动推进器（螺旋桨是主要的型式）；为推进装置的运行服务的辅助机械设备和系统，如燃油泵、滑油泵、冷却水水泵、加热器、过滤器、冷却器等；船舶电站，它为船舶的甲板机械、机舱内的辅助机械和船上照明等提供电力；其他辅助机械和设备，如锅炉、压气机、船舶各系统的泵、起重机械设备、维修机床等。通常把主机（及锅炉）以外的机械统称为辅机。

3. 船舶电气

船舶电气包括船上的主辅机及其他一些用电气设备。

4. 船舶其他装置和设备

船舶的其他装置和设备中，除推进装置外，还有锚设备与系泊设备；舵设备与操舵装置；救生设备；消防设备；船内外通信设备；照明设备；信号设备；导航设备；起货设备；通风、空调和冷藏设备；海水和生活用淡水系统；压载水系统；液体舱的测深系统和透气系统；舱底水疏干系统；船舶电气设备；其他特殊设备（依船舶的特殊需要而定）。

（二）分类

船舶分类方法很多，可按用途、航行状态、船体数目、推进动力、推进器等分类。

1. 按用途，船舶一般分为军用和民用船舶两大类。军用船舶通常称为舰艇或军舰，其中有直接作战能力或海域防护能力者称为战斗舰艇，如航空母舰、驱逐舰、护卫舰、导弹艇和潜艇，以及布雷、扫雷舰艇等，担负后勤保障者称为军用辅助舰艇。民用船舶一般又分为运输船、工程船、渔船、港务船等。

2. 按船舶的航行状态通常可分为排水型船舶、滑行艇、水翼艇和气垫船。

3. 按船舶的船体数目可分为单体船和多体船，在多体船型中双体船较为多见。

4. 按推进动力可分为机动船和非机动船，机动船按推进主机的类型又分为蒸汽机船（现已淘汰）、汽轮机船、柴油机船、燃气轮机船、联合动力装置船、电力推进船、核动力船等。

5. 按船舶推进器又可分为螺旋桨船、喷水推进船、喷气推进船、明轮船、平旋轮船等，空气螺旋桨只用于少数气垫船；按机舱的位置，有尾机型船（机舱在船的尾部），中机型船和中尾机型船；按船体结构材料，有钢船、铝合金船、木船、钢丝网水泥船、玻璃钢艇、橡皮艇、混合结构船等。

6. 按照国籍分为国轮（指在内国登记并悬挂内国国旗的船舶）与外轮（指在外国登记并悬挂外国国旗的船舶）。

7. 按照航程远近分为近海轮与远洋轮。两者的航行能力是不同的。

船舶的主要技术特征有船舶排水量，船舶主尺度、船体系数、舱容和登记吨位、船体型线图、船舶总布置图、船体结构图、主要技术装备的规格等。

根据阿基米德原理，船体水线以下所排开水的重量，即为船舶的浮力，并应等于船舶总重量。船的自重等于空船排水量。船的自重加上装到船上的各种载荷的重量的总和（载重量）是变化的，即等于船的总重量。

船舶载重量包括货物、燃油和润滑油、淡水、食物、人员和行李、备品及供应品等的重量。通常预定的设计载货量与按预定最大航程计算的油、水、食物等的重量之和，称为设计载重量。设计载重量时的排水量称为设计排水量或满载排水量。

船舶主尺度包括总长、设计水线长度、垂线间长、最大船宽、型宽、型深、满载（设计）吃水等。钢船主尺度的度量指量到船壳板内表面的尺寸，称为型宽和型深，水泥船、木船等则指量到船体外表面的尺寸。

舱容指货舱、燃油舱、水舱等的体积，它是从容纳能力方面表征船舶的装载能力、续航能力，它影响船舶的营运能力。登记吨位是历史上遗留下的用以衡量船舶装载能力的度量指标，作为买卖船舶、纳税、服务收费的依据之一。登记吨位和载重量分别反映船舱的容纳能力和船的承重能力。它们虽互有联系，但属不同的概念。

船体形线图是表征船舶主体（包括舷墙和首楼、尾楼）的型表面的形状和尺寸，是设计和建造船舶的主要图纸之一。它由三组线图构成：横剖线图、半宽水线图和纵剖线图。三者分别由横剖面、水线面和纵剖面与船体型表面切割而成。

船舶总设计图是设计和建造船舶的主要图纸之一，它反映船的建筑特征、外形和尺寸、各种舱室的位置和内部布置、内部梯道的布置、甲板设备的布局。总布置图由侧视图、各层甲板平面图和双层底舱划分图组成。

船体结构图是反映船体各部分的结构情况，船体各相关部分的结构既独立又相互联系。船舶主体结构是保证船舶纵向和横向强度的关键，通常把它看成为一个空心梁进行设计，并用船中横剖面结构图来反映它的部件尺寸和规格。

8. 按用途

（1）客轮：旅客输送用船。

（2）货船：货物输送用船。如油船，散货船，集装箱船等。

（3）货客船：兼货物输送与旅客输送用船。

（4）救助作业船：用于海上救护工作。

（5）工程船：处理打捞等工作打捞船，从事科研考察工作的科考船，事对航行中的船只的维护修理工作的工程船。都属于这一范畴。

（6）指航船：指明航道的船只。

（7）渔船：用于捕鱼业的用船。

（8）快艇：主要用于水上娱乐，或赛艇比赛的船只。种类有很多摩托艇，气垫船都属于这一类型。

（9）军用舰艇：军事用途船舶，如巡洋舰，驱逐舰，潜艇等，船只本身不用于军事用途的军属船舶也归为此类。

9. 按材料

预算得出：建造一艘万吨级巨轮大概需要 1000 多种材料和 5000 多吨钢材。

（1）钢制船。

（2）木船。

（3）合金船。

（4）玻璃钢船。

（5）水泥船。

10. 按材料分类

（1）单体船，多体船（双体船，三体船等）

一般常见的船只为单体船，双体船有两个瘦长的船体，使用涡轮喷气发动机，通过向后喷水获取反作用力向前推进，比普通螺旋桨推动更快速，而在高速时，双体瘦长的船身能降低阻力。而且船体稳定，不易翻船。常被应用于渡轮及军事运输上。

（2）水翼船

这是一种能高速航行的船舶。船底部有支架，装上水翼。当船加速后，水翼能产生浮力把船身抬离水面，从而减少水的阻力和增加航行速度。

（3）气垫船

气垫船是一种能高速航行的船只，利用空气在底部衬垫承托减少水的阻力。很多气垫船的速度都可以超过五十节。

11. 按动力

（1）气垫船：利用高于大气压的空气在船底与支承表面间形成气垫，使全部或部分船体脱离支承表面而高速航行。

（2）人力船/畜力船：通过人力、使用桨橹篙等产生动力。

（3）帆船：使用风力吹动帆产生动力。

（4）轮帆船：风力，发动机双动力船。

（5）轮船：发动机动力船。

（6）核动力船：利用核反应堆产生动力的船。

（三）主要性能

1. 浮性

浮性是指船在各种装载情况下，能浮于水中并保持一定的首、尾吃水和干舷的能力。根据船舶的重力和浮力的平衡条件，船舶的浮性关系到装载能力和航行的安全。

2. 稳性

稳性是指船受外力作用离开平衡位置而倾斜，当外力消失后，船能回复到原平衡位置的能力。稳性包括完整稳性和破舱稳性，其中，完整稳性包括初稳性和大倾角稳性。一般水面船舶的稳性主要是指横倾时的稳性。船宽、水线面系数、干舷、重心高度、水面以上的侧面积大小和高度，以及船体开口密封性的好坏等，是影响船舶稳性的主要因素。

3. 抗沉性

抗沉性是指船体水下部分如发生破损，船舱淹水后仍能浮而不沉和不倾覆的能力。中国宋代造船时就首先发明了用水密隔舱来保证船舶的抗沉性。船舶主体部分的水密分舱的合理性、分舱甲板的干舷值和完整船舶稳性的好坏等，是影响抗沉性的主要因素。

4. 快速性

快速性是表征船在静水中直线航行速度，与其所需主机功率之间关系的性能。它是船舶的一项重要技术指标，对船舶使用效果和营运开支影响较大。船舶快速性涉及船舶阻力和船舶推进两个方面。合理地选择船舶主尺度、船体系数（尤其是方形系数 Cb 和棱形系数 Cp）和线型，是降低船舶阻力的关键。

5. 耐波性

耐波性指船舶在波浪中的摇荡程度、失速和甲板溅浸（上浪、溅水）程度等。耐波性不仅影响船上乘员的舒适和安全，还影响船舶安全和营运效益等，因而日益受到重视。

船在波浪中的运动有横摇、纵摇、首尾摇，垂荡（升沉）、横荡和纵荡六种。几种运动同时存在时便形成耦合运动，其中影响较大的是横摇、纵摇和垂荡。溅浸性主要是由于纵摇和垂荡所造成的船体与海浪的相对运动，增加干舷特别是首部干舷、加大首部水上部分的外飘，是改善船舶溅浸性的有效措施。

6. 操纵性

操纵性指船舶能按照驾驶者的操纵保持或改变航速、航向或位置的性能，主要包括航向稳性和回转性两个方面，是保证船舶航行中少操舵、保持最短航程、靠离码头灵活方便和避让及时的重要环节，关系到船舶航行安全和营运经济性。

7. 经济性

经济性指船舶投资效益的大小。它是促进新船型的开发研究、改善航运经营管理和造船工业的发展的最活跃因素，日益受到人们重视。船舶经济性属船舶工程经济学研究的内容，它涉及到使用效能、建造经济性、营运经济和投资效果等指标。

船舶的发展首先取决于社会对船舶的需要。第二次世界大战后迅速增长的大宗货（原油、矿物谷物）运输船舶在技术上已相当成熟，需求量一般不会有大的增减。成品包装货运输船、成品油船、化学品船液化气船、特大件工业装备运输船的需求有增长的趋势，海洋开发所需的船舶和特种用途的高速船舶将会增加。相应地，对水翼艇、气垫船、双体船及小水线面船的研究将会加强。

船舶发展的第二个因素是经济效益和社会效益的提高。燃油价格和装卸费用的高昂，将促使人们从节能、减员和改进运输方法（从整个运输系统角度）等方面去研究新的船舶技术、新的能源利用、新的机型、自动控制方法和新的船型。

我国海商法上的船舶，是指海船和其他海上移动式装置，但用于军事、政府公务的船舶和二十吨以下的小型船艇除外。

船舶，指的是依靠人力，风帆，发动机等动力，能在水上移动的交通手段。另外，民用船一般称为船，军用船称为舰，小型船称为艇或舟，其总称为舰船或船艇。

三、操作规程

（一）出航前的准备

出航前船长应履行以下职责：

1. 接到航次命令后应即时宣布开航时间，通知所属船员按时回船，并备足燃油物料及全船生活物品。

2. 检查船员证书是否齐全有效，如有临时代职人员，应办理好手续，对值班人员，应详细介绍本船的各种设备及操纵性能，并安排好工作。

3. 检查本轮及附拖驳船的航行证书及其他有关证件办好情况，检查进出港口签证手续，如装运危险物品，应办理危险物品准运证。

4. 检查本轮及附拖驳船的助航仪器、操作机械、工属具、拖带设备、锚泊设备、消防救生设备，如发现问题，应采取措施排除，严禁带病出航。

5. 检查货物装载情况，货物装载应符合安全要求，不符合要求，应通知有关人员及时整改。

6. 通知机舱对主机、副机、轴系、管系电器设备等进行一次全面检查，做好开航准备。

7. 开航前、召开航次会议，认真落实安全措施，明确分工，职责到人。

（二）航前准备

1. 值班轮机员接到开航通知后，立即做好开航前的准备工作。

2. 将燃料油、润滑油、冷却液、压缩空气管系中的有关阀门打开，排放日用燃油柜中的积水和沉淀物，并补足燃料油和润滑油，保证膨胀水箱水位适当。

3. 检查齿轮箱、推力轴承油位，并保持正常向尾轴套筒压油，直到回油为止；向各人工加油处加注适量的润滑油或润滑脂。

4. 检查有关电器设备，打开需供电线路的开关，有警报装置的应打开开关试验必须正常。

5. 检查并补充启动空气压力，排放空气瓶中的存水，打开启动空气管路和气笛管路的供气阀，如果是电力启动者，应检查接线情况和蓄电池电量。

6. 检查水泵等传动三角皮带的松紧程度，机器各运动部件及轴系附近不应有遗留工具和杂物。

7. 打开气缸上的放气试验堵塞，脱开离合器，人力盘车数转，当确认无碰、卡滞现象时，方可启动发动车。

（三）离码头操作

1. 船长应根据风向、风力、流速、流向对船舶的影响及码头周围的水深和船停靠情况，决定离码头的方法，并告诉值班人员。

2. 值班人员和在甲板上操作的人员一律要穿好救生衣。

3. 收起船舷外不必要的缆绳和障碍物。

4. 注意码头、泊位、周围环境、前后船、来往船舶动态，在无妨碍他船航行时方可行动，并按章鸣放离码头信号，在得到附拖驳船同意后，方可动车操作。

5. 单船离码头时，在有流河段，一般正常情况下，可根据水流流向，解掉首尾缆，待船首或船尾与水流成一夹角时，解掉全部缆绳，动车离开码头；在平流地区，可先用竹篙撑开船尾，有足够水深后再动车。双车船在前后档较紧张的情况可利用双车的车舵配合，横移离泊。

6. 驶离码头时，用车不宜过猛，用舵不宜过早，需要小舵角，防止船尾扫码头或其他停靠船舶。

7. 附拖驳船离码头时，先通知驳船解掉岸上缆绳，听到驳船信号后，拖轮再解掉头缆，慢车前进，并逐渐用小舵角，使船向外张，派副班人员到船尾注意船舶动态，指挥驳船操外舵，待船及时停靠码头或船只无妨碍时，逐渐加快速度。

（四）编队带缆操作

1. 船舶编队应遵守有关编队原则，并根据驳船抵港先后，决定编队顺序。

2. 拖轮从被拖船外舷一侧缓速靠近头档驳船，接过头档拖缆，当尾到达头档驳时及时停车，必要时倒车，待船稳妥后，挂上拖缆，切忌盲目动车挂缆。

3. 挂上拖缆后通知驳船队解掉其他系在岸上缆绳，全部缆绳解掉后，由驳船吹前进号后，才可慢车前进，并逐渐用小舵角使船外扬，并指挥驳船外舵，待船队对来往船舶及周围停靠船无妨碍时，方可快车前进。

4. 整队锚泊后开航时，在挂缆前应做好起锚准备，拖轮应在上风一侧驶靠头档驳，接过拖缆，挂好长缆，慢速前进，当长缆刚起水面时，停车，长缆着力后再缓速前进，待驳船起锚作业完毕后，才能拖带起航。

5. 航行中收放长缆，拖轮应先行减速，以降低船队冲程，指挥各驳船应舵，当船队稳直打横弯曲时，方可收放长缆，在收放长缆时，要注意人身安全。

6. 编队、带缆、收放长缆都必须密切注意来往船动态和周围环境，在无妨碍他船和本船队安全时，才可行动，并按章鸣放信号。

7. 船队编队，一般应由正驾驶或船长进行，严禁一根缆绳两头使用，禁止从舱内或锚头上临时抽出带缆。

8. 中途挂缆时应减速，待船队稳定后再进行，严禁快速挂缆。

四、样式

（一）原始的帆船

在公元前2900年前后，埃及人最先使用帆船。从那以后，一直到18世纪以前，帆船一直在海洋交通工具中占据统治地位。当时，许多帆船都是依靠一根桅杆张着一面帆前进。大约在距今500年前，开始出现有3～4根桅杆的多帆船，这种帆船船身坚固，不怕风浪。今天装上引擎的大轮船被广泛应用，小的帆船仍用于运动比赛、捕鱼和本地贸易中。

（二）庞大的货轮

运送货物的轮船叫货轮。货轮在海洋上航行的历史已经有几千年了，它使得人们能够在世界不同地区之间进行贸易。今天，大量不同类型的货轮航行在海面上，从大型油轮到小型拖船，从载车渡船到为搜寻损坏船只而特制的轮船。货轮很少有上层构造（主甲板上面的部分）。船上有一座带烟囱的领航船桥。船桥下有发动机和住舱区。船的其余部分可容纳尽可能多的货物。

（三）升出水面的气垫船

气垫船有一个充气的气垫，可使船体浮出水面航行，由于水的阻力减少，因此航行速度很快。气垫船并非只是在水上浮动，而是受气垫的支撑，可在水上、沼泽或陆地上移动。气垫船上带有巨大的风扇来形成气垫。这股气垫被一圈称为"围裙"的橡胶围封在船身周围。

（四）铁皮船

铁皮船是一种在中国长江一带的特有船只，是中国独有的，外面包铁皮，里面用木材，三国时期被经常使用一直延续了1000多年。

（五）充气橡皮船

第一条现代充气船被用于法国海军，ZODIAC 的发展模式引发了民用和军用充气艇产业的飞速发展。与之相对应的是，

皮埃尔 Debroutelle 于1937年设计出了第一条 U 形的充气艇，1943年8月10日他申请了此项设计的专利。这也是直到今天运动型和娱乐型充气船最直接的版本。

自那时以来许多新的制造商，新模式和新的设计被推向了市场。充气艇已不再是背在一个大的游艇后面的小橡皮艇了。它可以达到45英尺长甚至更长。

"刚性"的玻璃钢船体和铝的船体，已经在逐渐取代原始的充气底。奢华漂亮的装饰部件，甚至是船仓也出现在了橡皮艇上。与它的名字相对应的是，在今天，充气船，往往只是指船的浮筒是充气了的，而船底有可能是玻璃钢的和铝的，然而不管怎么说，充气艇一直存在，并且变的越来越受到人们的欢迎了。

橡皮艇的种类繁多、型号各异，有专门追求速度的高速艇，有完全手动的皮划艇，有体验激流乐趣的漂流艇，有外形朴实的工作挺，有用于近海垂钓的钓鱼艇等。

广泛应用于水上休闲、娱乐、钓鱼、捕鱼等水上作业。

（六）钓鱼船

目前国内用来制作充气船气筒的材料一般为 PVC 材料。

充气产品的性能及优点：

1. 全部采用进口专用气艇布料0.9T1000D/PVC 或1.2mmPVC，气密性、耐磨性极好、使用寿命长。

2. 采用进口气阀，方便、安全、可靠。

3. 所有粘接部位全部采用进口胶水粘接，剥离强度以及耐高温、耐水解、抗紫外线等性能均大大优于国产胶水，即使在阳光暴晒下，气艇连接部位牢固性能得到充分保证。

4. 进口材料色牢度高、布面颜色历久如新，进口专用耐磨双色护舷，使船体经久耐用。

（七）挂机艇艇壳气囊

采用胶粘与高周波热合工艺加工制作，气密好、强度高、经久耐用、质量一流，航速40～60km/h。充气后可保持至少一周。

第五节　内河航标与配布

航标是航行标志的简称，指标示航道方向、界限与碍航物的标志，包括过河标、沿岸标、导标、过渡导标、首尾导标、侧面标、左右通航标、示位标、泛滥标和桥涵标等。是帮助引导船舶航行、定位和标示碍航物与表示警告的人工标志。航标配布应当根据江、河、湖泊、水库的具体航行条件，简单明了地指出安全、经济而又便于船舶航行的航道。中国海事局为保障沿海水域的通航安全，确保航标应急恢复及时完成、应急标志及时设置、应急任务及时完成、信息及时传递处理，提高全国海区航标应急反应能力，制订并发布了《海区航标应急反应管理办法》，认真履行航标应急反应职责、积极参与海上抢险救助、不断加强航标工作船舶、溢油处理设备的配置。

一、航标分类

按设置处所分为海上航标和内河航标两类。①海上航标。②内河航标。用于江、河水域。用于标示航道范围和航线的，有过河标、接岸标、导标、过河导标、首尾导标、桥涵标；用于标示障碍物的，有三角浮标、浮鼓、灯船、左右通航浮标、棒形浮标等；用于指示航道深度、架空与水下管线、预报风情和指

挥狭窄航道交通的，有水深信号杆、通行信号台、鸣笛标、界限标、电缆标、横流浮标、风讯信号杆等，各国虽不尽相同，但大体类似。中国内河航标右岸的漆红色，夜发红光；左岸的漆白色，夜发白光或绿光。现代化航标多已实现自动化、电气化和电子化，并采用无线电遥控和监视代替人工现场作业。

（一）按工作原理

有视觉航标、音响航标和无线电航标三类。

1. 目视

又称视觉航标，能使驾驶人员通过直接观测迅速辨明水域，确定船位，安全航行，是使用最多最方便的航标。目视航标常常颜色鲜明，以便白天观测；发光的目视航标可供日夜使用。常见的目视航标有灯塔、立标、灯桩、浮标、灯船和各种导标。灯塔是设置在重要航道附近的塔型发光

固定航标，一般有人看守。立标是设置在岸边或浅滩上的固定航标，标身为杆形、柱形或桁架形。发光的立标称灯桩，发光射程比灯塔近得多。浮标是用锚碇泊水中的航标，用以表示航道、浅滩、碍航物等；发光的称灯浮标。灯船是作为航标使用的专用船舶，装有发光设备，作用与灯塔相同，锚碇于难以建立灯塔之处，一般不能自航。导标是由前后两个立标或灯桩组成的一对叠标，经过精确测量定点建立。导标最易观测，在其作用距离内只要看到两标重叠，就是船舶正好位于导标线上。导标用于引导

船舶进出港口，通过狭窄航道，进入锚地以及转向、避险、测速、校正罗经等。激光导标也已开始应用。

2. 音响

能发出规定响声的助航标志。它可在雾、雪等能见度不良的天气中向附近船舶表示有碍航物或危险。包括雾号、雾笛、雾钟、雾锣、雾哨、雾炮等。音响航标是指以音响传送信息，引起航海人员注意的助航标志，主要包括雾炮、雾号、雾钟、雾锣等。航行标志指标示航道方向、界限与碍航物的标志，包括过河标、沿岸标、导标、过渡导标、首尾导标、侧面标、左右通航标、示位标、泛滥标和桥涵标等十种。

空中音响航标以空气作为传播介质，是使用最早、最普遍的音响航标。空中音响航标包括有雾钟、雾锣、雾角、雾哨、雾炮和雾号。

水中音响航标以水为传播介质，常用的有水中钟、水中定位系统和水中震荡器。水中音响航标使用极少。

3. 无线电

利用无线电波传播特性向船舶提供定位导航信息的助航设施。无线电航标包括雷达反射器、雷达指向标、雷达应答器、无线电指向标、罗兰 A、罗兰 C、台卡、奥米加、子午仪卫星导航系统、全球导航星系统、全球定位系统（GPS）和差分全球定位系统（DGPS）。

无线电指向标是供船舶测向用的无线电发射台，有全向无线电指向标和定向无线电指向标两种。无线电导航台是船舶无线电定位和导航系统的地面设备。雷达应答标音译为"雷康"，被船用雷达波触发时，能发回编码信号，在船用雷达荧光屏上显示该标方位、距离和识别信息。雷达指向标是一种连续发射无方向信号的雷达信标。船用雷达接受机收到这种信号，荧光屏上便显示出一条通过该标的径向方位线。雷达应答标和雷达指向标安装于需要与周围物标回波区别开的航标上。雷达反射器为反射能力很强并能向原发射方向反射雷达波的无源工具，安装在灯船或浮标上，可以增大作用的距离，常见的有两种：一种是用金属板或金属网制成的各平面互相垂直的角反射器；另一种是球形介质透镜反射器，后者反射力大，体质轻小。

（二）按设置处所

各国不尽相同。中国目前分为 3 类 19 种。

1. 引导航行标志，简称引航标志，用于标示内河安全航道的方向和位置等。有过河标、接岸标、导标、过河导标、首尾导标、桥涵标 6 种。

2. 指示危险标志，用于指示内河中有碍航行安全的障碍物。有三角浮标、浮鼓、棒形浮标、灯船、左右通航浮标、泛滥标 6 种。

3. 信号标志，用于标示航道深度、架空电线和水底管线位置，预告风讯，指挥弯曲狭窄航道的水上交通。有水深信号杆、通行信号台、鸣笛标、界限标、电缆标、横流浮标、风讯信号杆等7种。

中国内河航标表示右岸的漆红色，灯标发红光；表示左岸的漆白色，灯标发白光或绿光。河流的左右岸以面向下游为准，港口的左右岸以面向进港为准。

二、航标装备

（一）DGPS系统

1994年至1995年，受交通部安全监督局委托，天津海监局牵头起草了《中国沿海无线电指向标/差分全球定位系统规划（RBN-DGPS1996-2000年）》，计划在中国沿海分三期完成20座RBN-DGPS定位系统台站建设。2001年12月27日，中国海事局在北京召开信息发布会，宣布中国沿海RBN-DGPS台站全面建成，正式对外开放，向公众用户免费提供导航定位服务。

（二）VTS系统

中国海事局自1990年开始建设船舶交通管理（VTS）系统，截至目前，信号复盖了所有重要港口和交通繁忙水域，在组织海上搜救、船舶监控等方面均起到重要作用。

（三）AIS系统

2005年，经过科学规划与充分论证，中国海事局全面开展了岸基船舶自动识别（AIS）系统的建设工作。截至2006年，沿海AIS基础骨干网基本完成。这是中国海事局数字海事建设的重大成果。利用AIS系统可设置虚拟航标、为事故调查取证提供证据、完成航路分析、向港口提供船舶流量统计图表等，AIS系统成为海事航标实现快速和可持续发展的重要保障。

近年来，航标新能源、新光源、新材料得到推广应用，初步形成了功能较完善、设施较齐全的沿海航标系统，基本适应了当前海上交通运输的发展需要。截至2007年，中国沿海各类航标7981座，中国海事局直属航标处维护航标5096座。

三、航标航标配布

（一）内河航标配布类别

1. 一类航标配布：配布的航标夜间全部发光。白天，船舶能从一座标志看到次一座标志；夜间船舶能从一盏标灯看到次一盏标灯。

2. 二类航标配布：发光航标和不发光航标分段配布。在昼夜通航的河段上配布发光航标，其标志配布与一类航标配布相同；在夜间不通航的河段上配布不发光的航标，其标志配布密度与三类航标配布相同。

3. 三类航标配布：航标配布的密度比较稀，不要求从一座标志看到次一座标志，对优良河段的沿岸航道可沿岸形航行不再配布沿岸标，但每一座标志所表示的功能与次一座标志的功能应相互连贯，指引船舶在白天航行。

4. 重点航标配布：只在航行困难的河段和个别地点配布航标。优良河段一般仅标示出碍航物。根据需要与条件配布发光航标或不发光航标。船舶需要借助于驾驶人员的经验利用航标和其他物标航行。

（二）内河航标的配布原则

航标配布应当根据江、河、湖泊、水库的具体航行条件，简单明了地指出安全、经济而又便于船舶航行的航道。

配布航标应注意岸标与浮标之间的有效结合，务使每一座标志发挥最大作用。由于岸标作用可靠，受自然界影响导致失常的因素比浮标少，因此应注意发挥岸标的作用。设置岸标时，可根据各河区具体情况规定岸标的最小安全航行距离（俗称：作用距离），该值自标位处的水沫线起算。

设置侧面浮标时，应保证在航道同一侧相邻的两座浮标或同一侧相邻的浮标与岸标规定的最小安全航行距离的相连直线内，不得有小于维护水深或揭示水深的碍航物存在。在特定的条件下，也可规定某些浮标和水中灯桩最小安全航行距离（自该标位处起算）。

侧面浮标设置地点的水深，可根据各个水位时期的不同维护水深而统一变更。在水位上升时期，侧面浮标的设置，应在保证维护水深的前提下，适当将航道放宽。在水位下降时期，可逐步缩窄航道宽度，保持维护水深。深槽河段沿岸航道的可航范围，一般为航道标准宽度的两倍。如果沿岸航道宽度小于两倍航道宽度时，必须在碍航物近航道一侧设置侧面浮标，标示航道界限。在水面宽阔的河道上，沿岸航道的可航范围可以放宽，但最大不超过枯水河面平均宽度的三分之一。洪水期，河面增宽，水深、流速增大，因此，必须注意标示出淹没的河岸、岛屿和其他碍航物，并及时开辟经济航道。

（三）枯水期的航标配布原则

枯水期的航标配布应准确标示航道方向，注意标示浅滩航道的轮廓和揭示浅滩航道的最小水深。当水位陡涨陡落时，应及时调整标位，注意岸标不得距水沫线过远、过高或被水淹没。在潮汐河段，航标的配布应当保证所揭示的航道在所规定的基准面下有足够的水深，并应注意潮流变向时浮标的回转范围。在湖泊、水库及其他宽阔水域，应在岛屿、浅滩、礁石、通航河口适当配布示位标，供船舶定位或确定航向。水网地区应着重标示河口、湖口、突出的岸嘴和弯曲的岸形，并在支河汊港处指示航行方向。

四、航标基本管理

中国海事局为保障沿海水域的通航安全，确保航标应急恢复及时完成、应急标志及时设置、应急任务及时完成、信息及时传递处理，提高全国海区航标应急反应能力，制订并发布了《海区航标应急反应管理办法》，认真履行航标应急反应职责、积极参与海上抢险救助、不断加强航标工作船舶、溢油处理设备的配置。海事航标应急队伍已经成为沿海水上应急和安全保障的一支重要力量，树立了良好的海事形象。

为适应沿海水运经济的发展，一直以来，中国海事局以重点港口、水域为重点，以支持港口航运生产为核心，大力加强沿海航标系统的建设，以全面提高航标助航效能和构建航标统一管理机制为目标，接收改造地方标，使航标管理更加规范，航标配布更趋合理，保证了航标整体效能的稳定。对重点水域开展航标建设和改造，完善综合水上安全保障系统，为满足人民群众出行、促进经济发展和推进社会主义新农村建设发挥了积极作用。2007 年，中国利用 ISO9001 质量管理体系标准的理念，参照 IALA 1052 指南及相关国际组织的建议，开始试运行航标质量管理体系。

五、航标发展与功能

（一）航标发展

在航标发展的定位问题上，中国与日本、澳大利亚等发达国家的航标相比，在 LED 灯器、遥测、AIS 应用等方面具备较为明显的优势。在美国，还在使用普通白炽灯泡，而且数量占到所有灯器的一半，而中国各海区采用的冷光源灯器比例最少也在 80% 以上，可以说，在灯器方面中国已超过发达国家水平。

中国在遥测遥控上的科技含量相当高，得到了国外来访者高度评价，现在，我国主要采取 GSM、AIS 和北斗遥测遥控三种方式，航标巡检周期达到半年到 1 年，浮标起吊周期达到了 2－3 年。中国的 AIS 岸基台站建设也形成了网络，在海事监管中得到了充分的应用。此外，海事部门还自主开发了船舶智能导航仪，实现了航行信息综合显示和智能辅助导航，为船舶航行安全增加了一种有效的辅助手段。中国在航标技术、质量、自动化、信息化等局部方面已不亚于发达国家水平。

（二）主要功能

1. 定位

为航行船舶提供定位信息。

2. 警告

提供碍航物及其他航行警告信息。

3. 交通指示

根据交通规则指示航行方向。

4. 指示特殊区域

如锚地、测量作业区、禁区等。

2 航道整治工程

  航道整治工程是指在河床中建造专门的整治建筑物或其他工程措施，调整河床形态和水沙流路，以形成有利的水流结构，利用水流本身的力量冲刷航道并维持航道的稳定，保证枯水期航道必要的通航尺度。

第一节　航道整治工程概述

航道整治工程是指在河床中建造专门的整治建筑物或其他工程措施，调整河床形态和水沙流路，以形成有利的水流结构，利用水流本身的力量冲刷航道并维持航道的稳定，保证枯水期航道必要的通航尺度。航道整治的目的是利用整治建筑物调整水流和河床的关系，局部改变河床的演变过程，从而调整河床的冲淤，使水流冲刷发生在需要冲刷的地方、泥沙淤积在预想淤积的地方，并保持河床相对稳定。

一、航道整治工程定义

用整治建筑物调整和控制水流，稳定有利河势，以改善航道航行条件的工程措施。广义的航道整治也包括炸礁、疏浚和裁弯取直等。航道整治的主要任务是：稳定航槽；刷深浅滩，增加航道水深，拓宽航道宽度，增大弯曲半径；降低急流滩的流速；改善险滩的流态。

我国的航道整治有着悠久的历史，相传大禹治水时就曾经遵循顺水之性，即因势利导方法。1565年，潘季驯提出"以堤束水，以水攻沙"的整治原则。1949年以后，随着我国水运事业的不断发展，从东北到西南在数量众多的河流上都进行了航道整治工程。长江上游的川江（宜昌至宜宾）通过整治改善了航道条件，结束了川江不能夜航的历史。沿海的闽江、甬江、瓯江和黄浦江等河口，通过整治均取得明显的效果。而世界范围的，欧洲的莱茵河、美国的密西西比河以及前苏联的伏尔加河也都进行了大规模的航道整治工程。

航道整治不但可以使航道的尺度增加，而且还可使航道获得较长时期的稳定。航道整治与疏浚相结合，可以造成有利的流态以减少挖槽后的回淤。相对于渠化工程而言，航道整治后河道的流量和总输沙量不变，对天然水文情势改变较少，基本上不影响环境状态，工程投资也较小。

所谓的航道整治工程，就是利用整治建筑物调整和控制水流，稳定有利河势，以改善航道航行条件的工程措施。广义来看，航道整治也包括炸礁、疏浚和裁弯取直等工程措施。目前，航道整治的主要任务是：稳定航槽；刷深浅滩，增加航道水深，拓宽航道宽度，增大弯曲半径；降低急流滩的流速；改善险滩的流态。

航道整治是综合治理河道的一个方面，其原则和规范有其自身的特殊性。规划设计时要兼顾防洪、排灌、工业布局和港口等方面的各项不同要求。为了正确地进行航道整治，必须掌握航道的演变规律。因势利导，顺应河势是航道整治的原则。航道的整治规划与设计一般包括：确定航道等级及最低通航水位；根据要求的航道尺度确定整治建筑物顶部高程（即整治水位）和整治线（整治水位时两岸整治建筑物或一岸整治建筑物与对岸岸边构成的水边线）宽度；在平面上确定整治线的位置和形态；利用整治建筑物固定、控制和调整整治线。在建筑物的布置上应以最少的工程量来达到最大的整治效果。

二、航道整治历史

航道整治是河道治理的一个部分。中国的航道整治有着悠久的历史。相传大禹治水时就遵循顺水之性，因势利导的方法。1565 年，潘季驯提出了"以堤束水，以水攻沙"的整治原则。1949 年后，随着水运事业的发展，中国从东北到西南在数量众多的河流上都进行了航道整治工程。长江上游的川江（宜昌至宜宾）通过整治改善了航道条件，结束了川江不能夜航的历史。沿海的闽江、甬江、瓯江和黄浦江等河口，通过整治均取得了明显的效果。欧洲的莱茵河、美国的密西西比河以及苏联的伏尔加河也都进行了大规模的航道整治工程。

三、航道整治作用

航道整治不但可以使航道的尺度增加，而且还可使航道获得较长时期的稳定。航道整治与疏浚相结合，可以造成有利的流态以减少挖槽后的回淤。相对于渠化工程而言，航道整治后河道的流量和总输沙量不变，对天然水文情势改变较少，基本上不影响环境状态，工程投资也较小。

航道整治是综合治理河道的一个方面。规划设计时要兼顾防洪、排灌、工业布局和港口等方面的要求。为了正确地进行航道整治，必须掌握航道的演变规律。因势利导，顺应河势是航道整治的一个原则。航道的整治规划与设计一般包括：确定航道等级及最低通航水位；根据要求的航道尺度确定整治建筑物顶部高程（即整治水位）和整治线（整治水位时两岸整治建筑物或一岸整治建筑物与对岸岸边构成的水边线）宽度；在平面上确定整治线的位置和形态；最后采用整治建筑物固定、控制和调整整治线。在建筑物的布置上应以最少的工程量来达到最大的整治效果。

四、航道整治的发展与特点

（一）航道整治的发展

航道整治是河道治理的一个部分。中国的航道整治有着悠久的历史。相传大禹治水时就遵循顺水之性，因势利导的方法。1565 年，潘季驯提出了"以堤束水，以水攻沙"的整治原则。1949 年后，随着水运事业的发展，中国从东北到西南在数量众多的河流上都进行了航道整治工程。长江上游的川江（宜昌至宜宾）通过整治改善了航道条件，结束了川江不能夜航的历史。沿海的闽江、甬江、瓯江和黄浦江等河口，通过整治均取得了明显的效果。

（二）航道整治的特点

航道整治不但可以使航道的尺度增加，而且还可使航道获得较长时期的稳定。航道整治与疏浚相结合，可以造成有利的流态以减少挖槽后的回淤。相对于渠化工程而言，航道整治后河道的流量和总输沙量不变，对天然水文情势改变较少，基本上不影响环境状态，工程投资也较小。

航道整治是综合治理河道的一个方面。规划设计时要兼顾防洪、排灌、工业布局和港口等方面的要求。为了正确地进行航道整治，必须掌握航道的演变规律。因势利导，顺应河势是航道整治的一个原则。航道的整治规划与设计一般包括：确定航道等级及最低通航水位；根据要求的航道尺度确定整治建筑物顶部高程（即整治水位）和整治线（整治水位时两岸整治建筑物或一岸整治建筑物与对岸岸边构成的水边线）宽度；在平面上确定整治线的位置和形态；最后采用整治建筑物固定、控制和调整整治线。在建筑物的布置上应以最少的工程量来达到最大的整治效果。

五、航道整治建筑物

常用的航道整治建筑物有：

1. 丁坝，是最常用的整治建筑物。坝轴线与流向交角较大，其主要作用是固定边滩、束窄河床、加大水流速度以冲深和稳定航道。

2. 顺坝，也称导流坝，大致与岸线或主流线平行，可用以调整岸线，导引水流，还可用以封闭倒套、尖潭和汊道等（见平原航道整治）。

3. 护岸。

4. 锁坝又称堵坝，常用以堵串沟、调整汊道分流比等。锁坝坝顶高程可根据分流需要确定。经常淹没在水下的锁坝称潜锁坝。它具有调整河流比降和河床糙率的作用。

航道整治建筑物按构造情况，可分为重型和轻型两类。重型多为土石等材料抛砌的实体重力式结构；轻型多为桩木、编篱和网等构成的透水式结构。前者又常称永久性建筑物，后者称临时性建筑物。整治建筑物的材料仍以传统的土石料居多，土工织物也日益得到应用。中国的航道多采用中低水整治，因而其建筑物在洪水期多处于淹没状态。

由于水流、泥沙和河床的相互作用十分复杂，河床演变还难以用定量方法准确确定。航道整治工程的有关数据多依赖过去工程实践积累的经验和航道变化的具体情况确定。有条件时，对重要和复杂的河段可进行水流和泥沙模型试验，验证和改进整治工程的规划与设计。

第二节　整治建筑物

稳定或改善河势，调整水流所修建的水工建筑物。亦称河工建筑物。常用的有丁坝、矶头、护岸、顺坝、锁坝、桩坝、枬槎坝等。河道整治建筑物可以用土、石、竹、木、混凝土、金属、土工织物等河工材料修筑，也可用河工材料制成的构件，如梢捆、柳石枕、石笼、枬槎、混凝土块等修筑。

一、整治建筑物概述

（一）类型

按材料和期限分为轻型（临时性）建筑物和重型（永久性）建筑物。

按照与水流的关系可分为淹没建筑物、非淹没建筑物，透水建筑物和实体建筑物以及环流建筑物。

实体建筑物、透水建筑物在结构方面差异很大。实体建筑物不允许水流透过坝体，导流能力强，建筑物前冲刷坑深，多用于重型的永久性工程。透水建筑物允许水流穿越坝体，导流能力较实体建筑物小，建筑物前冲刷坑浅，有缓流落淤作用。环流建筑物是设置在水中的导流透水建筑物，又称导流装置。它是利用工程设施使水流按需要方向激起人工环流，控制一定范围内泥沙运动方向，常用于引水口的引水和防沙整治。

（二）布置与作用

河道整治建筑物就岸布设，可组成防护性工程，防止堤岸崩塌，控制河流横向变形；建筑物沿规划治导线布设，可组成控导性工程，导引水流，改善水流流态，治理河道。

1. 丁坝：从岸、滩修筑凸出于水中的建筑物，以挑移主流，保护岸、滩。丁坝一般成组布设，可以根据需要等距或不等距布置。但不宜单独建一道长丁坝，因易导致上下游水流紊乱，又易受水流冲击而遭破坏，还可能影响对岸安全。按丁坝轴线与河岸或水流方向垂直、斜向上游、斜向下游而分别称为正挑、上挑、下挑丁坝。为减少丁坝间的冲刷并促淤，非淹没丁坝采取下挑式，其交角一般为30°~60°；淹没丁坝采取上挑式。受潮流和倒灌影响的丁坝须适应正逆水流方向交替发生而采用正挑式。两丁坝的间距大小以其间的河岸不产生冲刷为度，一般凹岸密于凸岸，河势变化大的河段密于平顺河段。坝长与间距之比，一般凹岸为1~2.5，平顺段为2~4。丁坝坝头形式有圆头、斜线、抛物线型以及丁坝、顺坝相结合的拐头型。在中国将短的丁坝称作矶头又称垛或堆，作用是迎托水流，保护岸、滩。按迎托水流要求，矶头的平面形状有人字、月牙、磨盘、鱼鳞、雁翅等形式，垂直水流方向的长度一般为10~20m。矶头之间中心距一般为50~100m。

2. 顺坝：具有束窄河槽、导引水流、调整河岸的作用。大致与水流方向平行布置，常沿治导线在过渡河段、凹岸末端、河口、洲尾、分汊等水流分散河段布设。顺坝坝根嵌入岸、滩内，坝头可与岸相连或留缺口，通常在顺坝与岸之间修格坝防冲促淤。

3. 锁坝：可用于堵塞河道汊道或河流的串沟。堵串（汊）目的主要有：塞支强干、集中水流、增加水深利于航运，防止汊道演变为主流引起大的河势变化。锁坝可布置在汊道进口、中部或尾部，根据地形、地质、水文泥沙、施工条件择优确定方案。

4. 护岸：用抗冲材料直接铺护在河岸坡面上，可布置为长距离连续式，也可布置在丁坝或矶头之间防止顺流或回流淘刷。

二、丁坝

丁坝又称"挑流坝"，是与河岸正交或斜交伸入河道中的河道整治建筑物。该坝的端与堤岸相接呈"T"字形。

我国幅员辽阔，江河密布，为我们提供了生存必需的水资源和舟楫之利，但也需进行防灾兴利的治理。在治河工程中，丁坝是应用广泛的水工建筑物；在交通建设、河滩围垦和海涂工程中，丁坝也是常用的建筑物之一。丁坝有长短之分，长者使水流动力轴线发生偏转，趋向对岸，起挑溜作用；短者起局部调整水流保护河岸的作用。由丁坝组成的护岸工程，能控导溜势，保护堤岸，又有束狭河床、堵塞岔口和淤填滩岸的作用。丁坝由坝基和坝头组成，其平面形状呈直线型或拐头型。坝头多为流线型、圆头型或斜线型。

（一）组成

丁坝一般由坝头、坝身和坝根三个部分组成。按照丁坝坝顶高程与水位的关系，丁坝可分为淹没和非淹没式两种。用于航道枯水整治的丁坝，经常处于水下，一般为淹没式。用于中水整治的丁坝，其坝顶高程有的稍高出设计洪水位，或者略高于滩面，一般洪水情况下不被淹没。

（二）类型

丁坝可分潜水坝或非潜水坝，在设计时，潜水坝顶可以过水，非潜水坝顶不能过水。坝身透水的称透水丁坝，不透水的称不透水丁坝。不透水丁坝控制水流作用较强，由石料、土料、混凝土预制构件或沉排铺砌构成。透水丁坝可将一部分水流挑离河岸，起控导水流作用，另一部分水流透过丁坝流向坝田，减缓流速，使泥沙沉积，缓流落淤效果较好。透水丁坝可用桩柳、桩及杩槎等构筑，亦可用混凝土桩，设计丁坝时，要根据流势与治导线的要求，确定轴线方向、坝头位置及丁坝间距等。重要河段的丁坝布设，应根据水工模型试验确定。丁坝建成运用后，须经常进行观测，看其是否稳定，是否达到预期目的，必要时，加以调整。

根据丁坝对水流的影响程度，又可分为长丁坝和短丁坝。长丁坝有束窄河槽、改变主流线位置的功效；短丁坝则只起迎托主流、保护滩岸的作用。一般来说，数百米甚至上千米的丁坝，多是用于航道的枯水整治，为淹没式丁坝。对于航道的中水整治，则应尽量控制在 $100 \sim 200m$，以免严重阻水，形成紊乱的水流结构，危及坝体安全或者引起对岸、坝下游岸线崩塌。

按照坝轴线与水流方向的夹角，可将丁坝分为上挑、正挑、下挑三种。这三种丁坝对水流结构的影响很不一样。对于淹没式丁坝以上挑式为好，因为水流漫过上挑丁坝后，可将泥沙带向河岸一侧，有利于坝档之间的落淤。而下挑丁坝则与之相反，造成坝档间冲刷，河心淤积，且危及坝根安全。对于非淹没丁坝，则以下挑为好，其水流较平顺，绕流所引起的冲刷较弱，相反上挑将造成坝头水流紊乱，局部冲刷十分强烈。在河口感潮河段，以及有顶托倒灌的支流河口段，为适应水流的正逆方向交替特性，多修建成正挑形式。

（三）作用

丁坝是广泛使用的河道整治和维护建筑物，其主要功能为保护河岸不受来流直接冲蚀而产生掏刷破坏，同时它也在改善航道、维护河相以及保护水生态多样化方面发挥着作用。它能够阻碍和削弱斜向波和沿岸流对海岸的侵蚀作用，促进坝田淤积，形成新的海滩，达到保护海岸的目的。按丁坝的作用和性质又分为控导型和治导型两种。控导型丁坝坝身较长，一般坝顶不过水，其作用是使主流远离堤岸，既防止坡岸冲刷又改变河道流势。治导型丁坝工程的主要作用是迎托水流，消减水势，不使急流靠近河岸，从而护岸护滩、防止或减轻水流对岸滩的冲刷。

丁坝修建后，局部地改变了河（海）流的流动形态，而坝体尾部旋涡的产生、分离和衰减会使水流呈现很强的三维紊动特性，相应流动结构变得十分复杂。探讨丁坝附近的流动结构不仅具有重要的水力学研究价值，也对丁坝的实际工程应用有现实指导意义。

三、顺坝

顺坝是指一种纵向河道整治建筑物。坝身一般较长，与水流方向大致平行或有很小交角，沿治导线布置，它具有束窄河槽、引导水流、调整岸线的作用，因此又称作导流坝。顺坝常常布设在水流分散的过渡段，分汊河段的分、汇流区，急弯和凹岸尾部，以及河口治理段。对于堤前滩地较窄的堤防，可设置与堤岸线基本平行的顺坝。

（一）分类

1. 导流顺坝

导流顺坝的坝轴线与整治线走向一致，可根据需要布置为直线或平缓曲线，坝根与河岸相连，坝头宜接近下深槽，以引导水流由上深槽平顺过渡到下深槽。当浅滩过渡段区较长时可与丁坝群结合，用以缩窄河床，冲刷航槽。

2. 洲头顺坝

布置在江心洲洲头，坝根与江心洲相连，坝身向上游延伸的顺坝称为洲头顺坝。主要用于调整两条汊道的分流、分沙比，拦截洲头横流从而改善汊道进口流态。

3. 洲尾顺坝

布置在江心洲洲尾，坝根与江心洲相连，坝身向下延伸的顺坝称为洲尾顺坝。洲尾顺坝主要促使两汊水流在洲尾平顺汇合，减小两汊水流相互顶托作用，防止汊道出口淤积出浅，并可拦截洲尾横流，改善流态。

4. 固滩顺坝

在平原河流的汊道浅滩上，为稳定和加高低矮而且游移不定的河心沙滩，可布置一道适当长的顺坝，并在其两侧加筑与顺坝相连的短丁坝，形成类似鱼骨状的组合坝，以加高河心沙滩，促进泥沙淤积。

5. 封弯顺坝

在河道过于弯曲、水流扫弯的滩险，可在凹岸布置封弯顺坝，在凸岸一侧开挖新航槽，改变河床的平面形态，增大弯曲半径。

（二）作用

顺坝的主要作用是：调整水流流向，使水流沿规划的整治线平顺流动；束窄河床，增加航槽流速；形成有利的环流，控制横向输沙；调整汊道分流比，改善流态。有时用于封堵汊道，增加通航汊道流量。顺坝对水流结构改变不太大，沿坝水流平顺，在平原河流和山区河流整治工程中，使用都较为广泛。但顺坝一旦建成，就很难改动，因此在确定坝位、线形时应特别慎重，另外，水流经过顺坝坝头后迅速扩散，流速降低，容易形成."关门浅"。根据河流的具体情况，有的地区多用顺坝，如四川的岷江、嘉陵江等。

1. 调整急弯，规顺岸线

在山区航道整治中，对于航道过于弯曲的河段，用顺坝封弯来修整不规则的枯水岸线，使之形成新的河岸，平顺水流，改善流态，可以使碍航因素得以改善。

2. 堵塞支汊，调整分流分沙比

在分汊河段上布置顺坝，堵塞支汊，增加主航槽枯水流量，调整分流分沙比。

3. 拦截洲头横流，改善汊道进口流态

在分汊河段，往往存在两汊道水面高程不一致，在江心洲头部产生横流，妨碍船舶航行。在江心洲头部布置洲头顺坝，拦截横流，使汊道进口水流平顺。

4. 调整汇流处的交汇角，以改善汇流条件

在分汊河段汇流处，受两汊水流相互顶托影响，在口门处易产生淤积碍航，或因两汊水面高程的差异，产生碍航横流。在江心洲尾部布置洲尾顺坝，可调整汇流处的交汇角，改善汇流条件，平顺水流，减小淤积。

5. 用于丁坝上游，以改善丁坝坝头水流条件

在丁坝群上游第一道丁坝，一般采用下挑丁坝。根据河道条件，在丁坝群的上游也可布置顺坝，改善丁坝群的水流条件。在岷江朱石滩整治中，右岸丁坝群的上游布置了一条长顺坝，不仅航道尺度达到设计要求，而且横比降减小，整治效果好。

（三）布置原则

顺坝的布置原则为：

1. 沿航道整治线方向布置，在弯道上呈平缓曲线，以形成新的河槽平面轮廓。

2. 与中水流向交角不宜太大，避免水流漫顶时产生"滑梁水"，对船舶航行和航道的稳定不利。

3. 避免两岸同时建顺坝，以便于调整整治线的宽度。

4. 坝头必须绕过危及船舶安全航行的石嘴、石梁、冲积堆及取水口等处，延伸到水流平顺的地方。

5. 坝头一般延伸到下深潭，避免水流骤然扩散形成口门段浅区。

6. 坝根应布置在主流转向点的上游，充分发挥顺坝导流作用，并避免坝根遭受水流冲刷。

7. 顺坝较长且有泥沙活动的地区，为加速坝田内的淤积，在顺坝与河岸之间加建格坝，格坝坝根和河岸连接，其高程比顺坝顶稍低。

（四）结构设计

1. 顺坝材料选用和结构型式

顺坝整体受力没有丁坝大，但靠航槽一侧所受的水流冲刷力仍然很大。故顺坝的结构组成和坝体结构型式均可参照丁坝。抛石丁坝和充填袋填心坝的材料可按丁坝要求选用。

2. 顺坝的构造设计

抛石顺坝的横断面多为梯形，由于顺坝受力没有丁坝大，故块石顺坝坝顶宽度宜取 $1\sim2m$，边坡坡度宜取 $1:1.0\sim1:2.0$。充填袋填心坝坝顶宽度取 $1.5\sim3m$，边坡坡度宜取 $1:1.5\sim1:2.0$。

洲头分流、洲尾导流或封弯导流等顺坝，应根据不同的受力情况，增加坝顶宽度和放缓边坡。

顺坝纵坡坡度宜与建坝后整治水位时的水面比降一致。洲头顺坝的纵坡宜采用与水面比降相反的坡度。

顺坝的坝根护坡设计、顺坝的坝面结构和丁坝的有关规定一致。

在江心洲尾处，由于洲尾两股支汊水流相互碰撞，流速减小，能量降低，同时导流顺坝沿水流动力轴线布置，受力较丁坝小，故洲尾顺坝和导流顺坝坝头可不加宽，其坝头坡度可取 $1:2.0\sim1:3.0$。洲头顺坝坝头可根据水流条件适当加宽，坡度适当放缓。充填袋填心坝坝头部分应全部采用块石结构。

在易冲刷变形的河段，顺坝宜采取护底措施。护底结构应符合丁坝的规定。护底范围可伸出边坡坡脚外 $5\sim15m$，伸出坝头坡脚外 $10\sim20m$。

四、锁坝

锁坝，把水流集中到可以利用的较宽航道中，增加船舶航行的安全。

为了达到增加河道航道水流速度和水深和平滑度，满足船舶通航的要求，避免触礁和触滩等事故发生，而采用人工施工的方法对部分狭窄的不具备通航能力或者虽然具备通航能力但现状下通航危险的河道进行封堵。

五、护岸

护岸是在原有的海岸岸坡上采取人工加固的工程措施，用来防御波浪、水流的侵袭和淘刷及地下水作用，维持岸线稳定。护岸建筑形式与海堤相似，按其外坡形式可分斜坡式护岸、陡墙式护（包括直立式）和由两者混合的护岸。斜坡式护岸的护面结构及护面范围与斜坡堤相同，坡顶为陆地面。

（一）分类与特点

护岸建筑形式与海堤相似，按其外坡形式可分斜坡式护岸、陡墙式护岸（包括直立式）和由两者混合的护岸。斜坡式护岸的护面结构及护面范围与斜坡堤相同，坡顶为陆地面。地面高程不能满足防浪要求时，在坡顶增设防浪墙。陡墙式护面常采用块石砌筑的重力墙、钢筋混凝土扶壁式结构、板桩岸壁等。外侧受有波浪、水流作用，内侧还要承受土压力和地下水压力作用。墙上设排水孔。护岸的坡脚加固与海堤相同。沿海城镇护岸以陡墙式或直墙式结构为多。护岸工程要确保岸线稳定，综合考虑城市交通、环境绿化、防汛抢险、旅游疗养等需要，对于有船舶系泊要求酌规划专用线要从码头结构形式考虑。

（二）河流护岸的发展

我国现有的护岸形式可划分为工程型护岸、景观型护岸和生态型护岸等三种护岸类型。

1. 工程型护岸

工程型护岸指确定加固处理岸坡方案仅出于防洪、输水和航运等工程需要，将原有天然岸坡改造为混凝土、砌石等为代表的刚性工程护坡。混凝土、浆砌块石等建筑材料的广泛采用原因是这些材料的抗冲、抗侵蚀性及耐久性好，同时对于输水的人工运河，还可减低糙率，提高输水效率，减少渗透损失。这种结构从传统的工程水利角度来看，是安全、经济和有效的，但它同时也破坏了原有的岸坡自然生态系统及其相应功能。

2. 景观型护岸

景观型护岸也可称为亲水型护岸，是指确定加固处理岸坡方案时不仅考虑工程的安全性、经济性和有效性，同时还要满足人的视觉感观享受，提供人们一个亲水的空间。景观型护岸是在工程型护岸基础上的功能延伸，但对岸坡自然生态系统同样有破坏作用。

3. 生态型护岸

生态型护岸是指确定加固处理岸坡方案时不仅考虑工程的安全、经济和有效性和人的需要，同时还要考虑生态问题和环境问题，注意保存和增加生物的多样性和食物链的复杂性，积极为水生动物、两栖动物和昆虫等提供栖息空间。

第三节　平原河流航道的整治

一、平原河流航道的整治概述

平原航道整治是一种在平原河流上修建整治建筑物，调整河床与水流以改善航道航行条件的措施。平原河流上航道整治的主要对象是浅滩。要达到整治的目的，必须进行浅滩演变分析，以了解浅滩的成因和发展趋势，从而确定整治原则和相应的工程措施。

（一）整治原则和措施

顺应河势，因势利导，以航行条件优良的河段形态和尺度为依据，常常会收到良好的整治效果。经整治而改善航行条件是河流综合利用的一部分，它不应给其他用水部门带来不利。对于不同类型浅滩常采用以下整治措施。

1. 正常浅滩整治：河流形态较好，一般情况下不碍航，只有在枯水多沙年份才可能出浅时，采用临时性疏浚措施比较经济；河道有变坏趋势时，如凹岸过度冲刷、边滩下移及上下两深槽间的过渡段太长等，应及时加以防护和调整。

2. 交错浅滩整治：它的上下深槽交错，其中下深槽与上深槽交错的部分称为倒套。有流向倒套的横向水流，使浅滩上的水流分散，航深不足。应采取堵塞倒套，抬高和固定边滩的措施。

3. 复式浅滩整治：它的上下浅滩相互影响，有共同的中间深槽并与上下深槽交错。整治时应将上下深槽共同考虑，可固定抬高上、中、下边滩并堵塞倒套。

4. 散滩整治：没有明显的深槽与边滩，应根据上下游河段的河势，规划出一条正常弯曲的整治线，通过丁坝等整治建筑物，将散乱沙体促淤形成边滩，以固定河势，引导水流集中冲刷航槽。

5. 汊道浅滩整治：在汊道进口处有浅滩，可建丁坝束水；出口处有浅滩，可建岛尾坝或岛尾坝加丁坝，以减少水流相互冲击产生的泥沙淤积，并可束水以增加航深；汊道内的浅滩可仿照上述单一河道浅滩的整治方法。若汊道中流量不足时，通常在非通航的汊道上建锁坝等工程，以增加通航汊道的流量。

6. 支流河口浅滩整治：多用分水堤使两股水流平顺相交。

7. 湖区浅滩整治：航道受风浪影响大，可建导堤以减少风浪掀沙，维护航槽稳定。

（二）整治水位

与整治建筑物顶部高程相齐平时的水位，或指整治建筑物顶部的高程。水流在从整治水位下降的过程中，由于整治建筑物的束水作用，而冲去洪水期淤在航道中的泥沙，以满足航道要求的水深。目前多以优良河段的边滩高程来确定整治水位。

（三）整治线宽度

整治水位时两岸整治线（包括两岸均布设整治建筑物或一岸布设整治建筑物，另一岸为天然状态时的水边线）间的宽度。在整治水位已定的情况下，要求航道的冲刷深度越大越好，整治线宽度越小越好，即要求整治建筑物对河床的束窄程度越大越好。整治线宽度一般可参照优良河段相应的宽度确定，或根据整治前后断面输沙量不变的假定，通过计算确定。

（四）整治线的布置

整治线应布置成缓和而均匀变化的连续曲线，一般采用正弦曲线或圆弧曲线，曲线间联以短直线过渡段。从曲线的弯顶到过渡段，弯曲半径逐渐变化，在弯顶处半径最小。弯顶处的弯曲半径与弯道的比降、来沙量和河岸的可冲性等因素有关，可根据优良河段的弯曲半径结合航行要求来确定。弯曲半径太小，水流向凹岸挤压，使凸岸淤积；弯曲半径太大时，环流作用不明显，水流动力轴线不稳定。一般弯曲半径为5倍河宽左右。整治线的起点和终点应以稳定河床的主导河岸为依据，才能有效地控制浅滩河段的变化。整治线应通过浅滩脊的最大流速区，并尽可能与洪水流向偏离较小。

（五）整治建筑物

整治线是用整治建筑物来控制的。常用的整治建筑物有丁坝、顺坝、锁坝和护岸等。

二、平原河流航道整治线设计

（一）按什么流向规划整治线

平原河流的演变过程是水流与河床相互作用的过程。在这个过程中，水流起主导作用，水流引起泥沙运动，使河床抬高或降低。水流的主导作用主要是通过主流线的作用来体现。主流线反映着水流的作用方向，决定河床的冲淤部位和基本形态。主流线的形成与河床边界密切相关，一定的河床边界形成一定的主流线，主流线方向的变化过程在一定程度上表征河段的演变过程和发展趋势。在自然状态下，浅滩河段（包括浅滩和上下深槽）各种水位时的河床边界不同，主流线的方向变化较大，中、洪水期的主流方向与枯水期的主流方向常常相差很大，这是形成浅滩碍航的主要原因。因，整治浅滩的首要措施在于调整水流的方减小洪、制泥沙运动，中、枯水流向之间的差别，控固定浅滩河段的发展趋势。

要调整水流的方向就必须用整治建筑物（丁坝和顺坝等）来改变浅滩的河床边界，利用河床边界对水流的反作用改变浅滩的现有流向。但是，航道整治一般都是整治枯水航道，要求浅滩在枯水期具有规定的航道尺度，因此，航道整治并不需要把浅滩各种水位时的流向都改变到一个相同的方向，只要用建筑物在枯水期构成新的河床边界，改变并固定浅滩枯水期的主流方向，使之适应中水或洪水期的主流方向，就可以调整浅滩自然流向的主要差别，固定浅滩发展趋势，达到增大枯水航道尺度的目的。

综上所述，航道整治线在一般情况下应当按照中、洪水期的主流方向来确定。中、洪水期的主流线具有巨大的自然造床（冲刷）力，在一定程度上表征浅滩河段发展的总趋势（河势）。由建筑物形成的枯水期的主流线具有一种人工造床（冲刷）力，能固定枯水期浅滩本身的发展趋势（滩势）。按中、洪水期的主流方向确定整治线，改变枯水流向使之适应中、洪水流向，即可充分利用自然造床力，使自然造床力与人工造床力在造床方向上协调一致，解决滩势与河势的矛盾，符合因势利导的根本法则，又能降低建筑物的高度，大大减小工程量，避免因筑坝而抬高洪水位对防洪护岸带来副作用。所谓中、洪水期的主流方向主要是指洪水降落进入枯水期的过程中，水流的造床冲刷作用较大时，从稳定上深槽流过浅滩至稳定下深槽的主流线的方向。作为整治线设计，这种主流线的方向，可根据实测的流向线资料加以确定。当浅滩中水流向与洪水流向有较大差别时，必须根据浅滩河段的河床演变规律，按照河弯形态和自然造床特性进行选择。在局限河弯段，有的要按洪水流向确定，有的按中水流向确定，在自由河弯过渡段一般都按中水流向确定。这里将在第二节中再作讨论。

按什么流向规划整治线，在整治线设计全局中具有头等重要意义。为了说明问题，这里举一个比较典型的实例。洞庭湖区的挽口子浅滩，河床为中沙组成，河中有一心滩，低水期水流分为两股，右汊为通航汊道，最小水深约0.5m。这个滩位于局限河弯段，由于右岸大堤不规则地向右凹陷，因而水流方向变化很大。中洪水期的主流方向呈微弯形由右岸上深槽越过心滩流向下深槽。随着水位下降，主流方向逐渐向右边凹岸转移，枯水流向与凹岸一致，并有一股漫滩水流由心滩前端进入左汊。此种情况说明浅滩发展趋势很不固定。1956年到1958年曾按枯水流向沿右汊凹陷河段原有航道进行疏浚整治，效果不佳，1958年到1961年改按枯水漫滩水流方向疏浚左汊，水深达到1.3~1.5m，但挖槽很不稳定，每年洪水过后即全部回淤。从1962年起按中洪水主流方向进行整治，为了慎重只在左汊作了三个堆石丁坝，并用挖泥船切除部分心滩使航道取直，右汊只作了五个木桩透水丁坝，经过两年观察后才改为堆石丁坝，构成符合中洪水主流方向的整治线，从而心滩消失，航道水深达到了1.6m，一直保持了十年。此滩整治过程表明，在局限河弯段即使中洪水期的主流线越过心滩，整治线也应当毫不迟疑地按中洪水主流方向设置，不要害怕心滩不能成为航道，只有这样才能改变枯水流向，减小洪中枯水流向的差别，固定浅滩的发展趋势，达到满意的整治效果。

但是，在少数特殊情况下，例如在江心洲尾带沱口的浅滩上，如果按设计整治线布置的建筑物不能有效地改变枯水流向，那么，这种整治线的方向即使符合中、洪水期的主流方向也难以固定浅滩的发展趋势。如湘江的错石滩。该滩的整治线大致与中水流向相接近，但由于未能堵塞下深槽的深大沱口，枯水期流向不固定，仍有一股水流偏离整治线方向而转向沱口，致使浅滩出现心滩形成两条航道。此种经验表明，按中、洪水主流方向设置的整治线，只有当其能有效地改变枯水流向时才是正确的，设计时必须引起注意，作好建筑物的布置。

（二）整治线与主导河岸的关系

主导河岸对于形成浅滩中、洪水期的主流方向和河段总的发展趋势有决定性作用。就航道整治而言，主导河岸是指上下稳定深槽段所依附的河岸。在河床演变历史上，不管浅滩本身曾发生怎样的变化，稳定深槽都没有较大的改变。航道整治线必须将浅滩和上下稳定深槽连接起来，适应河流发展的总趋势。因而，在浅滩的上游和下游，整治线的边界必须有一边依附于稳定深槽主导河岸，利用主导河岸在各种水位下的导流作用，控制浅滩的来水和去水方向，固定浅滩的发展趋势。

根据湘江、资江和洞庭湖区浅滩资料，平原河流航道整治线与主导河岸的关系可按河弯形态分为以下几种情况：

1. 在局限河弯浅滩上一般有三种情况：

（1）上下深槽和浅滩共有一个较完整的凹形主导河岸。在这种河段上，中水和枯水的主流方向大体一致，中水期的造床作用最大，洪水期大量泥沙集中于滩地一岸，枯水期由于河宽不规则流速减小而淤浅，因此，整治线的形状应当与主导河岸一致，一边依附于凹岸，在对岸滩地设置建筑物束狭河床，增大枯水流速。

（2）上下深槽均有较完整的凹形主导河岸，在这种河段上，中洪水的主流方向大体一致，枯水流向与中洪水流向差别很大，枯水和中洪水均有较大、的造床作用，但造床方向不同，因此，整治线的形状应当与上下稳定深槽主导河岸的联线一致，年浅滩两岸设置建筑物束狭河床，将枯水流向调整到合于中洪水流向，尽量减小其交角。

（3）上下深槽和浅滩两岸均有较完整的主导河岸，在这种河段上，洪、中、枯水流向的差别很小，洪水造床作用最大，河流发展的总趋势十分明显。枯水期由于河床宽阔，比降小流速不大，在枯水年易于淤浅。因此，整治线的形状应当与两边主导河岸的总趋势基本一致，在两岸设置建筑物束狭河床，加大枯水期全河段的流速。

2. 在自由河弯过渡段浅滩上，一般也有三种情况：

（1）上深槽一岸有较完整的凹形主导河岸，在这种河段上，洪中水流向差别较大，中枯水流向差别较小，河流的总趋势决定于上深槽主导河岸和中水流向，因此，整治线应当由稳定上深槽按中水流向过渡，在两岸设置建筑物束狭河床，改变下深槽的去水趋势。

（2）下深槽一岸有较完整的凹形主导河岸。在这种河段上，中枯水流向基本一致，洪水流向取直，河流的总趋势决、定于下深槽主导河岸和中水流向，因此，整治线应当按中水流向过渡到稳定下深槽，在一岸设置建筑物束狭河床，改变上探槽的来水趋势。

（3）上下深槽均无完整的凹形主导河岸。在这种河段上，洪、中、枯水流向均有较大差别，枯水比降大，一洪水比降小，有两个造床流量，滩地宽阔易于分汊，河床很不稳定，因此，整治线应当按上下稳定深槽主导河岸的总趋势，以中水流向为主要依据，了在两岸（包括浅滩和上下深槽端部）设置建筑物构成新的枯水河岸线，固定河流的发展趋势。

（三）怎样布置建筑物构成整治线的控制

航道整治线是由主导河岸和建筑物坝头作为控制点而构成的。必须有足够的控制点才能构成完整的人工河床边界，否则，设计的整治线将不能有效地改变和固定枯水流向，即使整治线的方向正确，也难以达到调整流向的目的。控制点与建筑物的位置和间距有着密切的关系。间距过大不能形成规则的枯水流向，间距过小会加大工程量，因此，既要从布置建筑物来构成控制点，又要以控制点来布置建筑物。

（四）整治线尺度的计算和应用

通常把整治线的宽度、高度（整治水位）和曲度（弯曲半径）称为整治线的尺度。在整治线尺度的控制和作用下，浅滩整治后河床处于一个冲刷过程。在整治线方向一定时，浅滩整治后的航道尺度取决于整治线尺度的组合。航道尺度是以设计水位为标准的。因此，整治线尺度的设计必须以设计水位时所要求的航道尺度为依据。

整治线的设计尺度通常采用计算法确定。怎样进行计算尚是一个有争论的问题。这里认为，在平原河流上，整治线尺度中的三个因素是相互关联的，不能将其分开单独计算，必须联系起来组合计算。不同的组合构成不同的冲刷能力，形成不同的冲刷过程和冲刷结果。在整治线尺度的组合中，整治.线宽度是起支配作用的主要方面，决定浅滩，在整治状态下能否发生冲刷，因此，整治线的宽度应当包括整治水位和设计水位两个河宽。整治水位是在河床能够冲刷的情况下，即在一定的整治线宽度下决定冲刷的时间不译程度。整治线弯曲半径在于决定过渡段的长度，改变浅滩枯水流向，形成适当的弯曲水流，控制泥沙运动，维持河床稳定，并使浅滩整治后的航道曲度符合船舶航行要求。整治水位、整治线宽度与要求达到的水深和航宽有关，要求的水深愈大、航道愈宽，整治线的宽度要愈窄，整治水位要愈高。整治线的弯曲半径与整治线的宽度成正比。此外，整治线尺度的组合还与建筑物束狭河床的方式有关（一岸筑坝和两岸筑坝），不同的束狭方式应当有不同的组合。在同一浅滩上，如果要求的航道尺度不变，当束狭河床的方式一定时只有一个与之相适应的整治线尺度，在同一河段的不同浅滩上，即使要求的航道尺度相同，由于自然条件不同，河床需要冲刷的程度不同，各有其不同的整治线尺度。

确定整治线宽度的公式应当按没滩所在河流的特性和现有资料进行选择，最好采用由本河流实际资料得出的半理论半经验公式进行计算。计算结果是否可靠不在于公式用得多，而在于用得符合实际。每条河流都应当总结出一套计算方法。对于湘江和洞庭湖区一类平原河流，整治线的设计尺度可按下列程序和方法进行综合计算：

1. 确定设计水位时的整治线宽度

先按设计水位，根据所要求的水深和航宽，算出设计水位时必须控制的人工河宽。对整治前后设计流量相同、河宽无突出改变的浅滩，可采用下式计算，即：

$$b_2 = Kb_1 \left(\frac{h_1}{h_2} \right)^{1.33}$$

对整治前后设计流量不相同或河中有心滩的浅滩，可采用下式计算，即：

$$b = \frac{Q_0}{0.94 h V_k}$$

2. 确定整治水位及其人工河宽

根据设计水位时的人工河宽，先假定一个整治水位，按规划的航道中心线在滩脊断面图上划出建筑物的相应位置，求出设计状态下整治水位时的平均流速和冲刷流速以及河床需要冲刷的平均深度，用下列经验方程式进行检验，即：

$$\frac{V}{V_P} = 1.52 \Delta H + 0.72$$

如果假定的整治水位符合上式关系，即可由滩脊断面图量出整治水位时的人工河宽。

3. 确定整治线的弯曲半径

先按下式计算整治线的最佳弯曲半径，即：

$$R = K \left(bh + \frac{B+b}{2} \Delta z \right)^n$$

由上式确定整治线的弯曲半径，可获得整治线尺度的最佳组合。但是，算得的最佳弯曲半径必须能满足通航船队安全航行的要求，还需要根据通航船队的组合尺寸，先由下式计算航道需要的最小弯曲半径：

$$R_{\min} = KL \left(\frac{B_n}{b_n} \right)^{-2.8}$$

再由下式确定整治线的最小弯曲半径：

$$R'_{min} = KR_{min}$$

通过验算，若 $R \geq R'_{min}$，则可用 R 规划整治线，若 $R < R'_{min}$，将不能满足船队安全航行，必须加大设计航宽，重复上面各等式的计算直至符合为止。

第四节　山区河流航道的整治

一、山区河流航道整治工程的一些技术要点

由于山区河流本身有着流急滩险的特点，水流挟沙量大，暗礁多，水流紊乱，河床演变快，所以较平原地区航道整治困难，技术性强，另外，我国山区河流航道整治起步较晚，发展潜力大，在山区河流航道整治方面，我们需要总结一系列整治技术理论和经验，这对于加快发展内河水运，提高山区航运质量，促进西部经济建设，实现"畅通、高效、安全、绿色"的内河航运发展宏伟目标，意义重大。

（一）山区河流航道整治的特点与基本原则

山区河道水力运动复杂，水位陡涨陡落，河床地形变化快，水文特征有其规律性与普遍性。水流险急、流态紊乱的河域在洪水期的挟砂冲淤下容易形成浅滩，浅滩在宽广河床的急弯和礁石群处更易形成，是影响航道畅通的主要因素，山区河流航道整治也主要是针对浅滩的整治。以汉江白河至丹江口航道整治工程为例，汉江此段航道由于礁石分布较多且弯道密集，沿线形成了多处险滩，造成了航道在枯水季节根本无法通航，部分浅滩主航槽在洪水季节变化极大，汛前主航道在左汊，洪水一过，主航道已经改在了右汊，这样的情况在山区河流很常见。

山区河流航道整治的基本原则主要是要保证航道在枯水季节的航深与航宽，保持水流流态平顺和航槽稳定，使其在设计水位能够达到设计通航效果，工程内容主要以清淤除障、固滩沉排、切咀炸礁以及布置整治建筑物为主。

（二）山区河流航道整治工程的布置

要有效理治险滩，改善山区航道水流运动，满足航道稳定安全要求，首要任务是要做好航道整治工程的布置设计。整治线和主航槽布置应该在自然航道的基础上调整，整个河道的整治线特别是航槽边线应全流域考虑，上下游平顺对接，挖槽位置应尽量布置在深水区域，以减少工程量和投资成本。礁石在山区航道中对通航安全影响非常大，对主航槽区域的礁石要设置炸礁项目予以清除。宽航道一般水流较缓，在洪水期极易形成淤积，此处航道除对淤积部分设置挖槽外还应布置丁坝群进行束水归槽，以起到稳定航槽的作用，对岸坡和河滩的脆弱部位，一般要设置护滩和护岸项目。在航道整治线的设计中要充分考虑曲率半径问题，曲率半径必须严格按照设计规范执行，不宜过小，自然河道拐弯处如果曲率半径过小尽量不要进行裁弯取直，以免增大坡降，

增加水流速度。对复杂河流要设计多种布置方案进行比选，不论采用哪一项布置，都需要结合水文水流运动及河床演变特性综合考虑，才能达到预期的整治效果。

（三）山区河流航道整治工程的技术要点

1. 丁坝工程技术要点

山区河流筑坝宜选用散抛块石丁坝群方案，一个滩段的丁坝群布置一般要根据地形和河床走势均衡设置，主要目的是束水归槽、挑移主流、理顺主流运动趋势以达起到稳定航槽的目的，丁坝坝头应该设置在整治线上，坝根与岸坡自然对接，对于砂质易冲河床与脆弱岸坡，应结合护滩和护岸工程进行综合治理。

现阶段，布坝原则与平原河流类似，但其挑角较平原河流布坝时小，且多以下挑坝形式布置，挑角一般在50°~70°为宜。山区河流丁坝基本上采用块石筑坝、梯形断面的结构，构件尺寸和坡比设计应严格按照设计规范并结合实际情况综合考虑。对于水流湍急、水流量大的山区河流丁坝的坝体抗滑稳定计算和块石稳定计算尤为重要。由于坝头受力最大，受力影响也最为复杂，所以设计时应该取坝头处断面或其他典型断面进行计算。抗滑稳定性主要受动水压力和坝体自重下滑力的影响，应根据受力公式精确计算以选定安全经济的坝体尺寸。块石稳定性主要受块石粒径大小控制，与河流流速关系最大，所以计算之前要做好水流观测以确定每个坝址处的水流速度。

筑坝施工宜选在枯水期进行，汛期应加快备料，以保证枯水期的抛石进度。对水流稳定，坡降不大的河道汛期也可以利用船载块石进行水上抛石作业，施工过程中要控制好施工工艺，做好护底防冲和块石漂移的综合考虑。

2. 水下钻孔爆破技术要点

山区河流礁石分布广泛且基本处于水下，水下炸礁在山区河流航道整治中非常普遍。炸礁的目的就是为了使航槽内的水深达到设计水深，所以炸礁边线和炸礁深度是施工控制的重点和难点。现在水下爆破采用的炸药一般是防水乳化炸药，导爆管起爆，水下炸礁施工设备主要利用钻孔爆破船和抓斗式清碴船。

水下爆破施工之前需要进行详细的地形勘测，根据测量数据分析水下礁石地形和礁石厚度，以做好施工展布和布孔设计。采取电力起爆时，可以采用并串联方式，也就是将4~5排炸药并联成一组，并把各组再串联在一起，起爆体宜采用威力大、感度高、防水的乳化CLH炸药，起爆体宜装2发并联电雷管，或装两个起爆管雷管，水下起爆的雷管宜选用防水8号金属雷管，炮孔装药长度小于3m时装一个起爆体，大于3m时宜增加起爆体，其位置应均匀布置。爆破过程中要做好封航和交通管制，炸药起爆产生的巨大冲击波和地震波对周围建筑物很不利，这就需要在爆破网络设计中，通过毫秒延期雷管实现微差爆破。面对特殊的水下爆破环境，单次起爆用药量的计算就成为水下钻孔爆破的关键技术，这一技术对用药量与安全距离的数学关系进行了严格规定，并对周围建筑物的安全等级以及与爆破点的距离等因素进行了全面考虑，并要求对每一个爆破点的用药量进行精确计算并通过施工不断进行调整。

3. 航道疏挖技术要点

山区河流河床底质一般为砂卵石，对于航道已经淤积至枯水期无法通航的航槽，一般需采用链斗式挖泥船对其进行疏挖清淤，达到改善航道水深的效果。对于淤积较为严重的航道，本身是经过多年的河床演变形成了易淤积区域，疏挖过后很有可能再次回淤，所以一般要配合丁坝群进行综合整治，以起到稳定航槽的作用，实践证明挖槽综合丁坝群对山区河流浅滩的整治是行之有效的。疏浚挖槽需要有全面规划，挖槽的轴线与设计航轴线相一致，与整治线相协调，力求与中枯水流向基本相同，河槽走势应尽量取直线或微弯，且应与下游河势平顺连接。挖槽底宽应根据原河槽的过流能力以及航道设计标准拟定，边坡的设计要根据当地的地质条件和泥层厚度确定，力求航道尺寸最优以达到流速和流态符合安全通航的要求。另外试验亦证明，在山区内河航道整治中，裁弯取直措施一般不宜采用，因为易引起坡降的急剧变化。

二、山区河流航道整治技术取得突破性进展

（一）技术创新程度

就山区河流中各种类别的滩险以及支流河口、日调节电站下游河段的航道整治技术进行了全面研究，形成了具有成套性的创新技术，特别在支流河口整治技术、日调节电站下游滩险整治技术、石质汊流滩整治技术、整治水位确定方法、整治线宽度二维计算、一坝整治短过渡段浅滩坝位确定方法、坝头局部冲刷坑预测方法、通航汊道需加大分流量和锁坝高度的确定方法散抛石坝的水毁机理和防毁措施、沙卵石位置函数、泡水成因和泡高计算、水面线计算改进方法和计算软件、消滩水力指标针算、反映床沙位量特性的泥沙起动流速公式及泥沙推移质输沙率公式、泥沙矢量输移公式、三维河流泥沙数学模型、电站下游不满足设计航深延续距离的估算公式、乘峰通航的调度计算公式、流速安全系数的概念、丁坝坝头块石稳定结构的计算公式、坝体渗流条件下丁坝回流长度计算公式等实现全面创新。

（二）技术经济指标的先进程度

项目的研究成果同国内外最先进的技术相比总体为国际先进水平其中支流河口段航道整治技术、日调节电站下游的追峰通航计算方法和整治技术、整治线宽度二维计算、散抛石坝水毁机理、沙卵石位 t 函数概念等都处于国际的前列。项目的经济等指标也位于国际先进水平，特别是土工织物应用、散抛石坝防毁措施、支流河口整治技术实现干支直达等经济社会效益突出，投入产出比超过 10 倍。而且对保护环境不受大的人为破坏十分有益。

项目所研究的技术可以明显降低工程建设的成本、提高工程建设的成功率及至消饵失败风险延长工程的使用寿命和减少工程的维护费用这对于提高水运工程的投入产出比、增强水路运输在交通行业的地位非常有益。已获经济效益直接经济效益及对未来交通持续发展所产生的经济效益。

项目研究成果投入工程建设后到目前为止所产生的直接经济效益约为 3650 万元、间接经济效益约为 5.6 亿元。技术的使用对于节约工程建设成本、减少工程维护费用、延长工程使用寿命、保护环境等效益十分显著，同时对改善贫困山区的交通、推动区域经济的发展将产生巨大的社会效益。

（三）对促进地区经济发展的作用

研究项目所依托的工程均位于我国西部欠发达山区、区内多民族共居、资源丰富、经济落后、交通不便、而交通基础设施落后则是制约西部地区经济发展的"瓶颈"。因此利用西部地区丰富的水资源条件发展内河航运打通沟通东部地区通江达海的水运通道，充分发挥内河航运在西部大开发中的作用和优势，对加快西部地区资源开发完善综合运输体系，推进西部地区现代化建设进程具有重要的现实意义。

（四）对环境、自然和资派方面可持续发展的形响

由于水路运输依靠的是天然河流，不占用耕地，特别是航道建设属于弱环境影响建设工程，项目研究成果中利用河道内的沙卵石充坡土工织物用作坝体材料可改变目前的石料开采。更是对自然环境的保护有益，同时项目的研究成果着眼于河流航道条件资源的最大化利用，以采用最少的工程获得最优的航道条件，由此对环境、自然和资源的可持续发展十分有利。

（五）科技进步的推动作用

利用河流发展航运是实现可持续发展的最为有效的途径之一符合环境对人类活动的要求，而项目的技术创新成果极大提高了水运行业在综合运输体系中的竞争力。项目大幅度提高了山区河流航道整治技术的诸多方面，解决了诸如列入规范的汉流滩整治技术、散抛石坝的水毁问题、泡水的治理问题、整治线宽度的二维计算问题等，这些技术的进步对于学科的发展进而对工程建设的技术推动都已经产生非常积极的效果。

（六）项目研究成果应用情况

项目研究成果应用于西南水运出海通道中线通道航运建设工程、乌江航运建设工程。均取得了良好的整治效果。

三、山区河流航道急流滩整治水下爆破网路设计

（一）急流滩水下爆破网路设计的基本要求

航道水下钻孔通常是采用钻孔船，根据航道设计的爆破区，通过经纬仪、全站仪或 GPS 移船定位，采用 100～300 型潜孔钻机钻孔。由于航道内水流的流速和流向变化，特别是山区急流滩航道，钻孔时按照设计的孔位来进行施钻非常困难，需要调整

钻孔的位置，由于钻孔位置的调整，设计的孔距和排距就发生改变，加上水流湍急，对爆破网路产生强烈的冲击，如采用普通的陆上网路联接法，会造成爆破网路损毁，从而产生拒爆或盲炮的现象，造成不能正常清礁或大量巨石产生清礁困难的情况。因此，要求急流滩水下爆破网路设计要考虑安全、抗冲力、耐磨、简单可靠等因素，也是山区航道整治中急流滩水下爆破设计需要解决的基本要求。

（二）急流滩水下爆破网路环境分析

1. 我们都知道，急流滩水下钻孔是在一个极其复杂的钻孔平台上进行，除有众多的机械设备外，有大量的用电设备（如电动机等），还有为各种用电设备供电的大功率的发电机组等。施工平台由船舶构成，船体本身就是一个导电体，钻孔平台上和钻孔平台周围都存在大量的杂散电流和众多的危险源，使用电力起爆（如电雷管），非常危险，及不安全。这就要求爆破网络不受电流的影响，才能保证绝对的安全。

2. 普通的电力起爆网路的串联、并联都要计算各支路的电阻值，还要计算整个网路的总电阻，从而计算总的起爆电流，而且要求各并联电路的电阻要相等，否则阻值小的就会先起爆，损坏后起爆的电路，从而产生盲炮。加上网络周围存在大量的杂散电流，对计算结果会单产影响，导致计算结果不准确，影响爆破效果。

3. 由于急流滩滩上流速较大，爆破网络在水中会受到强大的冲击，网络越大，受到的冲击也就越大，修复损坏后的网络就越复杂，越难处理。为了减小水流对网络的冲击，就要求网络越简单越好，当然由于钻孔的平台的复杂性和移船定位的难度和成本，不可能钻一个孔爆破一个孔，是要求在每个爆破块上的网络力求简单。

4. 水下钻孔在装填炸药和起爆药包过程中，由于水下地形复杂，在套管没有到位的地方，孔壁不规则，或者在套管提起后有砂石回落孔中，导致钻孔直径减小，装药时要将炸药用力推送才能到位，这就要求爆破网络要具有一定的耐磨性和措施，才能保证网络不致在装填药过程中就损坏。

（三）乌江急流滩水下爆破网路

1. 将直径为30mm左右的竹杆，从大头向小头方向用刀劈成4片，并将竹杆内壁清理干净，劈开的长度略大于炮孔的装药长度，加工好起爆药包。如图1所示。

2. 将Φ80的药卷用劈成4片的竹杆夹住，从未劈开的一关开始，保证药卷与药卷之间紧密接触，并按设计装好起爆药包，用细绳将竹杆捆紧，使竹杆夹牢药卷，最后用刀或钢锯将多余长度的四片竹片锯掉。

3. 将起爆药包的导爆管，从竹片中间的空隙处穿出，并固定在捆绑竹杆的塑料绳子上（绳子要求足够长），导爆管不够长时，用两棵导爆管并联后串联。

4. 取出钻杆，将捆好药包的竹杆从套管中下放装入炮孔中，根据炮孔深度，检查竹杆插入的长度，来检查是否将药装到孔底。装好药后将套管提起，取出导爆管和小绳子，将系有导爆管的塑料绳子系于钻孔船适当位置。

5. 钻完一排孔，并且装药完成后，将系着导爆管的细绳从一排炮孔两端向中间炮孔位置联接（并联），将多余的绳子剪断，留一根最长的，不够长时加接绳子。将一排炮孔的导爆管也并联，导爆管不够长时，加接导爆管，再将两棵导爆管并联后与一排并联后的导爆管串联（保证足够长度，长度不够时，再用两棵导爆管并联后再串联），将其捆在并联的细绳子上，接长细绳和导爆管，开始移船定位第二排炮孔钻孔。第二排孔钻完后，用同样的方法联接导爆管和细绳，再与第一排的细绳和导爆管并联。依次钻完作业块，联接网路，最后将网路联系到岸上爆破网路进行起爆。

四、影响山区航道整治质量因素

因航道整治工程受自然条件的影响，因此在施工期间常要经受多次枯水及洪水冲刷过程的考验，在这段时间内，航道滩槽会发生较大的改变，易使导治建筑物发生垮塌、下沉等现象，整治工程质量相对较难控制，或多或少的会出现一些质量问题，但这些均为客观原因，另外还存在不少对工程质量造成影响的主观因素，如设计深度不够、施工单位质量安全体系不健全、监理单位缺少监督力度等，同时施工单位经常忽视施工过程中存在的一些施工难度，对施工管理与质量的监督控制工作产生松懈，进而导致质量问题的形成，引发各种质量事故发生。由于航道整治工程当中的质量问题较为普遍，很难得到施工单位的关注，也因此经常会由小的质量问题引发大的施工质量事故，最后只能进行大型的工程整改或返工。在众多影响因素的作用下，出现质量问题已不可避免，如何加强航道整治工程的质量控制，就成了相关单位应关注课题了。

（一）加强设计审查的力度

施工设计图不仅是完整反应并且符合现场实际情况的蓝图，而且还是预防质量通病、实施施工质量控制的前提与基础，也是山区航道整治工程施工阶段质量控制的重要依据。在航道整治工程施工前，加强施工设计环节的管理，要求设计单位对工程地质、工程水文、地形地貌等基础资料的收集真实可靠，确保设计图纸深度达到规范规定，才是对施工质量进行控制的有效保证。山区河流受季节性影响较大，枯水期水流小，航道设计主要是增加导治建筑物，束流归槽或壅水降坡，达到整治目的，目前丁、顺坝及潜坝是山区河流整治工程设计环节的核心与重点，在施工图设计过程中，设计单位在设计工作过程中，应对现场调查予以足够的重视，应以近几年的测图作为参考依据，对于个别变化较大或淤积演变明显的浅滩应采用同年地形测图，在总体设计布置过程中，也要注意对细部大样图进行认真谨慎的设计，以此来提高施工质量。总之，对设计施工图纸必须严格按规定程序进行设计审查，确保施工组织设计、施工工艺满足规范要求，使得工程设计从蓝图变为现实切实可行。

（二）强化各部门质量保证体系的建立与落实

在工程项目实施过程中，施工单位作为航道施工的主体，要以合同、相关法律法规、设计文件等作为主要依据，结合现场实际情况和工程施工特点，建立健全质量安全保证体系，完善现场管理机构、按投标承诺组织工程管理人员，并明确各人员的工作岗位、职责以及目标，对岗前培训、安全教育以及施工交底等工作进行有效落实，并针对性制订符合工程特点的工程组织设计以及施工与安全专项方案，避免施工管理流于表面形式，工程质量才能得到真正控制。

监理单位受业主委托，以第三方身份，对工程实施的质量和安全进行监督管理，监理单位同样要建立健全质量安全管理体系，保证进场监理人员的资质与能力符合相关要求，相应的检测设备及时就位，按照相关规定，及时编制监理规划、监理实施细则和安全监理计划等文件，并及时向承包人作好监理交底，针对航道施工点多、线长、面宽、专业化程度高的特点，加强现场检查和巡视力度，及时解决施工过程中出现的问题，使社会监理工作正常运作、得到有序开展，才能保证工程施工质量和安全得到有效监督。

（三）建立并完善原材料质量的检验制度

随着航道工程建设的快速发展，对于原材料的需求自然也会随之增加，这将会造成原材料供应日渐紧张，因此，部分施工单位为了加快施工进度以及节省成本，采用更换劣质原材料、对监理与建设单位进行欺瞒等恶劣手段，导致工程项目存在巨大的质量及安全隐患。在常见的航道整治工程质量问题当中，若护岸与丁、顺坝所用石料质量得不到保证，将会对坝体的稳定性、干砌坝面的平整度、边坡坡度及实体质量等指标造成较大影响。由此可见，对于原材料的抽检与送检制度的建立及实施，对于航道施工质量具有非常重要的现实意义。由于原材料对工程项目的施工质量产生直接影响，因此要对所有用于工程实体的原材料进行严格的抽检、送检以及复检的流程操作，以此作为工程项目原材料质量监督管理制度的基础。另外，施工单位应对原材料进场以及送检建立台账检验制度；而监理单位要对原材料抽检、平行检测等建立台账登记制度；建设单位可根据实际情况，将实体抽检工作委托给第三方进行验证检验。由此可见，只有建立严格的检验制度，才能保证用于工程的材料质量，才能避免不合格材料流入施工现场。加强工程资料的收集与整理

作为保障航道整治工程质量的重要措施之一，要对航道整治工程的完整资料进行及时的签认与整理。通过以往对航道整治工程项目的质量监督以及检查情况来看，对工程实体进行质量检查工作予以重视，而忽略工程检验资料的收集与整理工作的问题较为突出。在监理及施工单位在对隐蔽工程与施工工序进行验收时，若未对工程检验资料进行及时的验收、签认及整理，将会导致工程隐蔽工程的资料填写不符合设计要

求及规范规定，这将导致隐蔽工程产生资料缺项的情况，也会产生工程检验资料被伪造的现象，最终获得的工程资料将不具有可靠性、准确性与真实性，出现质量问题也就无法查明原因。对于工程项目实施过程中的整改通知、批复、以及安全管理等方面与承包人往来资料与文件，是否按照规定与要求进行妥善的整理与收集，将会对工程后期的验收与归档产生直接影响。与此同时，工程资料当中的未解决、遗留、未闭合等问题的存在，也会对工程项目竣工后的验收及使用情况产生较大影响。在航道整治工程项目的验收与使用当中，工程资料的收集以及整理工作具有极为重要的地位，也是航道整治工程项目当中最为重要的环节，要保证工程资料的可靠性与真实性，这样才能使得工程资料对工程实体的质量问题、基本情况以及处理结果进行完美体现。因此，参建单位对于工程资料进行整理与收集的重视程度，在航道整治工程项目的建设过程当中具有非常重要的地位。

（四）施工工艺的选择

在航道整治工程的施工阶段，施工工艺选择合理与否，是进行施工质量控制的关键因素。若施工工艺与施工现场的实际情况不匹配，则会对工程施工进度以及施工质量控制产生较大影响，进而对工程实体埋下质量及安全隐患。只有结合施工现场的实际情况及投入的施工设备，选择合理的施工工艺并进行施工组织设计，严格按经批准的施工组织设计进行实施，才能够对工程施工质量实施有效控制，避免或减少工程质量问题的出现。

（五）加强工程质量政府监督工作

由于部分参建单位对政府监督工作的内容存在一定的误会与不理解，导致工程项目的强制性技术标准、重大设计变更、参建方的质量行为、工程项目基本建设程序、工程质量问题与事故的处理方案等一系列工作得不到有效落实，使得工程质量的控制体系流于表面、工程项目当中的质量问题无法规避、工程质量得不到有效的处理与解决。因此，对工程质量政府监督工作进行重视与加强成为了当前航道整治工程当中较为重要的环节之一。

3 疏浚工程

  疏浚工程，是指采用挖泥船或其他机具以及人工进行水下挖掘，为拓宽和加深水域而进行的土石方工程。

  我国疏浚行业的发展已有数百年的历史，在经济全球化浪潮以及国际贸易快速发展的推动下，为适应集装箱及油轮运输大型化发展的需求，我国各地纷纷兴建港口、拓宽并挖深沿海航道，以提高通航能力，疏浚行业得到了快速的发展。

第一节　疏浚工程概述

一、疏浚工程

（一）疏浚工程的定义

疏浚为疏通、扩宽或挖深河湖等水域，用人力或机械进行水下土石方开挖工程。

广义的疏浚包括用水下爆破法进行的炸礁、炸滩等。人工开断流施工的小河流。机械施工广泛使用各类挖泥船，有时也用索铲等陆上施工机械。机械疏浚始于1600年，在荷兰鹿特丹港施工中出现链斗式挖泥船的雏形。

疏浚工程，是指采用挖泥船或其他机具以及人工进行水下挖掘，为拓宽和加深水域而进行的土石方工程。疏浚工程的挖槽设计应力图通过改变河道水流几何边界，引起水流内部结构的变化，使得新形成的水流结构，不但可以保证泥沙不再淤积在航道内（至少在下一个汛期到来之前不再淤积），而且能将进入挖槽内的泥沙输送到下深槽中去，维持航道稳定。

（二）发展概述

中国传说中的部落领袖夏禹（大禹），据后人记载，约在公元前22世纪末从事治水，疏通入海河道。公元前5世纪中国开挖的邗沟，是现代北京至杭州的大运河的一段。公元前6世纪埃及人开挖了第一条沟通尼罗河和红海的运河。古代的疏浚方法是人在木船或竹筏上使用长竿泥袋、长柄斗勺等简单工具捞取水底泥沙。15世纪荷兰人采用了搅动泥沙的疏浚方法，把犁系于航行的船尾，耙松河底泥沙，使其悬浮于水中，利用水流将泥沙带到深水处沉淀。16世纪荷兰人又创造出一种"泥磨"，施工时，用人力或畜力转动平底木船上的大鼓轮，通过循环链条带动木刮板，将水底泥沙刮起，经溜泥槽卸入泥驳。17世纪初用铜制斗勺代替木刮板，成为现代链斗挖泥船的雏形。18世纪中国制造了名为清河龙的人力挖泥船，船上设有绞盘柱，柱下端围以铁齿，能插入泥沙中。作业时，用人力转动绞盘柱，带动铁齿挖泥。18世纪末出现了以蒸汽机为动力的挖泥船以后，疏浚机具得到不断改进。受工业革命的影响，开辟或维护大船航道，主要使用挖泥船来进行疏浚了。

我国疏浚行业的发展已有数百年的历史，在经济全球化浪潮以及国际贸易快速发展的推动下，为适应集装箱及油轮运输大型化发展的需求，我国各地纷纷兴建港口、拓宽并挖深沿海航道，以提高通航能力，疏浚行业得到了快速的发展。与此同时，随着港口、航道、农田水利及沿海城市的发展，疏浚作业领域也得到了较大程度的延伸，从传统的港口航道疏浚及维护、江河湖泊治理及水利设施兴建，先后拓展至农田水利与水库建设及维护、国防工程建设、环境保护疏浚、吹填造陆等领域。

2009 年全球疏浚行业总收入为 109.33 亿欧元,较 2000 年增长了超过 3 倍。相比之下,我国的疏浚工程行业增速更快,2000 - 2009 年,我国疏浚行业整体收入增长超过 5 倍,疏浚工程量也大大增加,以基建疏浚和维护疏浚为例,2009 年全国基建疏浚量约为 9.3 亿立方米,而维护疏浚则达到了 7060 万立方米。未来,我国疏浚工程行业仍将保持快速发展,主要得益于以下几个因素:港口建设投资保持增长;沿海城市规模扩大催生填海造地仍将持续;内陆河流航道的维护;各种水利工程设施建设投资加快;河流、湖泊等区域生态环境的改善需求增加。由此,疏浚行业发展增速快,前景看好。

然而,由于业务资质、资金、技术装备等原因,我国的疏浚工程企业的业务能力未能实现同步快速增长,行业需求存在一定的缺口。对于行业内的企业,只要抓住机会,充分了解市场、合理把握投资机会、准确出击就一定能够行业中崛起、壮大。

(三)工程目的

疏浚工程的主要目的是:开挖港池、进港航道等、吹填造陆以兴建码头、港区和临港工业区、沿海城市用地和娱乐休闲用地、岸滩养护、水利防洪和库区清淤、江河湖海等水环境的改善和生态恢复以及各类水下管线沟的施工和填埋等。疏浚工程对人类社会进步、环境改善及经济发展的作用非常重大。

用疏浚的方法,挖深河流或海湾的浅段以提高航道通航或排洪能力;将开挖航道或港池的疏浚土吹填到附近的低洼地进行造地的一种经济可行的主要方法。疏浚土历来主要是采取废弃或倾倒于工程附近水域的方式进行处理的。吹填工程开创了变废弃为宝,综合利用进行处理的新方式,后又发展到利用疏浚土作建筑材料及整治建筑物的材料等用。疏浚工程还扩展到开挖河底或海底开槽以埋设过河或跨海管道(水管、油管、输电电缆、通信电缆等);挖除水下软土置换承载能力强的沙、石作水工建筑物基础;吹沙养护海滩等。

近廿余年来,人类对环境标准的要求日益提高,防止和减少疏浚活动对水域及陆域的污染已成为疏浚工程所必须考虑的一个重要问题,用疏浚方法挖除水下污染土并进行工程处理亦成为疏浚工程的重要内容。

由此可见,疏浚工程对国民经济的发展,特别是对水上交通、水利防洪、工业发展和城市建设、海上能源产业等的作用是很重大的,是必不可少的。

二、疏浚工程规范

(一)基本资料收集

1. 水文、气象

(1)对于内河、沿海的疏浚工程,掌握各种水位、潮位、潮差,水位流量过程线、流速等资料,是指导挖泥船施工及设备调遣所必不可少的条件,同时也是施工技术人员为挖泥船制订施工技术措施的主要依据。

（2）水面封冻之后，疏浚施工就需要采取相应的防滑、防冻或破冰生产的技术安全措施，而封冻日期、冰层厚度、封冻持续时间以及冰凌等资料，是确定施工工期、进度安排、生产能力、安全措施等必不可少的基本资料。

（3）为了达到比较理想的疏浚效果，避免无效劳动，在接受疏浚任务时，对淤积或冲刷比较严重的疏浚地段进行冲淤条件和河槽变迁情况调查，用以作挖槽稳定论证，选定合理的施工方案，是十分必要的。

（4）收集波浪级别等要素资料，主要是用以制订技术安全措施和指导施工。

（5）挖泥船施工要有必要的航行和施工水深，用吹泥船或绞吸式等挖泥船施工时还需用一定水量，如疏浚河段水源不足，就必须采取相应的措施，以保证挖泥船的正常生产。

（6）收集施工地域的风、气温、雨、雾等气象资料，对制订施工技术措施、确定施工进度和工期是十分需要的。

2. 地形

（1）施工总平面图、挖槽、取土区及吹填区（包括排水系统）地形图、横断面和纵断面图是挖泥船施工定位、开挖及吹填施工的主要依据，也是检查、评定开挖、吹填质量的必要资料。本条第一、二、三款采用的各种比例，是根据我国设计、施工单位常用的比例确定的，目的是为了便于绘图和识图。第三、四款规定了主要常用比例的范围和图纸的纵向、横向可以采用不同的比例。其中第四款"可参照"的意思是纵断面图的长度和高程比例可以采用挖槽地形图的长度和槽断面图的高程比例，也可以用其他比例。第一款中的"水上建筑物"应包括各种构筑物。

（2）横断面测量范围是为了满足工程施工的需要。按《水利水电工程施工测量规范》（SDJS9-85）的第十一章第四节规定，测点的测深中误差不应大于 0.2m，点位平面位置中误差不应大于图上 1.5mm。测点间距等应执行前述规范第 11.3.1 条的规定。

（3）测绘部门的测量控制点和水准基点，是施工单位进行测量工作必要的原始点，故必须掌握此项资料。本条规定"当施工地区无控制坐标和水准点资料时，可就近引设，精度应达到四等三角网和四等水准技术标准"。其中，达到四等三角网的规定与《水利水电工程施工测量规范》第 2.1.4 条的要求是一致的，该条规定"独立平面控制网，应尽量与邻近的国家三角点进行联测，联测精度不应低于国家四等三角网的精度要求"。该规范第 11.2.5 条规定"……施工性水尺，不低于五等水准精度"，第 11.6.1 条规定"放样测站点的高程精度，不应低于五等水准的要求"。所以本规范规定引设水准应达到四等精度也是合适的。

（4）永久测量标志是施工期使用和竣工后测量收方、检验质量的依据，故其设置必须牢固可靠，不能被排出之泥土埋没或被挖掉、毁坏。同时，设置地点要通视良好，有利扩展，便于引用。

3. 地质

（1）土壤是挖泥船的开挖对象，它直接影响着施工的难易程度和生产效率。弄清土质，对正确选择挖泥船型、绞刀型式和施工方法，提高挖泥效率，降低工程成本，具有重要意义。同时土质资料又是选用施工定额，编制施工预算必不可少的依据。为此，必须取得有关各项工程地质资料。当这些资料不足时，应进行补充勘探。

（2）勘探钻孔布置宜设在测量横断面图上的目的是为了看图方便。钻孔间距规定得比较灵活，具体可视施工地区的地形、土质变化复杂程度而定。挖泥船施工时会有一定的超深，为了保证地质勘探的深度能覆盖挖泥船开挖深度，放规定钻孔深度应至挖槽或取土区设计底高程以下 2～3m。

（3）土工试验项目前七项系用于确定土类，为必做项目，后八项可根据实际需要选做。

（4）疏浚与吹填工程有区别于其他工程的特点，为反映这些特点，疏浚土的分级区别于其他工程是必要的。本规范规定疏浚工的分级见附录一。至于使用及其编制将在附录一中详细说明。

（二）施工设备调遣

1. 水上调遣

（1）调查和正确选定调遣线路，制订调遣计划和安全措施，是保证施工船舶顺利转移的重要工作。按照有关规定进行船舶编队和封舱工作是保证安全调遣的重要措施。在施工船舶调遣前，必须做好各项准备工作，才能顺利安全的到达目的地。

（2）当多条船拖带编队调遣时，主要考虑在拖航行进中阻力最小，船与船之间要联结牢固，成为一体，避免在航行中脱缆，互相碰撞，发生事故。

（3）在海上调遣时，因海面宽阔，采用一列式吊拖方式最为常见，此系交通部下属几个航道局的经验。

（4）内河因风浪小、河面窄，船舶调遣采用吊拖、傍拖、顶拖等方式。此系根据多年实践并参照长江航道局的做法制订的。

（5）施工船舶在水上长距离拖带时，规定绞刀桥架和泥斗桥的置放方法是为了减少拖运阻力和防止碰撞事故，确保拖运中的安全。

2. 陆上调遣

（1）当同时具备水上和陆上调遣条件时，要在满足生产需要的前提下进行经济比较，决定调遣方案。

（2）陆上调遣要根据设备的尺寸、重量、特点选择不同的运输方式和工具。制订计划，申请运输车辆，落实运输组织，也都是调遣前必不可少的准备工作。

（3）主要考虑有的设备在陆上不能整体运输，需要解体运输。而设备到达工地后，又需要及时组装，因此，规定应绘制拆卸部件组装图，以利组装。为了保证各部件、仪表等不致丢失、损坏。所以，对拆卸的部件等要及时编号、登记造册，对精密部件、仪表及传动部件，要清洗加油包扎装箱，以确保组装的实施。

（4）施工设备采用公路运输时，同水上调遣一样，事先也要沿运输路线作细致的查勘，绝不能冒然行事，否则很可能会造成损失。因此，提出严格的要求，这也是多年来的实践经验。

（5）陆上调遣的设备，大部分是拆卸后运输的，为了不致使部件丢失、锈蚀并满足组装要求，场地要有足够的面积和必要的车间、仓库等建筑。地面高程的要求是为了防止淹没，保证组装期间设备的安全。对水域和水深的要求，目的是为了船舶沿滑道下水后，能有一个足够的水域和水深进行拖运。滑道坡度定为 1∶15～1∶20，系根据交通部第九设计院设计规范制订的。

（6）为确保大件设备在载运途中的安全，本条除规定应严格遵守交通运输部门的有关规定外，还要求拖车在运行中保持平稳。

（7）本条规定是为了减少机械的磨损，延长机械使用寿命。

（三）挖泥船施工

1. 施工测量与标志设立

（1）挖泥船在施工前对勘测阶段所布设的控制点、水准点进行查对和复核，是施工放样之前所必须做的准备工作。在控制点、水准点有丢失的情况下，应按有关成果资料加以补全，以满足施工放样需要。

（2）对标志的设立作出规定，主要是为了保证工程质量、方便施工。

（3）挖泥船在水域开阔地段和沿海施工时，要求间隔设置不同形状的标牌和不同颜色的发光灯，是为了施工中便于识别。

（4）规定水下卸泥区设置浮标等标志。可以使卸泥驳船准确地将泥土卸至卸泥区，指示卸泥顺序，充分利用卸泥区容积，避免由于无顺序卸泥而堵塞航道。

（5）在挖泥区通往卸泥区、避风锚地的航道上，或河面狭窄、航行条件不良时，规定设置临时性的航行标志，是为了指示航行路线，保证安全顺利施工。

（6）规定疏浚地段必须设立水尺，是为了使挖泥船操作人员随时了解水位变化情况，从而准确的掌握开挖深度，保证开挖质量。

2. 排泥管线架设

（1）规定架设排泥管线时，应力求平缓顺直，避免死弯，还可利用虹吸作用，以尽量减少管线沿程的阻尼水头损失和局部阻尼水头损失，降低船舶动力负荷。

要求排泥管管口出水绝不能冲刷围堰或堤的坡脚。刚刚跨过围堰或大堤的排泥管，应继续向前延伸。当架设排泥管有困难时，可用修筑土台、草袋装土做成垛或用排架来支承管线等措施解决。这项工作费工费时，但必须切实做好。排泥管口距围堰过近往往导致围堰溃决，迫使挖泥船停工。修复溃决后的围堰非常困难，且增加很多费用。另外，围堰溃决会使大量泥浆外泄，淹没良田或邻近的建筑设施基础，还要进行经济赔偿。如因排出的泥浆冲毁大堤，则更是不能允许的。大堤的质量一般要求较高（密度多在 $1.55 \sim 1.60 \mathrm{m/cm^3}$ 以上），大堤堤脚部分冲毁后，很难恢复至原来的质量，将危及人民的生命财产安全。因此，规定"出泥管口伸出围堰坡脚以外的长度，不宜小于5m"，由原规范管口高出排泥面0.3m改为0.5m，是为了防止淤埋以及便于接长管口。

（2）排泥管线一般沿地面铺设，当必须采用支架架设排泥管时，应保证支架坚韧牢固。水陆管线接头规定要有一定的柔性，是为了便于水、陆管线的拼接和适应水位涨落波动。

（3）水上浮筒排泥管线要求平顺和避免死弯，是为了排泥通畅，提高挖泥产量。每隔一段距离设置浮筒锚，是避免风浪使水上浮筒排泥管线打弯，甚至两管间接头处爆开，造成停工。

3. 水下排泥管（潜管）

近年来，在疏浚和吹填施工中采用水下排泥管较多，它是沉入水底的管线，在排送泥浆过程中是看不见且检查不了的。它的好坏与否直接关系到过往船舶和管线本身的安全。因此，对使用水下排泥管作出规定，以确保施工安全。

（1）由于生产需要，必须跨越通航河道或因天气、海况等条件限制，不能用水上排泥管生产时，可采用潜管施工，这样既不影响通航又可保障正常生产。潜管在水流平稳时敷设，下沉和起浮都十分安全及简便。当河床稳定，潜管沉入水底后不会因河床变化而被埋入泥砂中，造成管线不能起浮而花费人力物力去打捞或废弃；当河床横向变化平缓时，敷设的水下管线受力均匀而不易折断。

（2）潜管是沉入水底的，排送泥浆过程中是看不见也无法检查的，稍有渗漏就会逐渐扩大，最终将导致泄漏。泄漏泥砂会堆成土包埋住管线和有碍通航，因而规定潜管在敷设前要进行加压检验，以确保安全。

（3）潜管节间连接形式有钢性和柔性，通过各地实际使用比较，认为柔性连接对潜管敷设、下沉、起浮和水上拖运都较安全，并且十分简便。各单位使用潜管的实践证明，设置这些部件对潜管敷设、下沉、起浮、拆除，既安全又方便。潜管两端设置明显标志，是为了防止船舶碰撞潜管两端浮体和误入挖泥船施工区而造成事故。标志由航道部门根据规定负责设置。为满足通航水深采用挖槽设置潜管时，管子一般不高出河槽底面，如招槽设置过深，泥砂淤积，会使管线难以起浮。潜管起浮方法很多，有向管内充气使其起浮，有用水泵抽除管内的水使其起浮，也有的用浮吊将潜管直接从水底吊出水面等。本款是比较几种起浮方法后规定的。潜管一般用于横贯通航水道较多，在敷设和拆除时，常难以避免影响通航。为了过往船舶的安全和顺利敷设或拆除，故制订此款。

（4）挖泥船停机后，大量的空气进入水上浮筒管，开机前若不然气，这部分空气就被压人已沉入底的管线，使管线突然重新起浮，阻碍船舶航行，并会造成严重事故。停机前要吹清水，冲去潜管内的泥砂，防止堵塞，特别在潜管起浮前更应将泥砂冲净，否则残留管内的泥砂会使管线难以起浮。潜管是逐段下沉和起浮的，速度过快将使管线受力不均匀易于折断，因而规定应缓慢进行。

4. 挖泥船及辅助船舶的选择

（1）疏浚工程选用施工机械要考虑到施工作业区的地形、地质、水文、弃土区、侵占农田等施工条件以及当地劳力、综合土方单价等因素。挖泥船的生产效率与土质密切相关。为适应疏浚工程的设备选型和技术改进、计划管理、定额分析等工作的需要，制订了以颗粒组成为基础，以液性指数、天然稠度、密度和贯入击数等主要指标为依据的"疏浚土分级表"。

（2）绞吸式挖泥船横移是依靠横移绞车、缆绳和锚或地笼来进行的。为了保证挖泥船顺利挖泥，就必须保证横移锚或横移地笼着力点的牢固。在挖泥船施工时，影响到铺缆上的张力有：绞刀头切削泥土的抗力、包围于船身的水压力、由排泥管传到船上的力、风压力、船本身的惯性力。挖泥船挖泥横移时，就必须克服以上各力之总和所分解的横向抗力，才能保证挖泥船的顺利施工。挖泥船的摆动偏角通常是按与水流方向成40°角设计的，实际生产中，一般最大在30°~35°之间变化。挖泥船在逆流施工时，为了有利于克服水流阻力，要求锚缆有一定的超前角，但超前角不宜过大，过大了，当挖泥船横移到接近挖槽边线时，锚缆产生的横向分力减小而纵向分力增大，因此，不利于横向开挖，并会造成不必要的能量抵消和浪费。此外，锚缆超前角过大，当绞刀接近水面及挖槽边线部位时，绞刀头容易绞断横移绳。因此，本条规定"逆流向施工时，横移地锚的超前角不宜大于30°"。当挖泥船在施工中不断前移时，锚缆位置就相对后移了，最后就会造成横移锚缆在落后角的情况下施工，而使挖泥船倒退的纵向力增加，这部分力与水流冲力同时由定位桩来承受，极易损坏定位桩，亦影响挖泥船的前进。因此，本条规定"落后角不宜大于15°"。

（3）抓斗、链斗和铲扬式挖泥船的定位分别是由锚缆、斗桥和定位桩定位的。抛锚缆时，要求航速减至极慢，锚缆才易抛住。如船的航速较大时，即使抛住了也有可能由于船的惯性力大而拉断锚缆，造成事故。

（4）斗式挖泥船施工移动，依靠锚缆进行。主铺是挖泥船的定位锚，又是挖泥船施工时的前移锚。尾锚主要起定位作用。边锚主要起横移作用，故本条对各锚的抛设分别作了规定。

（5）挖泥船抛锚，规定先抛上风锚，收锚时，规定先收下风锚，都是为了保证挖泥船的顺利定位和施工安全。

（6）规定施工地段的所有水下铺位均应系上浮标，一方面是考虑到施工收锚时便于很快地找到锚位，另一方面也便于通航船只避让铺位和缆绳。

5. 挖泥船的施工方法

（1）对于绞吸式挖泥船，逆流开挖能够适应较大范围的流速变化，浮筒排泥管线可以形成一条良好的线型，有利于排泥通畅，但开挖后的机械回淤量可能较大。顺流开挖后的机械回淤量较小，但当流速较大时，浮筒排泥管线所形成的线型比较复杂，排泥阻力较大。因此，本条规定："当流速小于 0.5m/s 时，宜采用顺流开挖；当流速不小于 0.5m/s 时，宜采用逆流开挖"。

对于链斗式挖泥船，由于斗齿是朝着前进方向的，逆流开挖时泥土容易进入斗槽内，可提高挖泥效率。

对于铲扬、抓斗式挖泥船，由于其开挖后的机械回淤量较大，同时考虑在开挖时避免使斗和船体碰撞，为此规定"宜采用顺流开挖"。

（2）疏浚工程往往由于河道断面单宽方量过大或泥层厚度超过挖泥船一次最大挖泥厚度，而采用分层分条开挖，即先挖出一个槽子，使河道先通后畅，提前发挥工程效益。

当开挖区水面以上土体高度大于 4m 时，就要采取措施降低其高度，以保证挖泥船的施工安全。因为如水面以上土体过高，挖泥船在水下挖泥时，常会有大体积的土体塌方或滑坡而压埋挖泥船的绞刀头、桥架、液压马达或管路，或因坍塌，滑坡掀起波浪，使船只剧烈颠簸，致使定位桩断裂。1978～1983 年，进口挖泥船巨人号和4600 型海狸号在长江荆江大堤吹填加固工程施工中，由于水面以上土体大于 4m 而未采取有效措施，造成大体积塌方，使挖泥船剧烈颠簸，造成四次定位桩断裂和弯曲事故，严重地影响了施工。

当河道水位高差变化较大，而所挖土层较厚，超过挖泥船一次最大开挖厚度和最大挖深时，为了增加挖泥时间，保证开挖质量，挖泥船施工可利用高水位（或高潮位）先挖上层土方，低水位（或低潮位）时挖下层土方。

当绞吸式挖泥船一次最大挖宽小于挖槽宽度时，挖泥船应分条开挖。当绞吸式挖泥船排距较长时，宜应从排泥区远的一端开始挖，然后由远到近。这是为了使挖泥船有一个相对稳定的排泥距离，即远处挖泥时可以排在近处，近处挖泥时可以排住排泥场的远处，这样可使挖泥船主机和泥泵的运转经常处于良好的工作状态。

（3）对于绞吸式挖泥船，挖泥厚度随土质软硬、绞刀头形状、绞刀头的切削力等情况而不同。土层过薄时，效率明显偏低，过厚时会超过绞刀马达负荷，并且切削下来的泥土不易被吸尽，造成机械回淤过大，影响开挖质量，故本条规定一次切削厚度应通过试验确定。

（4）绞吸式挖泥船的施工是以一根定位桩为圆心，以船长为半径进行扇形开挖的，施工中，在非换桩瞬间，严禁把两根定位极同时插入河床，较易于理解，但是在停工期间亦应严禁两根定位桩同时插入河床，则往往容易被忽视，甚至有时还误认为这样对挖泥船有利。其实，当两根定位桩插入河床时，就等于完全固定了挖泥船的位置和方位，而不允许挖泥船在方位上再有变动，如稍有变动，船体和桩就会受力，当风向、流向、波浪的影响稍大时，则受力随之加大，容易引起断桩事故。因此，本条对此作了明确规定。

（5）风级、浪高、流速、雾级数值，大部分是根据挖泥船使用说明书规定的，有些挖泥船的使用说明书没有明确规定上述数值，其数值系参照类似船型和疏浚施工经验拟定的。

（6）挖泥船在汛期施工或在严寒封冻地区施工时，应制订相应的渡汛或冬季施工安全措施，是为了指导挖泥船疏浚施工，预防事故发生，确保安全生产。

（四）索铲施工

（1）索铲是一种用钢索提拉铲斗的土方挖掘机械，适用于渠道、基槽及小型河渠的开挖，自一岸开挖或两岸对控可一次成河。在转移时，它可以自行装车，由汽车拖载运输至施工地点，即可投入生产。索铲具有灵活机动的特点，但该机械卸土半径较小，弃土只能堆在河岸之一侧。若采用索铲装车，配自卸汽车弃土远运，则效率将受到较大影响，因而要求操作人员要具有一定的技术水平。水电十三局曾在1965年疏挖山东马颊河工程时，投入了数十台索铲施工，发挥了很好的作用。

（2）索铲施工放样应设置明显标志，目的之一是为了走行线、挡淤堤的修筑。开挖上开口线设立标志是为了使操作人员心中有数，确保工程开挖质量和保证索铲在河岸边施工的安全。

（3）为了给索铲施工创造好的条件，提高工作效率，开挖前，必须修筑挡淤堤。否则，索铲挖出的淤泥将流回到走行线上，影响索铲工作和安全，如索铲在甩斗时有可能滑倾于河内。当挖方量较大、弃土地势较高或在索铲走行线的始、终端卸土堆弃场地容量不足时，方采用预挖弃土坑的方法。

挡淤堤中心线与走行线中心线之距离，设计时应综合考虑。偏小时，则会影响索铲回转或造成钢索刮切挡淤堤的堤顶；偏大时则弃土容量相对减少。

（4）为了避免回淤及控制施工质量，索铲应采用顺水流方面开挖。挖掘时扒杆轴线与索铲前进方向之夹角一般控制在 120°~150°之间，这主要是为了保证索铲行进前方有一个不被破坏的、稳定的边坡，以策安全。若夹角小于 90°，很明显，前进方向的稳定状况提前被破坏了，一旦塌方或滑坡将危及人、机安全。

（5）索铲布置在滩地上施工，枯水期滩地不行洪，河水位低，对索铲不会有影响。然而，汛期施工时，一旦上游来洪水，索铲就难以迅速转移。所以索铲在汛期施工时，必须预先制订索铲防洪安全措施。一般可根据索铲施工进度，预先设置防洪土台，一旦有汛情，即可迅速转移到防洪土台上，确保机械设备的安全。防洪土台的高程要高于河道的防洪水位。

（五）吹填施工及辅助工程

1. 围堰

（1）围堰的布置和填筑一方面要保证稳定、安全，同时又要尽可能节省工程量。围堰填筑质量不好，在施工过程中出现渗漏、溃决等事故，不仅会给工程带来损失，也会危及附近农田和设施。

（2）考虑施工和稳定的要求，围堰断面形式一般采用梯形断面。当工程分期施工时，为了合理的组织劳力，围堰也可分期填筑。当围堰分期填筑时，为了保证其搭接质量和足够的断面，所以要求第二期堰体的外坡脚应落在第一期围堰体的内坡面上。为了保证堰体的安全，一般不允许边吹填边加高围堰，因为一旦配合不好，很容易造成围堰坍塌或冲开缺口，造成不应有的损失。

（3）围堰高度的确定主要考虑挖泥船的排泥量、泥浆沉淀的富裕水深、风浪超高和围堰堰体的沉降诸因素。

（4）当堰高低于 4m 时，其顶宽一般为 1~2m，此数值系经验数据。当堰高大于 4m，或在超软基上填筑围堰时，宜分期填筑。目的是先使基础达到一定的沉降，然后再填筑二期围堰，以策安全。围堰高度越大，其稳定性要求越高，因此，断面尺寸应通过稳定分析计算确定。

填筑围堰，选定合理的边坡是很重要的，它不但关系到围堰的安全，而且关系到填筑的土方量和经济的合理性。当堰高在 4m 之内，其边坡可参照表 6.1.4 选用。此表也系多年施工实践并参照交通部的《疏浚、吹填工程施工技术规程》1986 年送审稿中的有关数据拟定的。

（5）彻底清理围堰地基上的杂质和腐殖土层，是堰体与围堰地基很好地结合，保证堰体稳定的重要措施。当地基为砂性土时，由于其渗透系数大，对堰体的稳定不利，故规定了应在堰体中挖槽填以粘性土，以增加渗径，减小渗透坡降，围堰填筑前，将地基表层土翻松是为了地基与堰体结合成为一体，以利堰体的稳定和安全。

2. 排泥区

（1）排泥区的位置最好能使挖泥船泥泵等设备处于最优效率工作状态。排距、排高所折算的总扬程也应在挖泥船泥泵的设计总扬程以内。

（2）确定排泥区的容积，首先要考虑是否能容纳所挖土方量，同时要求排泥区容积要有一定的富裕容量。因为所挖河槽土方为实方，排入排泥区为松散土方，再加上允许超控方量，所以排泥区的容积需适当大于挖方量。

（3）施工应少占耕地，避免给当地农田造成危害，损害群众的利益，并尽可能造地还田，以利农业的发展。

（4）当水下排泥区的容积大、流速小、挟砂能力低时，泥土不会被水流带走而有一定的时间沉淀，因而对挖槽、航道不会产生淤积。如果排泥区内的流速大，则卸下的泥土就会被水流带走，因此，泥土就不可能卸入理想的位置，可能会引起对挖槽、航道及水下建筑物的淤积而造成损失。

（5）利用非航道深潭及死河叉作为排泥区，一是可充分利用自然条件，二是少占农田又降低了工程造价，是比较理想的。

（6）当挖泥船必须配备泥驳卸泥时，航行富裕水深是根据土质和施工经验确定的，软泥时要求较小，硬泥时要求较大。这是因为卸泥时不可能十分平整，泥面必然会出现高低不平的状态，当船底局部碰到软泥时，由于软泥不会损坏船底，故其富裕水深可小一些。

3. 泄水口

（1）选择好泄水口的位置是十分重要的。泄水口虽系临时性辅助设施，但其适宜与否，对排泥区的使用和挖泥船生产影响甚大。因此要综合多方面因素进行选择，使其达到最佳效果。为了减少流失量，因此，泄水口应设在排泥区泥浆不易流到的死角处，并要远离排泥管出口，这样泥浆就有足够的时间沉淀，以减少土方量的流失。远离码头的目的是为了不使排泄的水流冲刷码头基础。

（2）排泥区内的泄水口最少不应少于两个。这是为了在排泥时起调节平衡作用，使排泥场得到充分利用；一旦一个泄水口出了问题，可启用另一个。

（3）泄水口的结构形式及尺寸的确定系参照交通部的有关资料制订的。

根据多项工程的实践经验，泄水口结构形式的选择很重要，泄水口既要经济又要实用，能调节吹填区的水位，还要易于拆除和再利用，以利节约投资、节省时间。故应根据工程特点，自然条件和当地材料等因素合理选定。

跌水式及涵管式泄水口的过水断面面积按排泥管的断面面积的4～6倍确定。此系参照交通部1986年的《疏浚、吹填工程施工技术规程》（送审稿），并多方征求各有关专家意见及上海航道局、天津航道局、长江航道局、山东治淮指挥部的挖泥船队等单位的意见制订的。其中所列数据多系经验数据。

（4）泄水口底标高与吹填区原地面标高、吹填厚度及江、河、湖、海、沟渠的各特征水面有密切关系，故确定泄水口底标高时，应考虑上述因素，特别要注意泄水入潮汐河港及感潮水域时，要能保障在高潮延续时间内泄水通畅。

无闸门的泄水口，施工人员应随时注意观察，以便及时处理问题。泄水口的底标高要随吹填厚度的增加而抬高，并使排入排泥区的泥浆始终保持一定的沉淀时间，所以每次抬高的高度应根据吹填厚度确定，并应略有富裕，以减少泥砂的流失。其中控制的泥浆流失百分数系经验数据。

（6）设置泄水口时，首先要考虑排泄水流的去向并应充分利用临近水域。排水沟渠应有一定的坡降，以利排泄。当泄水流量大、坡陡流急，势必对排水沟产生严重的冲刷，以致危及泄水口的基底，所以，在这种情况下，不但要护砌加固泄水口两侧的围堰，还要设置消能防冲设施，保证安全生产。

4. 吹填施工

（1）在吹填施工时，要注意防止细粒土在吹填区聚集成淤泥囊，因为它阻碍细颗粒泥砂均匀地分布在吹填区的范围内沉淀。由于这个原因，所以应避免在吹填区内形成洼坑、水塘。规定从陆域向水域方向吹填和泥面高出水面 2~3m 均是为了有利于排水。在超软地基上吹填，规定第一层高度宜高出水面 0.5~1.0m 左右，其后逐层加高并控制在 1.0m 左右，是为了避免地基出现较大的沉陷，使其逐步达到密实并均匀沉降。

（2）细粒土中悬浮状物质在排泥区内沉淀和排水需要时间较长，用两个或两个以上排泥区交替使用，有利于排水和沉淀，也有利于生产进度。

（3）吹填区的平整度与吹填的土质和排泥管口的动态布置密切相关，粒径较大的粗粒上极易堆集于管口附近，施工时可根据工程要求，采用变换排泥管口的位置来达到预定平整度。排泥管口的间距视土质的粒径大小而定。本条中所列数据为经验数据。

（六）质量控制及竣工验收

1. 挖槽宽度控制

（1）开挖标志是挖泥船施工的标记，挖泥船操作人员必须严格按标志进行施工，以保证开挖断面达到水工设计要求。

（2）挖泥船的操作人员熟悉施工图纸和掌握挖泥船的性能是控制挖槽尺寸、保证工程质量的基本条件。挖泥船施工是船的整体或挖掘机械部分在运动过程中完成土方挖运的，机械运动惯性影响挖槽控制及工程质量的情况普遍存在。所以只有熟悉施工图纸、掌握挖泥船的性能、按照导标指引、操作得当，才能达到生产高效、工程优质的目的。

（3）挖泥船操作人员发现测量开挖导标有误时，应暂停开挖并及时向施工技术人员和测量人员反映。这是一个操作人员应有的责任感，此时绝不能盲目施工。

（4）河道设计边坡一般由一条斜线或一组折线组成。限于挖泥船的性能，一般要使挖泥船绞刀头的开挖轨迹形成这样的设计边坡有一定困难或工效很低。当设计允许时，挖槽断面边坡施工可按阶梯形开挖，形成一个近似于设计断面的开挖断面。实践证明开挖时只要掌握下超上欠、超欠平衡的原则，开挖边坡经自然塌方后能形成近似于水工设计的断面。

2. 挖槽深度控制

（1）水位标尺是指示开挖深度的原始依据，挖泥船操作人员必须正确加以记录，并严格按照水位标尺读数计算绞刀头下放深度，以控制挖槽的开挖深度，否则就不可能在挖槽深度控制上达到较好的质量。

（2）绞吸式挖泥船绞刀桥架上的挖深指示尺是控制绞刀头下放深度的重要依据，挖泥船在施工前必须加以校正，使挖深指示尺的读数与实际挖深相符，保证开挖深度的准确性。挖泥船的吃水线是随船上油、水等物品的装载量而变化的。为了定出挖深指示尺上的零点，本条规定了以挖泥船的实际吃水线为准，但此时挖泥船应处于水平状态。当指示尺的零点定好以后，还应根据船上物品装载量的变化而引起挖泥船吃水线的变化求出指示尺零点的改正值，这样才能保证指示尺读数和实际挖深的一致。当水位变化时，应及时计算出随水位变化的挖深改正值。

（3）挖泥船施工中，随时进行水深测量，是及时发现超挖或欠挖的重要手段。当发现有欠挖现象时，就应及时处理并调正绞刀或挖斗下放深度。

3. 土方量计算

平均断面法是中小型河道疏浚工程中常用的土方计算方法。其断面常用河道的横断面。常用面积计算方法有：图解法、数方格法和求积仪法。为了保持相同的计算精度，同一工程的横断面面积计算一般只用一种方法。用图解法计算时，习惯上都将图形分解成相同宽度不同长度的长方形，以卡规量取长度计算面积。校校计算时，为了保持同一计算精度，只改变解图的位置，而不改变其形状；用数方格法时，每一断面图形的面积计算应使用一种方格，当图形为非正态比例时，方格也应是相同的非正态比例。校核计算时，只要将计算断面图形用相同方格重新划分，再计算一次；用求积仪法时，如断面面积较大，可以用直线将其分成若干小块，分别求其面积，各小块面积之和即为断面面积；当相邻二断面面积相差太大时，为保证精度，也可将其分成小块，用上述方法求面积。校核计算时，可以改变求积仪航针的起始点，或者改变分块，重新计算一次。

4. 质量评定

（1）挖槽纵断面质量标准应符合有关规定，纵断面质量的检验工作，一般可以直接引用横断面测量成果，只要将各横断面中各对应点的测深值依次连接起来，即为开挖纵断面。为了真实反映工程纵断面的情况，规定绘制纵剖面相邻二测点的间距应不大于100m。对于大型河道，可增加检验其他位置的纵断面。

（2）吹填工程按其功能不同，如吹填造地、吹填固堤、吹填建筑物基础、吹填筑坝等，对其质量标准的要求亦各不相同。本条是对平整度和吹填平均高程误差提出的质量指标。

5. 竣工验收

（1）疏浚及吹填工程验收目前应按照《水利基本建设验收规程》（试行）（SD184－86）执行。如该试行规程修订，应按修订后的新规程执行。

（2）竣工验收土方量结算，河道疏浚工程以水下方量为准是指设计断面以内的计算超挖值以内的全部开挖土方量。

（3）河道疏浚工程有其特殊性，如有时要分期、分段施工，分期受益；在施工过程中会产生回淤，对于工期较长或自然回淤严重的河段应分期、分段进行验收。

（4）竣工验收方法应遵照有关规定。

第二节　疏浚工程规划设计与施工组织

一、疏浚工程规划设计内容

拓宽和浚深航道和港口水域，应该先进行规划设计。进行疏浚工程会破坏原来的自然平衡。自然力总是趋向于恢复固有的平衡状态。在内河水流、河口和海岸的潮流、沿岸流、异重流、波浪等动力作用下，泥沙不断运动并在挖槽中沉积，造成回淤，导致疏浚的成果丧失或减少。所以在进行规划设计时，要了解和掌握挖泥区各种动力因素与泥沙运动的关系，考虑减淤措施。航道疏浚设计包括挖槽定线，挖槽断面尺寸的确定，挖泥船的选择和弃土处理方法等。

（一）挖槽定线

选择航行便利、安全和回淤率小的挖槽轴线必须考虑水流动力条件和自然演变趋势。如内河浅滩，挖槽位置应选在水流输沙能力最强的区域，走向与枯水流向一致，交角不宜大于15°，使上游来沙顺利通过以保持挖槽稳定。潮汐河口挖槽，应选在落潮主流深泓线上；在有多条叉道时则应选取其中输沙量较少、平面较稳定、涨落潮流路较一致、落潮流占优势的主流线上，以利泥沙出海。海岸港口挖槽轴线方向的选定尤其要考虑水文、气象和船舶操纵性能等因素，避免航道方向与强风、大浪方向的夹角过大。如港址在沿岸漂沙严重地区，须筑堤拦沙或用喷射泵从沿岸流上方吸取漂沙经海底管线越过航道输往下方。

（二）挖槽断面尺寸的确定

航道挖槽断面尺寸既要满足船舶安全行驶，又要避免尺寸过大导致疏浚量过多。航道挖槽宽度的确定应根据船舶的类型和航行性能，风、浪、流的漂移作用，航行密度所要求的单线或双线，由于避免岸吸和船吸作用船与岸、两船交会所需间距，以及助航设施等。通常单航线挖槽底宽取 5～7 倍船宽，双航线取 8～10 倍船宽。限制性航道或环境条件差的采用高值；弯曲段应有附加的富裕宽度。挖槽深度的确定应根据船舶满载吃水再加上船的纵倾、横摇、航速所引起的下坐和考虑底质软硬所需的最小的富裕水深。维护性疏浚尚须预留同两次施工间断时期的回淤厚度相适应的备淤水深。挖槽形状通常为对称的梯形断面，采用挖区土质在水中和动力条件下自行稳定的边坡。如果横流或水流同挖槽轴线交角较大，可采用不对称的横断面，即在来水来沙一侧超深挖一、二条垄沟，用以截留泥沙并经常清除淤积，既可免致挖槽横向位移，又可减少挖淤和航行的相互干扰。

（三）挖泥船的选择

疏浚选用何种挖泥船，主要取决于疏浚物质的性质以及施工区气象、水文、地理环境等条件。在风浪大又无掩护的滨海和河口地区，宜选用自航式耙吸挖泥船；结合吹填的常采用带输泥管线的绞吸挖泥船；水底为硬土的用铲斗挖泥船；作业面小的情况下，例如在港口的码头前沿，宜用抓斗挖泥船。挖泥船作业时，要避免妨碍运输船舶航行，注意安全操作和设施的齐备。在现场要标定挖槽的准确位置，布设水位讯号、挖泥和卸泥区标志，经常进行水深测量，提高挖泥船运转时间，研究改进挖泥方法。

（四）弃土处理方法

保证疏浚成效的重要环节之一是处理好弃土。务使挖出来的泥沙不能回至挖槽造成人为的回淤，也不允许影响邻近航道、港口。弃土处理方法大致分为两类，即水中抛卸和送泥上岸。水中抛卸在内河施工中是用弃土填充丁坝、顺坝等整治建筑物的堤心或抛卸于深潭；在河口和港湾的浅水区施工中多用弃土填筑人工岛或造陆，这样须先筑围堤以防弃土流失；深水抛卸通常在外海进行。送泥上岸要选择好吹填地，主要要考虑岸坡的稳定性、容泥量；河流边上填泥造陆时不能影响河道的稳定，大多先筑围埝，高岸则采用泥泵管线吹填。弃土处理方式的选取既要根据疏浚工程整体要求因地制宜，又要作经济合理性比较。

二、施工组织布署

（一）管理机构设置：

1. 项目部

在公司内挑选有实践施工管理经验、责任心强的工程技术人员组建施工现场项目部，负责本工程的现场施工管理，并对施工期间发生的各类事务进行有效的协调处理。

项目部有项目经理、技术负责人、项目副经理和质量、检验、施工、资料等岗位专职人员组成。

2. 质量管理机构

建立以公司总工程师为质量管理负责人，公司质量安全部为职能管理部门，项目经理为工程质量第一责任人的质量管理体系。成立施工现场质量安全管理网络，实施监督管理职能，施工期间层层把关，为各工序到各部位、各单位工程的施工质量达到规范标准，为整个工程达到优良等级打下扎实的基础。

3. 技术攻关小组

以公司总工程师为组长，成立技术攻关小组，解决施工中发生的各种技术性问题，尤其是预防各种质量通病的发生，在施工中采用新技术、新工艺，确保工程的质量一流水准。

4. 文明施工体系

以公司文明施工领导小组为管理部门，成立施工现场文明施工管理网络，负责工程施工现场文明施工各项措施的认真落实。争取达到市文明工地的标准。

5. 作业队伍

在公司内挑选有施工经验、肯吃苦的技术人员和职工，组成施工作业队伍，参加本工程的施工作业。

（二）岗位职责

1. 质量员岗位职责

（1）制订项目质量工作计划，并协助领导组织实施。

（2）认真收集各种有关质量的合理化建议，及时反馈各种质量信息，协助本项目部领导分析生产中的质量状况。

（3）收集保管好本项目的质量档案，如质量分析会议记录，质量整改单，不合格品审理单，废品材料通知单和 QC 活动记录等，保证项目部质量活动的各种原始记录的完整性，可追溯性。

（4）对本工程项目的质量全面负责，并对质量问题纠正措施在班组的落实负责。

（5）组织指导 QC 小组活动，开展群众性的质量月活动。

（6）做好质量信息的反馈工作，预防质量事故的隐患出现不合格的控制。

（7）行使质量否决权。

2. 资料员岗位职责

（1）在项目经理和项目工程师领导下，做好资料计量实验管理工作。

（2）负责项目部文件资料管理，及时督促有关人员填写，移交工程技术资料，保管好项目文件和资料，建立签收签发台帐并同工程进度保持同步。

（3）工程竣工后，负责向建设单位、总公司档案室移交全套工程技术资料。

（4）参加编制项目施工组织设计，编制项目计量测试器具配备计划，负责项目使用计量测试器具的管理工作。

（5）对使用人员进行操作指导，督促做好工艺、质量、材料、能源检测工作。

3. 安全员岗位职责

（1）贯彻执行安全法规、条例、标准、规定。

（2）做好安全生产的宣传教育工作和管理工作，总结交流推广先进经验。

（3）经常深入现场，掌握安全生产情况，调查研究生产中的不安全问题，提出意见和措施。

（4）组织安全活动和定期安全检查。

（5）参加编制安全技术措施方案，并对贯彻执行情况进行督促检查。

（6）与有关部门共同做好新工人、特殊工人的安全技术训练，考核、发证工作。

（7）进行工伤事故统计，分析和报告，参加工伤事故调查和处理。

（8）制止违章指挥和违章作业，遇有严重险情，有权暂停施工（生产）并报告领导处理。

（9）对违反安全规定和有关安全技术法规的行为，给予教育劝阻，无效时，有权越级上报。

4. 技术员岗位职责

（1）保证本岗位编制、保管的各种技术文件资料的质量，对由文件差错引起的质量事故负责。

（2）实施技术状态的管理，对技术状态更改的设计依据，可行性及执行结果负责。

（3）对设计图纸、市政、土建操作工序，安装过程等进行审核、监督与质量控制。

（4）应用统计技术，保证工序控制质量，对关键工序进行技术指导。

（5）协助项目经理，搞好各种技术资料和质量文件，参加并指导 QC 小组活动，组织统计技术的推广和应用。

（6）控制有关质量的原始记录、单据、台帐、凭证等资料。

5. 测量员岗位职责

（1）测量员必须具备良好的道德品质和高度负责的工作责任心，在项目经理的领导下开展工作。

（2）按测规要求实施测量作业，坚持换手测量，杜绝一切违规作业现象发生。

（3）加强业务知识学习，熟练掌握仪器操作性能。

（4）加强对资料的检查与复查制度，确保测量成果的准确性。

（5）负责仪器的使用与保管，掌握仪器的性能按期对仪器进行鉴定、检修，确保仪器的准确性。

（6）及时对工作中的技术创新、技术特点、组织、操作的经验进行总结。

（7）做好资料的整理归档工作。

6. 项目经理岗位职责

（1）贯彻国家和上级有关方针、政策法规及企业规章制度的各项文件精神，确保质量体系的建立、完善，实施及企业下达的各项经济技术指标的全面完成。

（2）组织精干的项目管理班子，具体领导实施项目管理，全面负责工程进度、安全、治安、消防、文明卫生，成本和质量的全过程管理，并考核验收。

（3）代表企业履行企业与建设单位签定的承包合同，履行项目部所签定的合同，保证各类合同目标实施。

（4）组织审定项目总体规划和施工组织设计，批准与项目有关的文件组织实施，加强贯彻和落实质量方针目标。

（5）合现组织和调度生产要素，实施日常工作中的组织、指挥、控制，激励的具体职责，保证项目实施质量，工期和有益要求。

（6）汇集工程项目的有关质量信息，定期向企业经理报告工作。

（7）组织工程阶段，竣工验收及项目总结，效益清算，协助社会监理对工程进行监督检查。

（8）支持质量员的质量否决权。

7. 材料员岗位职责

（1）在项目经理领导下，积极落实项目必须的各类设备，参与选型、询价、合同洽谈及签约后的对供方监督。

（2）对所有进工地的材料、器材的质量符合程序规定、手续齐全，原始记录齐全、清晰，并保证全部资料的可追溯性。

（3）对违约供应商进行交涉并索赔。

（4）记录、收集必须的资料、凭证和台帐。

8. 项目副经理岗位职责

（1）协助项目经理，抓好项目部生产管理工作确保工程质量、形象进度、安全生产等指标的完成，使承包合同如期完成。

（2）按监工组织设计监督，指挥施工生产，分管负责劳动力，材料机械等计划平衡，争取达到最佳组合。

（3）熟悉图纸和了解施工场地周围情况，参加讨论施工方案，设计交底，安全现标，材料节约措施等工作，负责办理设计变更和额外签证手续。

（4）参加项目部召开的生产例会，汇报工程进度及下一步生产工作安排，切实抓好施工生产。

（5）协助项目经理切实搞好施工现场标准化管理工作。

（6）分管负责做好施工班组交底工作，督促施工班组严格按工艺、安全生产要求组织施工。

（7）以分包合同及预算工程量为根据，在任务单施工内容完成后签署意见，并会同有关部门进行审核与考核。

（8）严格执行沉桩、挖土和砼灌令，负责做好"三令"验收准备工作，并做到无令不准施工。

（9）定期组织项目部有关人员对施工现场的安全设施、消防器具进行检查，并做好防汛抗台工作，确保施工生产顺利进行。

三、施工总布置

（一）施工布置总说明

施工平面设计主要遵循因地制宜、利于施工、便于管理的原则，尽量减少对周围群众的干扰和影响，确保施工现场整洁有序，安全文明。

本工程既要对河道疏浚现场加强监控，也需对淤泥弃置点（泥库）进行管理的特点，我们将采用"集中管理、分区布设"的方法，提高工程的管理力度，确保工程质量、进度达到既定的目标。

施工平面布置中，我们将贯彻安全、文明、环保的工程管理目标，参照文明标化工地标准，确保硬件配套齐全，现场管理切实有效。

（二）施工作业面划分

经全线仔细现场踏勘，发现在 C1 + 100 左右位置（川南奉公路东侧）有一根 Φ500 上水管紧贴河面而设；由川南奉公路至南团公路处河道水位非常浅，且两岸居民建筑物密布。故以川南奉公路、南团公路为界，将疏浚工程按东、中、西划分三个段面；即 A30—川南奉公路段、川南奉公路段—南团公路段、南团公路—浦东运河段，并分别采用不同工艺、设备进行施工。具体为东段采用高压水枪冲泥法、中断采用绞吸法、西段采用抓斗式挖泥法，以达到加快施工进度的目的。

（三）排泥场布设

1. 排泥场地点

本工程位于南汇地区，现场附近沿线能租借到地块布设排泥场，所以泥库考虑设置在南汇境内殷家港以北、黄沙港以西周围，沿岸有适宜租借作为泥库的的空地或低洼地，租借地块面积约需 60 余亩（4 万平方米左右，以堆泥高度控制在 2m 计算）。东侧施工段面运泥船经殷家港往东到达沿岸的泥库；西侧施工段面运泥船经浦东运河→大治河→黄沙港至沿岸的泥库。

2. 排泥场临时设施

为满足本工程吹填弃土要求，计划在吹填弃土前，在排泥场周围布设相应的挡淤围堰，并在排泥场临近河道边侧设置相应的退水口、退水渠等临时设施。

（四）临时设施规划及布置

1. 项目部及生活区

根据现场条件及施工周期，考虑采用租用当地房屋作为项目部比较合适，经了解现场附近有村民房屋可租用，具体位置在殷家港与川南奉公路附近，此处出行较便捷，方便全线指挥协调。租用的房屋中设置项目部办公室、监理办公室、会议室、项目部管理人员宿舍、食堂、医务室等。

2. 临时交通布置

根据本工程现场实际情况，殷家港河口虽然宽度较宽，能够满足水上作业船只通航条件，但河道水面与架河农村小桥之间净高较小，因此疏浚作业设备均采用小型船只。所以临时交通计划主要以水路交通为主、陆上交通为附，解决施工中的交通要求。

全部疏浚船只，运泥船等船舶可从浦东运河、大治河和五尺沟进入疏浚施工现场；疏浚辅助设备和排泥管等大型设备均通过水路调遣进场。

工程施工生产运输主要采用自航驳实现水路运输。

配备交通艇作为管理、生活及辅助生产的水上交通设备。

3. 临时通信布置

项目部内配置电脑、电话，施工管理人员均配备手机，作为对外通信联络工具，满足现场管理需要。

（五）施工用电、用水

工程施工中的施工用电和用水量不是很大，主要是临时设施用电、用水，及排泥场的用电，我们将通过与沿途周围附近的单位进行协商解决，用电无法解决的区域我们采用发电机自发电解决。

项目部及生活区的用电、用水在租借临时用房时，尽可能选择附近水、电能满足需求的场所，保证水、电的正常使用。

第三节 疏浚工程施工

一、施工前期工作

施工准备工作做得好坏，对工程施工能否顺利进行，施工速度能否加快工程质量，施工安全能否得到保证均有相当重要的关系，所以充分做好施工准备工作应作为施工前期工作的重点。

（一）施工内业工作

1. 建立施工管理班子

必须建立一个强有力现场施工管理班子，挑选施工经验丰富，工作责任心强的同志参加施工管理，要做到分工明确、职责分明，还要做到既有分工，又有配合。做到人人有事做，事情有人管，还须要贯彻统一指挥，统一行动的施工纪律。只有严明的施工纪律才能有良好的施工精神，最后才能结成丰硕的成果。

2. 图纸会审

熟悉会审施工图纸是施工前的一项重要工作，施工图纸接到手后，立即组织施工管理人员认真学习和会审，复核施工图纸上各分部尺寸、标高。组织班组长进行技术交底，在熟悉施工图纸的基础上进一步了解设计意图，明确施工要点、研究施工对策，后制订施工规划和施工大纲。

3. 编制施工预算和各项需量计划

在熟悉施工图纸的基础上，按照计算规则计算工程量，根据预算定额编制施工预算进行工料分析，编制材料、劳动力、机械需要量计划等。

（二）施工外业工作

1. 技术准备

认真组织和落实主要工程技术人员，选择对类似工程有丰富施工经验的人员为技术骨干，认真熟悉图纸，领会设计意图，并认真阅读标书内容和业主述及到的一切规定、要求和参照的标准，真正了解工程设计意图，并根据现场施工条件，定出最佳施工、交通管理方案，确保工程能达到质量标准。

2. 现场准备

清除现场障碍，注意环境卫生、市容整洁。认真组织测量施工，确保定位准确，做好测量放样工作。

根据实际情况，迅速和当地警署、街道等有关单位进行联系，就有关施工期间需相互协作的工作落实到位，并联系相互衔接的具体计划，以达到一致。

对沿线河道范围的原始照片进行拍摄。并将拍摄照片报告业主和监理工程师。

3. 机械物资设备

落实好整个工程所需的机械设备，按照工程施工进度计划要求，合理调配逐步组织进场。确保施工过程中所需的机械设备能及时到场。对各种进施工现场的设备及机械，进行预期检修，检修后各项指标性能达到安全可靠标准的，准备进场使用。并配备常用配件，确保使用中能及时修理更换，不影响施工质量和进度。

二、具体施工方案

（一）施工测量放样

1. 施工控制网布设

根据提供的测量基准点、基准线和水准点及基本资料数据，在开工前与监理共同进行认真的复核，并按国家测绘标准和本工程施工精度要求，测设用于施工的控制网，并做好临时控制点的测设工作。

根据设计段面要求，按50m左右间距布设段面控制点及高程控制点，控制点设置在基础坚实、不易破坏、便于保护的地方，并以醒目的油漆予以标识。

2. 原始断面复测

施工前，会同监理单位做好施工前的河道地形复测。并正确标明

水下障碍物的具体位置，复测资料形成结果，送建设单位，为工程开工提供施工依据和施工过程中测量、放样、复核。

3. 河道开挖放样

根据河道段面控制桩，进行边线导标放样，在河道设计中心线、开口线、开挖起点、弯道顶点布设清晰的标志，包括标杆、浮标和灯标、河道每50m设一组横向标志，弯道顶点布设清晰的样杆标志，弯道处加密至10～20m.

4. 施工水位尺布设

在施工中心位置（靠近项目部）附近河岸布设一组精确的固定水位尺，在各条主要开挖疏浚船舶附近分别布设一组施工观察的水尺，基本上沿河道每隔300m布设。流动水尺布设位置应便于观测和不易被船舶碰撞，并与水闸管理单位建立水文、水位的信息沟通网。

5. 施工中的测量放线

（1）在设好施工放样控制点后，在施工放样前，还必须进行工程地形及纵横断面的复测，复测断面的数据根据断面变化的情况确定，以具有代表性和反映实际情况为原则。

（2）测量放样是施工过程中的关键工作，一定要在施工的全过程中进行控制，施工过程中测量放线工作，由专职测量人员负责组织。

（3）放线前，仔细阅读图纸资料，整理好需要的放线数据，放线时，严格按规范要求进行，及时做好校核工作。

（4）平面测量使用全站仪、经纬仪和钢卷尺，以护岸外侧边缘线为基准线。高程测量使用水准仪，由临时高程控制点进行引测。施工中，定期对上述临时高程控制点进行复核。

（二）排泥场修建

1. 设计断面

根据堆土面积和堆土方量计算，堆土高度控制在 1.5m 左右（不超过 2m），考虑围堰安全超高、风浪爬高等因素后，围堰修筑高度为 2.0m，（其中安全高度为 0.4m）. 修筑围堪顶宽 1.0m，内边坡 1 : 0.5，外边坡 1 : 0.5。

2. 修筑工艺流程

（1）施工准备：围堰布线基础处理开挖取土分层填筑使用及维护。

（2）围堰布线：修筑前先确定修筑路线，预先布设围堰中心线和底边线，用竹片样桩和石灰标识，围堰线路布设时尽量避开软土地基，线路以平顺、圆滑为原则，并充分利用已借用的土地面积，确保最大限度堆放容量。

（3）基础处理：预先采用推土机清除堰基及取土区内表面淤泥、腐殖士等不合格士、草皮等植物，堰基围堰内的各类洞穴及坑、槽、沟等清除后，按堤身填筑要求进行回填处理，并进行平整、碾压，清基范围超出设计 0.5m 以上，清基厚度以充分清理完耕植土为准。

（4）开挖取土：取土坑控制在距离围堰底脚 5.0m 以上，施工时采用推土机开挖排泥场合格土料，去除夹带的淤泥、杂质士，洁净土料推送至填土区域，达到规定的要求。

（5）分层填筑：土方填筑时，采用推土机吹填作业，作业按 100m 以上分段，从最低处开始按水平层次进行，将土料按进占法铺至规定的部位，并按 20cm ~ 30cm 厚度分层统一铺盖，统一碾压，碾压采用推土机以齿轮排压法施工，推土机碾压不到的地方辅以蛙式打夯机压实，分层验收，均衡提升，严格按照规定要求修筑成型，并预留一定的超高沉降量，填筑期间做好排水工作，保持干场作业。

使用及维护：在吹填施工前，对排泥场围堰内侧进行防渗处理，在吹填施工中，经常检查围堰渗水及水流冲刷情况，派专人 24 小时巡查，发现问题，及时修补维护，确保围堰稳定及泥浆水基本不污染周边环境。

（三）退、排水设施设计

1. 退水口布设

（1）退水口布设要满足堆土平整度、弃土排水强度及环保要求，根据本工程实际情况计划在排泥场临近河道围堰内布设退水口。

（2）退水口采用闸箱体加退水管的形式，向体材料采用钢板，箱体出水侧伸出三根 6m * φ450mm 的钢管，钢管用支撑锚固结实，箱体进水侧安置几个挡闸板，分层溢流，可随着排泥场对土增高而抬高。

（3）返水口施工时，在选定退水口位置，按箱体尺寸开挖缺口，并将箱体嵌入，闸箱体与围堰接触面采用粘土分层回填穷实，并与围堰部位加铺土工膜。

2. 退水渠布设

（1）为满足本工程环保要求，保护河道堤防设施，退水渠将不采用常规的明渠形式，计划采用涵管形式布设，即加接退水口的排水钢管一直延伸至河道内。

（2）排水钢管穿越堤防时，预先报监理工程师，在征得监理工程师同意后，排水钢管破口下埋，并修复堤防。

3. 截水沟布设

（1）计划在排泥场的围堰外侧底脚外沿 1m 处布设排水沟，截排围堰。

（2）渗水、雨水冲刷围堰坡的污染水，避免污染周边农田。

（四）河道疏浚工程

1. 主要施工工艺流程

施工展布工作抓斗式挖泥船开挖泥驳运输吹泥船吹填弃土入排泥场。

2. 施工展布工作

（1）施工船舶定位

将抓斗式挖泥船按每个作业段面布设至相应的施工区域，抓斗式挖泥船抛八位定位，吹泥船分别布设与排泥场附近的河道内。

（2）管线布设

吹泥船管线：施工前需布设两条与吹泥船配套的热电厂泥管线，排泥管线采用直径 φ350＊6m 钢管，在吹泥船距离河岸的水域上，采用浮管形式；在河岸距离排泥场吹泥点的岸上采用岸管形式。

（3）布设方法

陆上管线由相应的钢管和不同角度的弯头、橡胶管组成，并采用法兰加橡胶垫圈、螺栓连接。岸管铺设时做到平坦顺直，避免死弯。

3. 河道疏浚土方

（1）在河道疏浚过程中，采用 0.75m³ 抓斗式挖泥船进行清淤作业，施工到河道内的桥梁底区域时，全部采用 0.45m³ 小型、灵活的转斗挖泥船清淤，以确保安全。

（2）施工时，通过液压抓斗深入河底，利用油压系统插入淤泥层和闭斗抓取河道内水下土方，提升回旋并开启抓斗，将土方直接卸入靠泊在挖泥船舷旁的自航泥驳内，开挖、回旋、卸泥循环作业，泥驳满载后运输土方至排泥厂附近布置的吹泥船旁，由吹泥船将泥驳中的土方吹入排泥场内。

（3）施工时，抓斗式挖泥船按作业段面布置在施工区域内，分段平行施工推进，在同一时段内抓斗式挖泥船布置在河道的同一侧，以减少于河道航运间的互相施工干扰，确保正常施工效率。

（4）根据抓斗式挖泥船的适宜挖宽和工艺特点，施工中采用纵向分条开挖，分条宽度为 10 ~ 20m 左右，条间搭结 2m 以上，预先开挖洞道中心条幅，由河边向边岸逐条开挖完成。

（5）本工程河道清淤土层较厚，泥质较松散，施工中结合分层开挖法施工，以尽量降低施工扰动，减少施工回淤，抓斗式挖泥船施工时，根据设备下斗适宜开挖厚度分层开挖，分层厚度控制在 0.5 ~ 1.0m 以内，同时为确保河道疏浚质量，抓斗式挖泥船开挖时中，采用梅花型挖泥法作业，斗于斗之间搭接严密，抓斗频率均衡，连续进行。

（6）抓斗式挖泥船在挖边坡时，采用下欠下超的台阶式分层开挖，开挖后超欠面积比控制在 1 ~ 1.5 范围内，抓斗式挖泥船在边坡分条、分层开挖中，均会有不同的自然坡形成，故在每条层开挖完成后，均重新对开挖区边坡进行断面测量，分次对台阶开挖，以逐步形成设计边坡，并根据现场试挖后的回淤情况，调整分层台阶开挖高程。确保边坡施工质量。

（五）吹填土处置

1. 弃土处置方式和原则

河道疏浚开挖后的弃土，均采用吹泥船吹填至排泥场内，吹填弃土中应重点确保围堰安全，退排水平衡、弃土平衡和尾水达标排放。

2. 进退水平衡控制

排泥场吹填全部过程保持退水平衡，随吹填随退水，通过退水口闸板调节退水高程，严禁出现高水位危及围堰安全，排泥场吹填过程中控制水位逐步抬高，每次幅度不大于 20cm.

.3. 吹填平整度控制

施工中均衡布设进泥点和退水口，采用分区分块排弃，控制各区块堆土量比例，先吹填泥浆不宜流到的区域，从远离退水口位置向退水口方向吹填，并根据吹填土质、平整度情况，及时调整排泥管口方向和位置，勤接管，确保堆土平整度。

4. 尾水浓度控制

（1）严格控制退水浓度，指派专人专职昼夜值班，持便携式对讲机，保持与挖泥船送上操作人员通话联系，并现场配备必要的监测设备，定期检查退水浓度，对尾水进行严格的监测。

（2）当退水口浓度超出要求时，及时在退水口的管体内加设闸板，抬高退水口高程，增大沉淀水深或间歇施工，或采用变换退水口及减慢吹填速度等措施，让泥浆有一个较长的沉淀时间，以控制尾水排放浓度，减少对河道的淤积及周边环境的二次污染影响。

第四节 疏浚工程施工管理措施

一、技术组织措施

（一）管理措施

成立以项目总工为组长的技术管理小组，组织技术攻关，在工程施工管理中通过运用新技术、新工艺，改进设备性能，道道最优施工效果。

以施工图设计和施工组织设计为依据，根据现场实际情况和业主的安排，进一步优化和及时编制实施性施工组织设计，为实现工期目标提供更加科学、合理和有序的施工组织方案。

对可能影响工期的工程或者工序的施工方案和方法，组织技术攻关，进行超前研究，及时提出能确保工期的有效措施。

根据总体施工计划，编制分季和分月进度计划安排，并制订完成计划的各项具体措施，当周围环境条件变化而影响计划完成时，运用网络技术，及时找出新的关键线路，重新确定重点工程或者工序，采取有力措施，使施工进度满足计划要求，使项目始终处于受控状态。

（二）检测设备的控制

对检验、测量和试验设备按照本局质量体系的规定进行，定期检验、校核，使用前进行率定，以满足进度要求。

在施工中，我们定期对船载 DGPS 进行三参数检查，对其进度进行比对校核，以确保挖槽平面尺度不出偏差。

挖泥船施工根据潮位自动遥报仪记录（或人工报）的潮位，加以修正，确定绞刀下放深度。

（三）测量控制

根据建设单位所交底的河道中线位置等桩志和有关测量资料，进行校测，校测结果通知监理单位，如有桩志不足，位置移动或精度与要求不符，通知建设单位，进行必要的补桩或补测工作。

水准网点布设单边距离不大于200M为宜，采用往返测量，精度按国家三等水准要求控制（$\triangle h = 12 LMM$）并经常复核及时调整，从而保证工程高程控制。

各控制点桩志埋设均按永久性标志要求埋设，原有标志均做好保护工作，便于寻找，恢复主要控制桩志，有必要采取保护警示标志。

测量设备必须满足工程要求，定位控制我们采用全站仪，水准测量采用 AT-G6 自动调平水准仪，测量水深采用测深锤或者测深仪。同时做好仪器及附属测量工具、仪器的检查、保养、维修校正与鉴定工作，确保仪器性能的正确。

严格按规范要求操作，严格按三级复核程序进行，并及时做好签证手续。

进一步落实材料货源，并按进度计划，和供货单位订好正式供应合同确保施工过程中不发生停工待料的误工情况。准备足够机械设备，使进场施工能集中人力进行突击的物质准备。

对各种设备及机械进行预期检修后达到性能良好和安全可靠的标准，方可进场使用。并配备常用配件，确保施工中不发生大的损坏和修理影响施工质量和时度

（四）改进施工设备

根据疏浚土质，及时更换绞刀头，增强挖掘能力，实施调整挖泥厚度，提高挖泥浓度。

测定各项技术参数，改进泥泵结构，使之更适合本工程施工，同时备用泥泵，以便及时更换，提高船舶施工时间利用率。

（五）管线架设施工组织

1. 为保证疏浚工作顺利开展，成立管线施工队，由项目经理部现场负责人直接领导。

2. 管线施工队设正、副队长各一名，队员4人。

3. 管线施工队主要负责：现场水陆管线的连接、富余水上管线的看护，纳泥区及半圆堤施工期间的维护。

4. 项目经理部人员到位后立即组织管线施工队人员，进行详细的现场勘测，确定管线铺设路线，提前架设陆上管线、连接固定水上管线。

5. 测量队根据项目经理部安排定期对半圆堤、疏浚区、管线线路、吹填泥面标高等进行测量，并根据测量结果向施工主管提出合理化建议。

（六）纠正和预防措施

纠正措施：出现不合格工序，项目经理和总工程师立即组织调查分析，找出原因，并建立相应台帐，制订整改措施，做好记录，并验证其效果。

预防措施：收集分析工程施工中各种影响质量的信息，查明造成不合格件的直接和潜在原因，拟定预防措施，防止再次发生。

二、质量保证措施

（一）质量管理体系

为保证高质量地完成本工程所要求的各项工作，将全面贯彻质量保证体系，以我司《质量手册》及程序文件为质量控制基础，对文件资料、物资采购、工程验收以及试验、纠正和预防措施、质量记录等进行全过程控制。

（二）质量管理组织机构

根据多年的项目质量管理经验及本工程的具体情况，在项目经理部成立质量管理领导小组，组长由项目经理担任，副组长由项目副经理、总工程师担任，工程管理部、质量检验部、安全环保部、设备物资部、综合办公室、财务劳资部以及各施工专业队质量负责人为小组成员。质量管理小组每个月召开质量分析会，针对施工中存在的质量问题和质量隐患，制订纠正和预防措施。质量检验部下设试验室，工程管理部下设测量队，以加强质量管理过程控制能力，充分体现预防为主的原则。日常工作由质量管理部负责。质量管理严格按照相关规范标准进行。

（三）项目主要领导人员的质量职责

1. 项目经理

（1）组织、领导项目部的一切质量工作，对本工程的所有生产质量活动全权负责，是工程质量的第一责任者。

（2）主持质量管理小组工作，全面负责本工程的质量工作的策划，对本工程的最终产品负终身责任。

（3）建立质量管理机构，组织制订各类人员的《质量责任制》、制订奖罚措施，完善质量管理机制。

（4）组织施工中所需资源的配置和管理，正确处理进度、质量、安全和效益之间的关系，使工程质量始终处于受控状态。

（5）每个月召开质量领导小组和质量工作会议，针对施工存在或出现的问题，及时提出纠正和预防措施，确保工程质量受控。将施工期每周一设为质量活动日。

（6）贯彻执行工程局的质量方针和质量目标，确保本工程质量目标的实现。

（7）主持管理评审工作，对质量管理体系的适应性和有效性进行评价，对改进和完善质量管理体系做出决策。

2. 项目副经理

（1）协助项目经理负责质量管理工作，建立和完善质量管理机制。

（2）对进场建筑材料质量和施工过程质量控制，负主要领导责任。

（3）参与质量方针和质量目标的管理，对分管范围内施工项目的质量目标负全责，保证质量体系有效运行。

（4）负责分管的工程项目施工质量，对工期实施有效控制。针对施工生产中机构设置、资源配置等主要问题向项目经理提出建议，以保证工程质量和进度满足合同和顾客要求。

（5）为保证产品质量，有权决定施工机械设备的调整和劳动力组合。

（6）参加管理评审，报告分管部门质量体系运行效果，提出改进和完善建议。

（7）对工程质量负直接领导责任。

3. 总工程师

（1）在项目经理领导下，贯彻执行国家技术规范、标准和上级部门有关规定。

（2）对项目经理负责，领导本工程的技术和计量工作，对工程的技术管理和技术保障负直接责任；对重大的技术、质量问题做出决策，保证分管范围内质量体系有效运行。

（3）组织编制并审查本工程的施工方案、作业指导书，并落实实施。对施工过程中出现或需要的新技术、新工艺、新材料和新设备，一个月召开一次技术研讨会，攻克技术难关。

（4）负责技术文件的控制管理，组织内部质量检查和验收工作以及竣工资料的整理、汇编和移交工作。

（5）参加管理评审，报告分管部门质量体系运行效果，提出改进和完善建议。

4. 质量工程师

（1）负责本工程的质量监督工作，对工程的质量管理和技术保障负直接责任。

（2）实施本工程经批准的《质量计划》，主管本工程的质量管理工作。

（3）编制并审查本工程的施工方案、作业指导书，并进行监督，对施工过程中出现质量问题，有权行使一票否决权。

（4）管理控制质量文件，负责内部质量检查和验收工作以及竣工资料的整理、汇编和移交工作。

（5）参加管理评审，对质量改进和完善质量体系提出建议。

（6）主持特大、重大质量事故的分析，主持制订纠正措施。

（四）主要管理部门和作业队的质量职责

1. 质量管理部

质量检验部是把握施工质量的关键部门。按照项目部的相关程序严格执行质量控制工作，按规定进行检验、测量和试验，确保不合格的工序在纠正前不能进行下一工序施工。参与进场材料的检验和试验。对经手的检验、测量、试验报告结果和数据负直接责任。本部门有一票否决权。负责管理质检科、试验室的工作。

2. 工程技术部

负责本工程质量管理工作，检查指导质量体系运行情况。负责编制本工程施工质量计划和分管程序的编制、修改、实施及检查、指导、监督和管理工作。对本部门设计和编制的图纸、技术措施（作业指导书）等技术文件的符合性（符合规范要求、符合实际施工条件）及其质量负直接责任。进行图纸会审、作业指导书编制和技术交底，包括技术、质量、安全等措施与要求的交底。负责管理工程技术科、生产调度室及测量队，并对其所提供资料的可靠性负责。

3. 测量队

测量队隶属于工程管理部领导。负责建立工地测量控制网，所有测量器具均满足工程所需的精度要求，并在检测有效期内使用。建立测量设备档案和测量资料档案。对其所负责进行测量的各项资料和数据的可靠性负直接责任。

4. 生产调度室

本部门是质量控制的重要部门。对施工过程中的施工质量负直接责任。在施工的过程控制中，严格按照相关的《作业指导书》进行控制。组织进行现场技术交底，并对施工过程中的质量进行检查，若发现偏离状态，立即按《作业指导书》的要求进行纠正。

5. 设备物资部

物资管理部是确保质量的第一关，确保进场原材料符合质量要求和满足施工进度的需要，并负直接责任。按规范要求和相关规定对进场原材料进行检验和试验，并按规定的程序进行搬运、标识、贮存和保管。同时做好进场原材料的质保书、产品说明书等相关资料的收集、整理和保管工作。本部门负责工地的仓库管理工作，并对仓库管理工作质量负责。

6. 计划财务部

实施质量成本控制。负责建立本工程资本纽带，按投资资本运营，对工程设备资产保值、增值进行监督。负责编制本工程资金收支计划，拟定资金使用方案，保证生产经营活动正常运行。负责拟定本工程财务管理办法、成本费用控制办法、机关费用控制办法，并组织实施。负责编制对内、对外的各种财务报表。负责本工程与建设单位的各月的财务结算工作。

7. 施工队

各施工队长为质量第一负责人，对其相应的工作内容的施工过程，负全部质量责任。施工队设立一名兼职质量检查员，负责本队的施工质量检查。施工队按照相应规范和作业指导书的要求，对施工过程进行控制。并对其施工的质量负直接责任。施工队将其工作目标和工作内容划分到作业班组，并对班组进行有效的控制。

8. 施工班组

施工班组为施工中基本分子，也是施工前最后一道质量控制关。班组长为本班组质量管理第一负责人，对所施工的工程质量负全责。班组设立一名兼职的质量检查员，负责本班组施工工程的质量检查工作

9. 施工人员

施工人员在上岗前进行培训并取得合格证，了解和掌握自己的工作内容，并对自

己施工的工作质量负责,接受质量奖罚。

(五) 质量控制措施

1. 组织措施

(1) 选派在疏浚工程施工中经验丰富、管理能力强的人员组成项目经理部,建立项目部质量管理委员会,并选派获得相应的航道工程质量管理培训结业证书、经验丰富的专职质检工程师担任质检员,以加强质量管理。

(2) 选用技术素质较高具有相应等级上岗证的各工种技术工人负责各分部、分项工程施工,并对全体员工进行岗前质量意识教育、技能培训,提高全体施工人员质量意识和工作技能、工艺水平。

(3) 选用科技含量较高、性能较好、精确度高的机械设备。对机械设备实行定机、定人、定期维护,责任到人,使设备完好正常运行,以保障工程的质量。

(4) 设置试验室、测量队并配备专业试验、测量人员,对施工材料、成品、半成品和各工序质量按规范要求进行检验、试验、测量。测量、检验、试验设备按其检定周期定期送有资质的单位进行检定,保证其完好、精确,并建立台帐,未经检定或过期未检的设备不在工程中使用。

(5) 贯彻执行质量"三检制",对质量进行检查、监督、验收,严格控制工程质量。本工程的质量控制流程如框图。

(6) 建立质量记录归档制度,并完善质量信息收集、整理、归档和质量反馈,指导工程施工的质量控制。制订创优计划,提高全体施工人员创优意识,进行技术攻关,为提高工程质量和降低成本服务。

2. 各分部分项工程质量保证措施

(1) 施工测量控制措施

现场使用的测量仪器须在法定检测单位定期剑检测合格后,方可使用,并出具证明书。

在每项测量工作开展之前,必需由技术人员进行工前交底,填写测量任务书。对于各项质量关键点,质量管理人员随时对其进行监督检查,确保关键点无质量隐患。

由专业测量人员进行现场中心线、边线、轮廓线、标高的测放,做好各引测点,控制点的保护工作,并做好纪录,经常进行复测,检查。

在各道工序的施工过程中,经常保持测量复核,确保轴线,高程的正确。

(2) 平面控制措施

挖泥船施工时,通过挖泥船上的 DGPS 测量定位,在电子图上实时显示挖泥船在设计疏浚区的相对位置,进行有效控制疏浚的平面位置。

在分条施工时,挖泥船的定位钢桩应保持在分条设计的中心线上。

（3）深度控制措施

挖泥船上安装有潮位遥报仪，可实时读取潮位。根据具体潮位和挖泥船自身的挖深显示仪，通过调整铰刀桥梁下放深度，可随时调整挖泥深度。在分层施工时，采取定深施工，确保均匀增深。

（4）边坡控制措施

边坡施工时，挖泥船应平行于边坡布置，有利于边坡的整体形成和控制超宽。边坡采用分层阶梯法开挖。分层阶梯法施工主要控制分层厚度和边坡边线。根据施工土质和边坡要求，边坡开挖时分层厚度统一按 1.0m 控制，宜有利于防止大面积的塌方和形成边坡。

边坡控制按平面控制和深度控制的技术措施，结合边坡比例、施工土质，适当调节分层开挖厚度，以达到质量的控制目的。

采用分层阶梯法开挖边坡时，对驾驶员和操作手的技术要求更高，因此，施工过程中要求当班人员聚精会神，杜绝开小差，尽量选用熟练的操作人员操作。

（5）扫浅控制措施

在扫浅阶段加密测量的次数，正确地反映浅点的平面位置和高程，将浅区的坐标输入 DGPS 定位系统，要求施工船舶的船长和当班驾驶员熟读测图，根据浅区的相对位置选择好挖泥上线，并进行纪录，施工船舶根据当时的潮位情况采用定深削峰挖深方法。以保证工程质量达到要求。

3. 工程质量记录控制

质量记录和工程同步进行，并按要求及时向监理提供有关施工记录和质量报表，记录做到真实，内容完整，有关人员签证齐全，并设专人对质量记录进行整理、编目、归档、保管等工作。

4. 检验、测量和试验设备的控制

（1）对工程所使用的检验、测量和试验设备，不论其自有、租用等均需按设备操作规程规定操作、管理、滤定及维护，并制订年度检定计划，以保证检验、测量和试验设备均能按规定的周期或使用前得到校准和调整。

（2）保存检验、测量和试验设备的检定证书或检定记录。

（3）设备操作严格按照操作规程进行，防止检验、测量和试验设备因操作不当而失效。

5. 材料、设备的检验控制

根据材料采购计划，对物资供应厂商进行评价、选择，并与合格的物资供应厂商签订采购合同，购入的材料具有材质证明及出厂合格证。在会同监理人员进行检验和交货检收，合格后入库，并做好检收记录。对施工过程中所采用的原材料按规定进行抽查、取样实验。对于工程运行中永久性的设备在订货、运输、开箱检验、保管、安装调试中也严格按有关规程办理。

6. 人员培训

对参与关键工程和特殊过程施工的人员，针对本工程的特点，进行上岗前的再培训，使参与施工的人员能够清楚地了解和掌握本工程的施工特点和施工方法，掌握提高质量水平的控制要点。

7. 设计变更的执行

设计变更在由设计单位下发后，需经监理审定签字，在接到监理签发的设计变更通知书后，可进行施工修改。

8. 交工验收阶段的质量控制

在施工过程中的验收，实行内部"三检制"，既施工班组一检、施工队二检、项目部质检员三检，保证不合格工序不转入下道工序。出现不合格工序时，做到"三不放过"（原因未查明不放过，责任未明确不放过，措施未落实不放过），并采取必要的措施，防止再次发生。

（1）对隐蔽工程的每道工序严格执行施工质量"三检制"，经验收合格，监理人员在合格证上签字后，方可进行下一道工序。

（2）竣工交付使用阶段的质量控制

单位工程和单项工程竣工后，严格按照设计图纸、施工说明书及竣工验收标准对工程的施工质量进行全面鉴定、评定等级、整理竣工资料、编写施工总结与竣工验收报告作为竣工交付的依据。工程进入交工验收阶段，应有计划、有步骤、有重点地进行收尾工程的清理工作，通过交工前的预验收，找出遗漏项目和需要修补的工程并及早安排施工，还应做好竣工工程保护，以提高工程的一次成为优质工程，减少竣工后返工整修。工程项目经自检、互检后，建设单位、设计单位和上级有关部门进行正式的验收工作。

（六）质量控制的程序化管理

工程管理部根据我局质量手册、程序文件及合同、规范，并结合施工经验编制本工程质量控制的总程序，各施工队根据总程序的要求编写成书面文件，并按规定经过工程师机构及有关部门审查批准。程序的确定应根据不同工程项目的技术特点，包括必要的技术措施和技术标准要求，所有程序都应对影响质量的工作提供适当的控制条件。

工程施工过程中影响工程质量的工作，如原材料的供应和鉴定，施工阶段各分项工程的质量检查和鉴定，不合格品的鉴定和处理等，均应编制控制程序。

三、安全生产措施

（一）安全管理目标和原则

1. 安全生产的目标

认真贯彻执行"安全第一、预防为主"的方针，坚持事前控制，坚决杜绝重大伤亡事故、重大火灾和重大机损事故。

在施工过程中实现人身死亡事故"零指标"，杜绝重大人身伤亡事故；杜绝人为责任的重大机械设备损坏事故；杜绝负主要责任的重大交通事故；杜绝重大火灾事故，控制轻伤事故发生频率在5‰以内；特种作业人员持证上岗率达100%；事故隐患整改率达100%；职工安全教育率达100%。

2. 安全生产的原则

（1）坚持管生产必须同时管安全的原则。

（2）坚持生产与安全同步实施的原则。

（3）生产与安全发生矛盾时，坚持安全第一的原则。

（二）安全管理组织机构

项目经理部安全生产管理组织机构为安全生产管理委员会，它由项目经理、分管副经理、各部门主管、专职安全员和兼职安全员组成。项目经理为安全生产管理委员会主任，是安全第一负责人，分管副经理是安全直接责任人；办事机构设在安全部，由专职安全员负责处理日常事务，行使安全检查和管理职能；其他职能部门在各自工作范围内，对实现安全生产的要求负起责任。建立一个横向到边，纵向到底并能有效运作的安全管理、保证网络，施工安全管理组织机构。

（三）各部门安全管理的主要职责

1. 安全生产管理委员会的职责

认真贯彻执行劳动保护和安全生产的各项政策、法令和规章制度；审批安全生产措施计划；完善各部门管理人员的安全生产责任制；定期研究解决安全生产中的难题；组织项目经理部的安全生产大检查和开展安全无事故竞赛活动等；总结与推广安全生产先进经验；主持重大伤亡事故的调查分析，提出对责任人处理意见和改进措施。

2. 项目经理安全职责

（1）项目部经理是本工程的安全生产第一责任人，对本工程的安全生产以及各部门安全生产责任制的建立、健全与贯彻落实负全面的领导责任。

（2）认真贯彻执行党和政府的安全生产检查方针、政策、法规和上级的有关规定，负责贯彻落实。

（3）制订年度安全目标计划，审定有关安全生产的重大活动和重大措施。按本单位安全控制重伤和一般事故的目标、层层落实，分级控制，确保年度安全目标的实现。

（4）负责建立和完善安全生产保证体系，搞好安全生产工作。

（5）主管并建立独立有效的安全监察专职机构，按规定配备充足合格的安全监察人员，健全安全监察体系，完善监察手段，支持监察人员认真履行监察职责，听取安全等部门的工作汇报，并保证监察人员与生产人员享受同等待遇。

（6）审定安全技术措施、安全文明施工措施计划，并保证所需费用的落实。每季主持召开一次安全工作情况分析会，及时研究解决安全生产中存在的问题，组织消除重大事故隐患。至少每季度参加一次生产施工安全检查，每月随时深入施工现场，了解掌握一线实际情况，听取职工对安全工作的意见和建议。

（7）贯彻重奖重罚的原则，审批奖惩办法。按照生产事故调查规定，参加或主持有关事故的调查分析会和提出预防事故重复发生的措施。及时掌握各类事故情况，必要时召开事故现场会，解决处理存在的事故隐患。

3. 主管安全副经理职责

（1）认真贯彻执行国家有关安全方针、政策、法规和上级有关规定，在执行中提出具体意见，组织落实。

（2）组织编制年度安全目标计划，经项目部长审批后组织实施。

（3）强化安全生产，健全、落实各施工队安全生产责任制。

（4）主持编制好年度安全技术措施、安全文明施工措施计划，做到项目、时间、负责人及费用落实，并负责督促实施。

（5）协助项目经理负责日常安全管理工作，充分发挥安全管理体系作用，经常听取安全部门的汇报支持安全监察人员的工作。对事故统计报告的及时性、准确性负领导责任。

（6）协助项目经理具体组织定期的安全生产大检查活动和开展"安全周""安全月"活动，对自检和上级检查发现的问题及重大事故隐患的治理工作，及时提出整改措施，落实到项目、部门或专人，限期完成。

（7）参加或主持每月一次的安全分析会，主持定期召开的安全生产例会，及时确定解决安全生产中存在的问题，经常深入施工现场、班组，掌握安全生产情况，及时制止违章行为，总结安全生产经验，落实奖惩办法。

（8）参加事故调查分析会及时掌握情况对事故责任者提出处理意见和建议，对事故做到"三不放过"（事故原因分析不清不放过、事故责任者及群众没有受到教育不放过、没有防范措施不放过）。

4. 总工程师安全职责

（1）总工程师对本单位的安全技术工作负领导责任。

（2）认真贯彻执行国家有关安全生产的方针、政策、法规和上级有关规定，及时审批危险作业措施方案和重大施工项目的安全技术措施。

（3）领导技术监督和技术管理工作，负责组织编制并审批现场规程和规定，根据情况的变化及时组织修改、补充完善。

（4）参加协助主管安全副经理召开每月一次的安全情况分析会和每周一次的安全例会，经常听取安全部门的安全工作汇报，参加研究重大隐患的治理工作和安全生产中遇到的问题。对自己签发的事故统计报告的及时性、准确性负责。

（5）负责组织岗位技术培训、安全规程培训及特种作业人员的培训、考试、评分工作，主持本单位的反事故、反习惯性违章培训。

（6）参加安全生产大检查，经常深入生产现场，检查指导安全工作，制止违章行为，及时组织解决安全生产中出现的重大技术问题。

（7）参加事故调查分析，对事故原因提出分析意见，参与处理责任者意见。

5. 施工队队长安全职责

（1）施工队队长职责是本施工队安全生产第一责任人，对本施工队安全生产负直接领导责任。

（2）认真贯彻执行国家安全工作方针、政策、法规及项目部有关安全工作规定，并根据本队的安全管理分解目标、计划，组织制订本队年度安全工作目标计划的具体措施，按本队控制轻伤和生产障碍，班组控制异常和未遂事故的安全目标层层落实责任，确保本队安全目标的实现。

（3）组织编制本施工队的安全技术措施、安全文明施工措施，经审批后组织实施。

（4）支持本施工队安全人员工作，督促本队各班开好"周一"安全活动会，抽查班组活动情况，并做出批示。

（5）领导本队各班组开展好每日安全检查，对查出的不安全因素积极进行处理。严肃查处违章违纪行为。

（6）做好新入厂工人的安全教育工作，协调所属各班组之间的安全生产关系，做好临时工的安全管理，保证安全生产顺利进行。

6. 各施工队工程师、技术员安全职责

（1）负责本队的安全技术工作。经常深入现场、班组监督检查安全技术措施及规章制度的贯彻执行情况，指导班组做好各项安全技术管理工作。

（2）根据各个时期不同的工作任务及出现的安全技术问题，及时提出现场规程和解决处理技术措施。对新工艺、新技术和重要施工项目的技术措施，要对班组进行技术交底和安全措施交底、布置、指导，检查履行情况。

（3）参加本队组织的安全生产检查，协助经理做好隐患整改措施。负责施工队安全技术培训、规章制度的学习考试工作。

（4）参加人身轻伤事故和记录事故中严重未遂事故的调查分析，提出技术性防范措施。

7. 班组长安全职责

（1）班组长是本班组的安全第一责任人，对本班组作业人员在生产劳动中的安全和健康负责，对班组使用的设备安全负责。

（2）控制班组未遂事故异常问题，保证分解控制指标的实现。带领班组所属人员，认真贯彻落实各项安全操作规程和规章制度，及时制止违章违纪行为，主持班组人员开好"周一安全会"做好会议记录。

（3）做好新入厂工人的安全技术岗位培训，经常进行安全思想教育。带领班组人员，做好当日安全检查工作，对班组所使用的安全设施、设备、工器具的安全状况要经常检查，对于查出的不安全因素，本班能处理的应及时处理。对本班组作业人员使用劳保用品情况要进行监督检查。

（4）本班发生的异常、未遂事故，要认真做好记录，保护现场及时上报，分析原因，落实改进措施。

（5）认真进行每天的"站班会"和班后安全小结。

（6）组织本班组人员分析事故原因，吸取教训，及时改进班组安全工作。

8. 作业工人安全职责

（1）自觉遵守项目部的各项安全生产制度和本工种的安全技术操作规程，不违章作业。

（2）爱护和正确使用生产设备工具和个人安全防护用品，加强对使用设备工器具的维护和保养，搞好施工作业现场的文明施工安全生产。

（3）积极参加本单位组织的各项安全活动，有权拒绝违章指挥行为。

（4）作业前检查工作场所，做好安全防护措施，以确保不伤害自己，不伤害他人，不被他人伤害。下班前及时清扫整理作业场所。

（5）正确使用与爱护安全设施，未经工地专职安全员批准，不得拆除或挪用安全设施。

（6）不操作自己不熟悉的或非本专业使用的机械设备及工器具。

9. 安全部职责

（1）贯彻执行安全生产和劳动保护方针、政策、法规、条例及企业的规章制度。

（2）做好安全生产的宣传教育和管理工作，总结交流推广先进经验。

（3）经常深入施工队，掌握安全生产情况，调查研究生产中的不安全问题，提出改进意见和措施。

（4）制止违章指挥和违章作业，遇有严重险情，有权暂停生产，并报告领导处理。

（5）进行工伤事故统计、分析和报告，参加工伤事故的调查和处理。

10. 工程部职责

（1）负责在组织、管理施工活动及进行生产调度的同时，把施工安全放在首位，安排有关施工安全工作。

（2）负责在编制施工组织设计的同时，组织编制安全施工措施，并在施工中组织贯彻落实。

（3）参加安全大检查，并督促整改安全隐患。

（4）负责现场总平面的规划、布置与管理。

11. 施工机械部门职责

（1）贯彻执行项目部有关施工机械管理安全工作规程的有关规定，负责做好施工机械用、管、修、租过程中的安全管理工作。

（2）负责组织编制施工机械安全操作规程，负责组织机械操作、安全、维修、检验及管理等人员的安全技术教育、培训、考试及取证工作。

（3）组织施工机械的定期技术检验和性能实验。参加大、中型起重机械的负荷实验工作。

（4）负责施工机械选型购置、修理改造、报废处理过程中的审查、鉴定工作。

12. 医务部门职责

（1）负责职工的体检、对有职业禁忌症者和职业病者，及时提出处理意见。

（2）负责工伤人员的及时抢救和医护，并负责组织鉴定伤情。

（3）负责宣传普及心肺复苏等各种急救知识，并在工地设置急救设备。

（4）负责夏季防暑降温药品的供应。

（5）负责餐饮后勤服务的卫生监督，防疫工作，保证非正常减少劳动力。

（四）安全技术交底制度

要确保施工生产安全，所制订的安全技术措施不但要有针对性，而且还要具体全面落实到实处。因此，每项工程施工前，必须认真做好安全技术交底工作，使之贯彻到施工全过程中。

1. 安全技术交底的基本要求

（1）安全技术交底必须逐级进行，纵向延伸到全体作业人员，从企业到项目到班组最后落实到每个人。

（2）技术交底必须具体、明确，具有针对性。

（3）安全技术交底的内容主要针对施工中给作业人员带来潜在危险和存在的问题进行。

（4）将施工程序、施工方法、施工技术措施向工长、班组长进行详细交底。

（5）定期向两个以上作业队和多个工种进行交叉施工的作业队进行书面交底。

（6）优先采用新的安全技术措施。

（7）安全交底要有书面的签字记录。

2. 安全技术交底的主要内容

（1）本工程项目的施工作业特点和危险源、危险点。

（2）针对危险源、危险点采取的具体预防措施。

（3）响应的安全操作规程和标准。

（4）施工中应该注意的安全事项。

（5）事故发生后采取的避难和紧急救援措施。

（五）安全生产教育制度

1. 安全教育的内容

（1）安全思想意识教育。就是通过说教训，清除人们头脑中那些不正确的判断思想，而灌输新的正确思想、愿望和安全行动，树立人们的安全意识。对全体职工进行安全生产方针、政策、法规、规章制度、操作规程的教育，并结合本单位的具体情况，通过各种教育方式使全体职工掌握、了解各项方针、政策和规章制度的内涵，使之得以贯彻落实、执行，安全生产才有保证。

（2）劳动纪律教育。主要是使全体职工懂得严格执行劳动纪律对安全的重要性，加强劳动纪律教育，不仅是提高单位管理水平、合理组织劳动，提高劳动生产效率的重要条件，也是减少或避免伤亡事故和职业危害，保障安全生产的必要前提。多年实践证明，重视纪律教育，严格执行劳动纪律，安全生产就有保证，反之安全生产就难以实现。

（3）安全知识教育。主要包括：一般生产技术知识、一般安全常识、专业安全技术知识的教育，要掌握安全知识，就必须同时掌握相应的生产技术知识，了解单位的基本生产概况、生产技术过程、作业方法或工艺流程，与生产技术过程和作业方法相适应的各种机具、设备的构造质量、规格性能、操作技能和使用方法，还要使职工了解掌握本单位危险作业区域及其生产中使用的有毒有害原材料，可能散发有毒有害物质的安全防护常识和消防规章制度、个人防护用品的正确使用方法、伤亡事故报告方法等。

（4）专业安全技术教育。是指对某一工种的岗位职工，必须具备的专业安全知识专门教育。使岗位职工熟悉了解掌握单位根据有关专业制订各种安全操作技术规程。

（5）安全技能教育。主要对职工进行安全操作技能，安全防护技能、安全避险技能、安全救护技能、安全应急技能技术知识的教育。这种教育以班组为基础，依赖有优秀技能经验的实践者做监督的保证。

（6）事故案例教育。通过对一些典型事故，进行原因分析、事故教训及预防事故发生所采取的措施，来教育职工，使他们引以为戒，不蹈覆辙。

2. 三级安全教育

（1）进场教育

新工人入厂后，由项目部综合部负责，安全部安监人员进行讲解党和国家有关安全生产方针、政策、法令、法规及水电施工建设的有关安全规章制度。讲解劳动保护的意义、任务和安全生产有关要求。介绍本企业安全生产情况、企业施工特点、机械设备状况（机械性能、作用、注意事项）和生产危险要害部位。介绍一般安全生产防护知识、用电、起重、架设等其他作业常识。介绍本企业安全组织机构，结合同行业常见事故案例进行分析，阐明事故原因及事故处理程序，最后提出具体要求然后进行方针、政策、法规、制度规定等安全知识考试，考试不合格者先不予安排工作岗位，待补考及格后，登记册存档保存。

施工队生产特点、作业内容不同，在进行安全教育时，要结合各施工队具体生产特点进行教育。重点讲解本施工队生产特点、性质、生产方式、人员组成，安全活动情况和作业中对安全生产的要求，施工队关于安全生产的规章制度、劳动防护用品的穿戴和维护保养。生产作业中常见的事故原因和采取的避险措施以及文明施工、安全生产经验，还要讲解，施工队的施工任务、消防、用电安全知识等。使新职工对本施工队安全生产内容及重要性有了进一步了解有了较深的印象，然后再分配到生产作业班组的具体岗位。

（2）岗位教育

新工人入厂及新调转工作的工人，由于作业环境和工作岗位发生了变化，为了使这部分人尽快适应新的环境必须进行岗位教育。岗位教育着重讲解：第一，本班组安全生产概况、工作性质及职责范围；第二，新入厂工人和新换岗工人要从事的生产作业性质、必要的安全知识以及班组岗位所使用的各种机具设备及其他安全防护措施的性能和作用、岗位的安全操作规程、规章制度等；第三，本岗位安全技能训练；第四，作业场地具体地点、环境保护、清洁卫生、防火安全知识；第五，讲清楚容易发生事故或有毒有害危险区域；第六，讲解个人安全防护用品用具的穿戴和保管使用方法。

岗位教育方法：一般采用"以老带新"或"师徒包教包学""订立包教合同"使新工人按规定掌握生产技术知识，熟悉作业环境，掌握安全操作技能。

（3）特种作业安全技术教育

特种作业，是指对操作者本人，尤其对他人及周围设施的安全有重大危害的作业，如电气、起重、水上作业、焊接、登高架设等。对于特种作业人员的培训教育必须经过专门培训和教育，经过地方劳动部门培训教育考核合格后，发给安全操作许可证者方可上岗作业。对特种作业人员的复训，一般两年进行一次，复审不合格者必须重新参加培训考试，否则一律不安排其上岗从事特种作业。

（六）安全生产检查制度

安全检查的内容

1. 查思想

检查各级领导和全体职工，是否以党和国家安全生产方针、政策、法规、规章制度为依据，领导是否把安全生产纳入工作议事日程，是否认真贯彻落实安全生产责任制度。各个职能部门是否执行各项制度，是否真正做到了齐抓共管。工人是否认真执行了各项管理制度和安全操作规程。是否有违章和违反劳动纪律现象。

2. 查制度

查各施工队安全生产规章制度是否健全，是否按项目部要求建立健全了安全组织机构；各级人员安全生产职责；特种作业人员管理制度；违章、违纪及安全奖惩制度；安全检查及隐患整改制度；班组、个人防护用品保管制度；是否制订了各种安全技术操作规程。

3. 查措施

查各施工队是否编制安全技术措施、计划和施工方案；措施和计划是否有针对性；是否认真执行了安全技术交底，是否有隐瞒事故行为；对生产过程中发生的障碍，未遂事故是否及时报告和采取了防范措施。

4. 查安全教育培训

对新入厂的工人是否做了安全教育和岗位培训；从事特种作业的人员是否是持证上岗；现场各类宣传标志、警示牌是否按规定挂到有效、醒目区域等。

5. 查现场、查隐患

这种检查从施工现场开始，查运输道路；查工区内水、电；查生产常用机电设备和各种工器用具；查各种保险装置；查所用各种起重设施的制动装置、信号、通信设施的可靠灵敏度；查个人安全防护用品的使用情况；查各种可能发生事故的各类事故隐患。在检查过程中对于查出的各类事故隐患逐项做好文字记录，能当场解决处理的，立即处理，当场解决不了的，现场作出警示标志，然后立刻形成检查纪要或发隐患整改通知，限定处理时间，落实到单位和负责人进行处理。

（七）其他制度

1. 安全生产责任书制度

采用签订安全生产责任书来强化各施工队加强安全管理，控制班组出现生产障碍、未遂和其他事故，是一项较成熟有效的好办法。项目部安全生产第一责任人同下属各施工队安全第一责任人，按考核内容要求，签订安全生产责任书，明确责、权、利的关系。各施工队安全第一责任人在同下属各作业班组签订安全责任书。这样层层落实责任，形成一个横向到边，纵向到底的安全网络，使各级领导直至每个作业职工都充分感到所承担的压力和义务，能有效地克服只求生产进度，忽视安全工作的倾向，使全体职工能进一步的认识到，安全生产就是最大的经济效益。

2. 安全生产奖惩制度

安全生产奖惩制度所遵循的原则是"以责论处"和重奖重罚，制订的制度应合理、合法。在奖惩时要分级管理，实行一级管一级，下级对上级负责。对于认真履行安全生产责任和遵守安全操作规程、规章制度、避免生产过程发生事故的有功集体和个人，其奖励方式可分为表扬、记功、发奖金、增加工资。对于忽视安全生产不认真履行安全工作职责，工作失职、渎职或严重违反规章制度、盲目施工、野蛮施工、违章指挥、违章作业、违反劳动纪律造成事故的集体、个人都将给予惩罚。处罚办法可分为：行政处罚包括警告、记过、记大过、降级、撤职，留用察看、开除、下岗、解除劳动合同。通过落实安全奖惩制度来不断增加安全监察的约束力，安全工作一票否决，从根本上重视安全工作。

3. 施工区、生活区的安全控制

（1）施工区和生活区内设置足够的垃圾箱并每天清理。

（2）每幢宿舍配备泡沫灭火器，通道不得堵塞。

（3）项目经理部制订施工区和生活区防火计划。

（4）项目经理部配合业主每月进行防火安全检查。

（5）电气线路和设备均接地保护并安装漏电保护开关。

4. 施工现场强制性安全要求

项目经理部的安全计划及程序应报业主审查，并接受计划外提出的合理附加要求。现场施工必须执行下述强制性安全要求：

（1）没有穿戴防护用品的员工不得进入施工现场。

（2）高空作业应系安全带，下雨时禁止爬高作业。

（3）所有机械的运动部份、设备或电动工具必须安装防护罩，防止人体接触。

（4）所有临时配电箱必须安装接地保险，所有电气设备均必须接地良好。

（5）所有设备必须由合格人员操作，操作者必须持有相应的资格证书。

（6）所有设备由项目经理部在现场开工前进行检验，检验标志应附在设备上，检验应由合格的人员进行。

（7）在所有配电箱及发电机旁均设立警告性标示牌。

（8）所有临时配电箱均考虑雨天防水措施。送电至各用电点的电缆必须架离地面。

（9）振动插板机振动下插时，机前施工人员应保持距插板机桩架10米远。

（八）本工程的安全风险评估

1. 现场已有的项目经理部及公司主管部门根据施工现场的条件，针对本工程的特点和性质，对施工过程中可能出现的事故进行了分析判断，确定本工程的安全风险及控制目标。根据本工程的特点，安全风险主要有如下几个方面：

（1）自然灾害影响。

（2）水上运输风险。

（3）机械设备操作安全风险。

（4）用电安全风险。

（5）火灾风险。

2. 安全风险的防范以预防为主，保障为辅；通过贯彻执行安全管理措施来控制风险，通过保险、防护措施将风险发生所引致的损失减至最小。

（九）现场安全措施

1. 安全技术措施

（1）根据作业种类及特点，对施工人员配备相应的劳防用品，如安全帽、工作服、手套、安全带、水鞋、雨衣等。

施工船舶配备足够的救生衣，施工船甲板保持干净，不留油、泥污，必要时铺设垫子，防止作业人员滑倒。

（2）机械施工前，要认真检查使用工具，关键部位重点检查。

经试运转符合安全施工要求后方能投入施工，施工中每周对设备普遍进行一次检查，避免机械故障引起的安全事故。

（3）施工人员要树立安全第一的思想，在抢工期的同时必须保安全，在施工过程中要做到"三不放过"的原则。

（4）机械操作人员必须了解机械设备性能，做好例保工作。

起重作业时指挥信号应及时、正确，吊物必须绑扎牢固可靠，布点合理。所有受力钢丝绳必须定期检查。

（5）两班制施工时，要建立交接班制度，各岗位对口交接，并做好交接记录，及时正确地把情况交到下一班，并做好班后的清理工作及时对作业区域的安全防护设施进行检查。

（6）排泥场安全措施：排泥场区域入口处设置警示标识及配备维护设施，设专人日常巡视，检查和值班；排泥场区域内严禁非施工人员进入，严禁通行，尤其在节假日期间，加强巡视力度；施工中，若发现泥浆渗漏、外溢及围堰横向裂缝等情况时，及时采取应对措施；围堰使用中，专人控制排泥场内进水、退水平衡，确保安全。

（7）河坡稳定安全措施：挖泥船在进行边坡区土方开挖时，对部分低质较差地段，设沉降观测措施，防患于未然，确保安全；以分期、分层加荷，分条、分层逐步开挖的施工方法，减小施工对河坡稳定的影响。

（8）夏季施工安全措施：夏季施工期间，由于雷雨（台风）天气较多，施工船舶在行驶过程中应谨慎驾驶，若遇有雷（暴）雨台风天气，必须停止施工，将船停靠岸边。

2. 施工用电制度

（1）照明与机械用电线路用绝缘子固定，电源线不随地乱拖乱拉或绑扎在脚手架上。特别注意对排泥场使用灯具和机械工具的金属外壳接地、接零。

（2）配电箱、开关箱、移动电箱必须使用经过认证的标准电箱，箱内开关电器等完好无损。动力和照明分别设置，接地、接零漏电保护器，做到一机一闸。

（3）架空线路设在专用电杆上，并设绝缘子，保持离地 4～6 米以上。

（4）接地极采用角钢、圆钢或钢管截面不小于 $48m^2$，按规范保证入土深度不小于 2.5m 排架施工考虑防雷接地每 2 根一组用扁铁联接。

（5）电工持证上岗。安装、维修或拆除临时用电线器，进入配电间，由电工完成。并建立档案，包括填写交底，临时用电检查验收表，维修工作记录等。根据项目用电量编制临时用电施工组织设计。

（6）大型施工机械

（7）挖机的保险装置、限位、报警系统做到完好无损。

（8）指挥、驾驶人员、挖机工持证上岗，并做好日常维修、保养、记录等工作。

（9）各类安全制动、防护罩、盖，齐全可靠。

（10）做好机械保养、清洁、润滑、紧固、调整、防腐等工作。

（11）做到不带病运转。

3. 消防保证措施

（1）建立公司、项目部、班组三级防火责任制，明确职责。

（2）危险品库、仓库、木工间、配电间、宿舍生活区等配置相应的消防器材。

（3）施工现场、气、割、焊、用电要防止火灾发生。严格执行"十不烧"规定。

（4）氧气瓶、乙炔瓶必须做到放置阴凉处，不爆晒，安全距离按规范规定执行。

4 河流渠化工程

在天然河流上建拦河闸坝和船闸（或升船机），壅高上游河段水位，增加通航水深，以改善航行条件的航道治理工程措施。
……

渠化工程的水工建筑物一般包括挡水建筑物、泄水建筑物、通航建筑物以及其他综合利用水资源的专门建筑物。它们共同组成渠化枢纽。

第一节　河流渠化工程与渠化枢纽

一、河流渠化工程

在天然河流上建拦河闸坝和船闸（或升船机），壅高上游河段水位，增加通航水深，以改善航行条件的航道治理工程措施。

渠化工程的水工建筑物一般包括挡水建筑物、泄水建筑物、通航建筑物以及其他综合利用水资源的专门建筑物。它们共同组成渠化枢纽。挡水、泄水建筑物可以采用活动坝（主要是水闸）或溢流固定坝，或用固定拦河坝配以泄水的溢洪道或泄水闸。当采用活动坝时，在河流的枯水期间利用活动坝挡水，以增加枯水期的通航水深，船舶用船闸（或升船机）过坝；在洪水期间则将活动坝打开渲泄洪水流量，此时河流基本处于天然状态。这种渠化方式一般用于水位涨落迅猛的山区河流。以综合利用水资源为目的的渠化工程则多采用固定坝。

根据地形、坡降、地质等条件，通过渠化工程，将河流分成若干不同水位而又相互衔接的梯级，也就是下一级闸坝的回水与上一级闸坝相衔接，并满足通航水深的要求，即为河流渠化。如果只在局部河段建筑闸、坝以淹没闸、坝上游的滩险急弯，改善该河段的航行条件，各个渠化河段互不连接，其中还夹有天然河段，但其通航水深，可满足要求，则这种渠化方式称局部渠化。局部渠化用于航行条件一般较好，仅局部河段有碍航滩险的河流。各级闸坝的高度应根据航运以及其他国民经济部门的要求和自然条件等综合研究确定。

渠化工程能从根本上改善河流的航行条件。它具有以下特点：能较多地增加航道水深，减低水流流速，使航道的通过能力得到较大的增长；能综合利用水资源，除改善航行条件外，还可取得防洪、灌溉、发电等多方面效益；对于枯水期流量小，滩多流急的中小河流，特别是丘陵山区性中小河流和河流上游效果更为显著。不少国家对一些河流进行了多目标的渠化工程，兴建一系列渠化枢纽，使之成为渠化河流。如美国密西西比河的上游及支流俄亥俄河、田纳西河，苏联的伏尔加河，中国广东的连江、四川渠江、湖南渌水等。但是河流渠化也会带来一些问题：船舶须要通过船闸或升船机，增加了船舶的运行时间；闸坝上游水位壅高，可能淹没一些土地；河流的水文情势和生态环境也会发生变化，对农业、供水、防洪、渔业以及生态平衡、环境保护等方面将产生不同的影响。此外渠化工程的投资较大，工期较长。

二、渠化枢纽

为了综合利用水资源，在渠化工程中，通常需要建造不同的水工建筑物，并把它们有机地组合在一起，以发挥枢纽更高的使用效果，这些建筑物的综合体称为渠化枢纽。渠化枢纽一般由挡水建筑物、泄水建筑物、通航建筑物、水电站、坝岸连接及护岸建筑物组成。

渠化枢纽中各建筑物型式，应根据各建筑物的使用要求和枢纽所在河段的地形、地质、水文及泥沙等自然条件和施工条件综合考虑确定。在枢纽中，各个建筑物相互间位置的确定，即枢纽的布置，在设计中是既重要而又复杂的工作，它直接关系到各个建筑物作用的发挥及工程的投资。

合理的枢纽布置应该根据综合利用水利资源的原则，顺应河势，遵循河床演变规律，体现出枢纽的特点，充分发挥各建筑物的作用，以达到安全可靠、经济合理、使用管理方便、施工容易的目的。枢纽布置应根据枢纽的任务，进行充分研究以寻求最合理的方案。因此，这项工作只有对各个水工建筑物的特点、型式、使用及施工要求等有了全面而深入的了解后，才能拟定正确的方案。对于大型的渠化枢纽一般都要进行枢纽总体模型试验，来确定枢纽的布置。

第二节 渠化工程规划

一、渠化工程规划的程序和原则

（一）渠化工程规划的程序

渠化工程规划原则上按照预可行性研究、工程可行性研究、初步设计的一般程序进行。

《航道建设管理规定》（交通部 2007 年第 3 号）中要求：交通部负责由国家发展改革委员会批准或核准航道建设项目的项目建议书和可行性研究报告的审核工作，按权限批准项目建议书、可行性研究报告；省级交通主管部门负责本行政区域内航道建设的监督管理；设区的市和县级交通主管部门按照省级人民政府的有关规定，负责本行政区域内航道建设项目的监督管理。

（二）渠化工程规划的原则

渠化工程规划是航运规划的一个组成部分，也是流域内水利工程规划的重要内容，对国民经济的许多部门都有很大的影响。因此，制订渠化工程规划时，要遵循客观的自然规律，在取得综合效益的前提下，尽可能避免和减少因此而带来的副作用。主要应遵循以下一些基本原则：

1. 综合利用水利资源，是进行渠化工程规划必须遵循的一条重要原则。河流渠化的主要目的，是改善和提高河流的航行条件。从全流域着眼进行多目标的开发，做到一水多用，以最小的投资，获得最大的综合效益。

2. 渠化工程规划应贯彻统一航道标准的原则，即根据航道等级对航道、通航建筑物的基本尺度及跨河建筑物的通航净空，采用《内河通航标准》（GB50139－2004）规定的统一标准，以利于全国水运干线与地方航道、水系与水系及干流与支流的沟通。以逐步形成具有统一标准的、四通八达的内河航道网。

3. 渠化工程规划应遵循经济规律，减小因工程建设带来的副作用。就航运而论，渠化枢纽之间的间距应大体相等，以免造成船舶拥挤现象，降低营运效率。同时，应慎重考虑因上游水位抬高所造成的农田、城镇和工矿企业的淹没损失和附近地区排水不畅而可能引起的农田沼泽化和盐碱化。特别是中、小河流的渠化，多以服务于地方性经济要求为主，更要注意农业的经济损失。

4. 渠化工程规划要贯彻近期与远期结合的原则，既要考虑远期发展，也要结合近期的需要，提出切实可行的方案。忽视远期的发展，会给将来内河航道的建设造成困难。但如果不从近期实际情况出发，不考虑目前的运量、资金、材料、劳动力与技术条件，同样也会影响甚至延缓渠化工程的建设和航运事业的发展。

5. 渠化工程规划不仅要考虑和平时期民用客货运输的需要．还要考虑战争时期军用船舶和军用物资运输的需要。在考虑梯级与枢纽的布置，通航建筑物形式与尺寸时，应照顾到国防建设与战争的特殊要求，做到平战结合。

6. 渠化工程规划应尽量采用先进的技术和科学的管理方法，使内河航运的运输能力、质量、效率及成本各个方面逐步实现现代化。在进行规划时．应进行深入细致的调查研究。根据工程的自然条件，进行反复的分析比较，制订一个技术先进、投资和营运费最省的规划方案。

二、渠化工程规划的内容和方法

（一）渠化工程规划的内容

渠化工程规划是在流域经济规划和营运规划的基础上进行的。它的任务是根据上述规划提出的近期和远期的客、货运量，船型，运输组织方式以及河流的自然条件，结合国民经济各有关部门——灌溉、防洪、发电、供水、渔业和木材运输方式等对开发和利用水资源的要求，拟定河流的渠化梯级开发方案和开发程序，确定航道尺度和通航建筑物的规模。渠化工程规划一般包括以下几项内容：

1. 渠化河流航道等级的拟定。

2. 渠化枢纽坝址的选择及梯级布置方案的拟定。

3. 枢纽的平面布置及其主要技术经济指标的计算。

4. 进行梯级布置方案的比较及开发程序的确定。

（二）渠化工程规划的方法

渠化工程规划一般可按下述步骤进行：首先根据河流自然条件及航运要求拟定航道等级；第二，根据河流的水文、地形、地质等自然条件，通过踏勘选择渠化枢纽的坝址，进行梯级布置；第三，对各个梯级布置方案中的渠化枢纽进行总体布置，初步计算各枢纽的主要技术经济指标；第四，根据各个梯级布置方案的技术经济指标，进行梯级组合的方案比选，选出最优方案，并确定梯级开发的程序。

1. 渠化河流航道等级的拟定

为形成四通八达的内河航道网，必须有统一的航道标准。我国的《内河通航标准》是将通航河流根据河流货运量的大小、通航船舶的船型以及尺度等划分为若干个等级.并规定了相应于各种等级航道所必须具备的最小航道尺度（水深、底宽、弯曲半径等），桥梁的通航净空尺寸以及通航建筑物有效尺度等技术指标。因此，在进行一条通航河流的航道建设时，应首先确定航道等级，以作为确定工程规模和设计标准的依据。

拟定渠化河流的航道等级，是渠化工程规划中的一项重要工作。它不仅确定了渠化河流的远期发展及其在内河航道网中的地位和作用，而且确定了渠化枢纽中水工建筑物的设计标准。同时也为其他建设部门在渠化河流上设计和建造相应建筑物时，提供了必须满足航运要求的统一标准。

渠化河流的航道等级拟定是根据经济规划中提出的河流远期货运量和货物运行密度，通过技术经济比较，定出远期船型（载重量、主要尺度、功率、航速等）和运输组织方式，然后根据货运量、船型、船队尺度并结合河流的自然条件以及航道可能改善的程度。确定渠化河流的航道等级。

必须指出，货运量、船型和运输组织等是拟定渠化河流航道等级的依据。但进行经济、营运的分析研究工作时，又必须考虑航道的可能改善程度，即可能达到的航道等级，来进行推算航道的运输能力和确定船型的分析工作。因此，在规划设计过程中，经济规划、营运规划与航道定级工作是互相影响、紧密联系的。

渠化河流航道等级影响因素是很复杂的，在规划设计过程中，应对船舶和航道投资、营运费用及其他条件进行全面的综合比较，并考虑国防上的要求，合理地拟定航道等级。航道等级确定后，可根据统一的通航标准确定航道尺度及通航建筑物的规模。

2. 渠化梯级布置

在渠化工程规划中，渠化河流航道等级确定后，即可进行枢纽坝址选择与梯级布置。根据河流的自然条件及国民经济各部门对河流开发和利用的要求，先选出可能组成梯级方案的若干个坝址，在初步选定的坝址基础上，进行渠化梯级布置。

（1）坝址选择

坝址选择是渠化工程规划中一项极其重要的工作，它直接影响工程量和投资的大小，施工的难易以及运用、管理和维修等，也是决定工程成败的重要因素之一。对中、小型渠化工程在选择坝址时，应注意以下一些问题：

枢纽坝址不宜选在河床地形过于狭窄的河段上，以便于枢纽中各种水工建筑物和施工场地的布置；并应使拦河坝有足够的溢流宽度，以利渲泄洪水，减少坝上游的淹没损失。

枢纽坝址应选在河底高程较高，水深较浅的河段上，以减少水工建筑物与围堰的高度，从而减少工程量。

枢纽坝址应避开河湾，选在比较顺直的河段上，以免布置于凸岸的建筑物遭淤积，布置于凹岸的建筑物受冲刷。

枢纽坝址应选在地质条件良好的河段，以简化基础处理。减小基础工程量，降低枢纽的工程的造价。

与拦河坝坝肩相接的河流两岸，应具有良好的地质条件，以保证坝岸接头安全可靠。

（2）渠化梯级布置

渠化河流的梯级布置，是在初步选出一系列坝址的基础上，根据河流的地形、地质、水文等自然条件，结合河流的货运特点、综合利用的要求以及施工条件及施工技术水平，最后选定组成渠化方案的枢纽坝址及各个梯级的水位高度，确定各个梯级的坝顶高程及其上、下游最高及最低通航水位。进行梯级布置时，应注意以下基本要求：

梯级方案必须满足航运要求，即最大可能地改善河流的航行条件，提高航道的运输能力，缩短船舶的航行时间。因此，渠化河段之间应彼此衔接，下一级枢纽的回水最好能达到上一级枢纽的坝下，使各级坝下的航道具有足够的通航水深。两梯级间河段的长度不宜过小，应使船舶在这一渠段的航行时间大于船舶通过通航建筑物所需要的时间，以免因为间距过小，引起过闸船舶聚集在通航建筑物前面，造成拥挤现象。梯级上、下游应有足够长度的顺直河段及水域面积，以保证船舶能安全、方便地通过建筑物，及便于布置前港与靠船码头，并易于解决施工期的临时通航。一般情况下，宜将枢纽布置在支流河口的下游，以抬高支流的水位，改善支流的航行条件，同时，还可利用支流的流量发电、灌溉。梯级位置应尽可能选在主要滩险的下游，以便利用枢纽的壅水淹没滩险，减少滩险的碍航程度。

梯级方案应尽量减少淹没损失。在确定梯级的壅水高度时，淹没损失的大小应是考虑的重要因素之一，特别是对于以航运为主的中小河流的渠化工程更应慎重考虑。梯级位置最好布置在城镇、大片农田、工矿企业及主要交通设施的上游。此外，梯级应布置在河床开阔处，以便泄洪通畅。并使各种水工建筑物能布置在河床内。少占两岸耕地。

梯级方案应密切结合流域内已建的和规划的水利工程，考虑相邻干、支流的航运和水利的开发，以充分发挥梯级综合效益，统筹兼顾，实现水利资源的综合利用。梯级位置应尽可能靠近城镇，便于桥坝合一，改善陆上交通条件，并对城镇供电、供水以及枢纽管理均有利。在淹没损失许可及满足航行要求的前提下，梯级水头可适当提高，以便更多地满足流域内所需的电力，并改善水电站的技术经济指标。此外，梯级位置应接近排灌中心，以便提供排灌所需的电力。

梯级位置应具有良好的地形、地质条件，力求避免复杂的技术问题，使工程简易、减少投资。

梯级方案必须适应当地的施工技术条件与建筑材料的供应情况。以利于缩短工期和降低工程造价。

3. 渠化梯级组合方案的比较

渠化梯级布置组合方案比较，是对已拟定的梯级布置方案的各项技术经济指标进行反复的论证比较，选出最优组合方案作为规划推荐方案。在进行梯级布置组合方案比较时，可从下述几方面进行：

（1）在综合利用水资源方面，对航运、发电、灌溉、工业及民用供水、渔业等国民经济各部门的要求所满足的程度。

（2）与流域内其他综合利用的水利工程规划建设的相互结合程度。

（3）经济效益（包括航运、发电、灌溉、供水及渔业等）及其对发展国民经济的影响。

（4）方案的总投资、年运转费用及主要工程材料需要量等。

（5）淹没损失及其对沿岸的农业、工矿企业及其他设施的影响程度。

（6）方案的施工技术要求、施工条件及施工期限。

（7）对地方经济的发展、文化、国防等方面要求的满足程度。

通过综合比较，选择结构安全可靠、施工简易、运用方便、投资最省、淹没最少、综合经济效益最大的方案作为最后选定的渠化梯级方案。

4. 渠化梯级的开发程序

河流渠化工程是由一系列梯级枢纽组成的，工程的全部效益须待全部梯级建成后才能充分体现出来。在一般情况下，一条河流的全部梯级枢纽不会同时兴建，而是根据工程的轻重缓急与难易的程度分期分批建成的。为了既要缩短工程的施工期限，争取早日建成，早日发挥效益，又要避免投资、材料等过度集中使用，应安排好梯级开发程序及第一期工程项目。

在考虑梯级开发程序及第一期工程项目时，应注意下述原则：

（1）先期工程应具有显著的综合效益，能得到国民经济各有关部门和当地经济部门、当地群众的积极支持，有可能被批准纳入建设计划。

（2）第一期工程应选择航道滩险多而集中、整治困难、碍航严重，对航道通过能力起控制作用的河段。或者选择运输要求迫切和运输强度较大的河段。

（3）先建梯级对下一期相邻梯级的施工，应无不利的影响或影响不大。

（4）梯级建成的先后顺序，应对上、下游航道尺度的逐步提高，航线的逐步延伸及货运量的逐步增加有利。

（5）先期工程应选择工程技术不甚复杂，施工条件好的枢纽。

（6）梯级开发的先后顺序，应保证梯级有足够的勘测、设计与施工的准备时间，以利于确保工程的质量。

三、库区规划

在社会经济建设中，有两个概念不同的库区。一个叫水库区，一个叫水库建设区。水库区，即通常所说的水库淹没处理区，它包括水库淹没区（即水库水面区）及因蓄水淹没而引起浸没、坍岸、滑坡等影响的地区。水库建设区，不仅包括水库淹没处理区，还包括水库环境保护区和库区移民安置区。

（一）库区开发利用的原则

库区蓄水后形成水库，为发展养殖、航运、旅游、疗养及水上运动等方面创造了良好条件，同时随着水库水位的消落，还可利用消落区的部分土地。对于这些资源，应优先组织移民开发利用。根据《水电工程水库淹没处理规划设计规范》（DL/T5064－1996）有关规定，水库水域开发利用应遵循下列原则：

1. 由工程运行管理单位统一管理开发利用，并服从水库统一调度和保证工程安全。

2. 利用水库发展的兴利事业所需投资，按照"谁经营、谁出钱"的原则由兴办这些事业的部门自行承担。

3. 有利于保护水库水质和生态环境。

随水库兴建而带来的淹没处理、移民安置与生态环境保护，对当地社会经济生活影响极大。要坚持因地制宜、统筹兼顾、全面安排、合理开发、重视保护的原则，保证开发规划的科学性、指导性、可操作性。

（二）库区规划的主要任务和内容

库区规划设计是渠化工程规划的一个重要组成部分，关系到工程规模的合理选定，关系到库区移民的生产、生活和有关国民经济的恢复与发展，是一项政策性强、涉及面广、情况复杂、影响深远的技术经济工作，需要实事求是，深入调查研究，精心规划设计。

库区规划设计的主要任务是：合理确定水库淹没处理范围，查明淹没损失的实物指标，研究水库淹没对地区国民经济的影响，参与论证工程建设规模，进行移民安置、城镇迁建、专业项目复建、防护工程的规划设计和水库水域开发利用，制订库底清理技术，要求编制水库淹没处理补偿投资概（估）算。

（三）库区淹没

1. 库区淹没的范围和标准

水库淹没区分为经常淹没区和临时淹没区，通常以正常蓄水位以下为经常淹没区，正常蓄水位以上受水库洪水回水和风浪、船行波、冰塞壅水等淹没的地区为临时淹没区。

2. 库区淹没实物指标调查

库区淹没实物指标调查的内容可分为农村、集镇、城镇和专业项目四部分。农村包括从事大农业为主的村和散设在农村的国有农、林、牧、渔场、城镇以及集镇所辖的郊区农村；集镇为乡级政府驻地和经县级人民政府确认由集市发展而成的作为农村一定区域经济文化和生活服务中心的非建制镇；城镇是指县级以上含县级政府驻地和建制镇；专业项目是指工矿企业、铁路、公路、水利、电力、航运、电信、广播电视、水文站、文物古迹、库周交通等专门设施。

（四）移民安置规划

移民安置规划包括农村移民安置规划城镇和集镇迁建规划。农村移民安置规划包括生产安置规划、移民村庄规划、基础设施规划。城镇和集镇迁建规划包括新址选择、总体规划、详细规划或总体布局。移民安置要与库区建设资源开发、经济发展、环境保护和治理相结合，促进库区经济发展。

1. 农村移民安置规划

对搬迁人口和生产安置人口，均应考虑到规划水平年自然增长的人口。移民安置规划的目标值，应本着不降低原有生活水平的原则，通过前期补偿、补助和后期生产扶持，结合安置区的资源情况及其开发条件和社会经济发展计划分析拟定。移民安置区的选择应注重移民环境容量的分析，根据经济合理的原则将移民安置在本乡（镇）、村内、本县（市）、本省（区）、外省（区）内。对少数民族地区移民的安置，应照顾其生产、生活和风俗习惯。

农村移民安置应贯彻开发性移民方针，以大农业安置为主，有条件的地方应当积极发展乡镇企业和第三产业。移民居民点的布设，应有利生产、方便生活和节约用地。对移民居民点的供水、供电、交通和文化、教育、卫生等设施，原则上按照原有的水平和当地的具体条件经济合理地配置。移民生产安置规划投资概（估）算应当根据建设项目的工程量和现行价格编制，并和可能的补偿投资进行平衡。

2. 城镇和集镇迁建规划

对于受淹的城镇和集镇的处理，应视受淹程度和其腹地的变化状况综合研究确定。城镇、集镇的撤消或合并，涉及行政区划的变更，应根据其规模、等级按照国家的规定报请上级审批。

城镇和集镇的迁建，应本着原规模、原标准的原则，明确淹没处理方案，选择迁建新址，确定规划人口和用地规模，编制各阶段迁建规划。城镇和集镇新址的选择，在节约用地、少占耕地的前提下，选择合理的地理位置和地形、地质条件进行。城镇和集镇迁建的规划人口，宜按规划水平年的搬迁人口、自然增长和机械增长人口及新址原有人口确定。

城镇和集镇的用地规模，应根据原址的用地面积参照有关规定分析确定。城镇和集镇迁建规划的补偿投资，列入工程概算。

（五）专业项目复建规划

需要复建的工矿企业，可以结合技术改造和产业结构调整进行统筹规划和复建。受淹的铁路、公路、航运、电力、电信、广播电视等设施需复建的，应按原规模、原标准或者恢复原功能的原则，提出经济合理的复建方案。对于受淹的县级以上单位管理的水电设施，应根据淹没影响的程度和受益地区的具体情况提出复建方案，不需复建或难以复建的应给予合理的补偿。对受淹没影响的文物古迹，经省级以上专业主管部门鉴定后采取处理措施。有开采价值的重要矿藏，应提请有关部门尽可能提前采掘。库周交通应根据淹没影响的具体情况提出经济合理的恢复或改建方案。

（六）防护工程规划

在水库临时淹没区或浅水淹没区，如有大片农田、村庄、城镇、工矿企业、铁路、公路、文物等重要淹没对象，具备防护条件且技术经济合理者应采取防护措施。

防护工程的等级标准、洪水标准、排涝标准、防浸（没）标准，应根据有关专业技术规范综合分析后确定。防护工程方案的选择应考虑对水库正常运用的影响程度、对原有水系洪水排泄的影响程度、地形地质的适应条件、经济效益和社会环境的差异等因素确定。对防护工程的规划设计应具备布置区地形图、护岸工程纵横断面图、地质和水文、社会经济等基本资料。

第三节　挡水建筑物和泄水建筑物

挡水建筑物的作用是拦截江河，抬高上游水位。如各种材料和类型的坝，各种用途和结构形式的水闸等。一般来说，任何一个水库的库容都有一定的限度，不能将全部洪水拦蓄在水库内。泄水建筑物的作用就在于把超过水库调蓄能力的洪水泄放到下游，限制库水位不超过规定的高程，以确保大坝及其他挡水建筑物的安全。

一、重力坝

重力坝是用混凝土或石料等材料修筑、主要依靠坝体自重保持稳定的坝。重力坝按其结构型式，可分为实体重力坝、宽缝重力坝和空腹重力坝；按是否溢流，可分为溢流重力坝和非溢流重力坝；按筑坝材料，可分为混凝土重力坝和浆砌石重力坝。

重力坝在水压力及其他荷载作用下，主要依靠坝体自重产生的抗滑力来满足稳定要求；同时依靠坝体自重产生的压应力来抵消由于水压力所引起的拉应力，以满足强度要求。

（一）重力坝的优点：

重力坝之所以得到广泛采用，是因其具有以下几方面的优点：

1. 结构作用明确，设计方法简便，安全可靠。重力坝沿坝轴线用横缝分成若干坝段，各坝段独立工作，结构作用明确。稳定和应力计算都比较简单。重力坝剖面尺寸大。坝内应力较低，而筑坝材料强度高，耐久性好，因而抵抗洪水漫顶、渗流、地震和战争破坏的能力都比较强。据统计，在各种坝型中，重力坝的失事率是较低的。

2. 对地形、地质条件适应性强。任何形状的河谷都可以修建重力坝，因为坝体作用于地基面上的压应力不高，所以对地质条件的要求也较拱坝低，甚至在土基上也可以修建高度不大的重力坝。

3. 枢纽泄洪问题容易解决。重力坝可以做成溢流的，也可以在坝身不同高度设置泄水孔，一般不需另设溢洪道或泄水隧洞，枢纽布置紧凑。

4. 便于施工导流。在施工期可以利用坝体导流，一般不需要另设导流隧洞。

. 5. 施工方便。大体积混凝土可以采用机械化施工，在放样、立模和混凝土浇筑方面都比较简单，并且补强、修复、维护或扩建也比较方便。

（二）重力坝的缺点：

与此同时。重力坝也存在以下一些缺点：

1. 坝体剖面尺寸大，材料用量多。

2. 坝体应力较低，材料强度不能充分发挥。

3. 坝体与地基接触面积大，相应坝底扬压力大，对稳定不利。

4. 坝体体积大，由于施工期混凝土的水化热和硬化收缩，将产生不利的温度应力和收缩应力。因此，在浇筑混凝土时，需要有较严格的温度控制措施。

二、拱坝

拱坝是固接于基岩的空间壳体结构，在平面上呈凸向上游的拱形，其拱冠剖面呈竖直的或向上游凸出的曲线形。坝体结构既有拱作用又有梁作用，其承受的荷载一部分通过拱的作用压向两岸，另一部分通过竖直梁的作用传到坝底基岩。与其他坝型相比，拱坝具有如下一些特点：

1. 稳定特点。坝体的稳定主要依靠两岸拱端的反力作用，不像重力坝那样依靠自重来维持稳定。因此拱坝对坝址的地形、地质条件要求较高，对地基处理的要求也较严格。

2. 结构特点。拱坝属于高次超静定结构，超载能力强，安全度高，当外荷载增大或坝的某一部位发生局部开裂时，坝体的拱和梁作用将会自行调整，使坝体应力重新分配。另外，由于拱是一种主要承受轴向压力的推力结构，拱内弯矩较小，应力分布较为均匀，有利于发挥材料的强度，拱的作用利用得愈充分，混凝土或砌石材料抗压强度高的特点就愈能充分发挥，从而坝体厚度可以减薄，节省工程量。拱坝的体积比同一高度的重力坝大约可节省 1/3 ~ 2/3，从经济意义上讲，拱坝是一种很优越的坝型。

3. 荷载特点。拱坝坝身不设永久伸缩缝，温度变化和基岩变形对坝体应力的影响比较显著，设计时，必须考虑基岩变形，并将温度作用作为一项主要荷载。

4. 由于拱坝剖面较薄，坝体几何形状复杂，因此，对于施工质量、筑坝材料强度和防渗要求等都较重力坝严格。

三、土石坝

土石坝是指由土、石料等当地材料填筑而成的坝，是历史最为悠久的一种坝型，是世界坝工建设中应用最为广泛和发展最快的一种坝型。土石坝得以广泛应用和发展的主要原因是：

1. 可以就地取材，节省大量水泥、木材和钢材，减少工地的外线运输量。由于土石坝设计和施工技术的发展，放宽了对筑坝材料的要求，几乎任何土石料均可筑坝。

2. 能适应各种不同的地形、地质和气候条件。除极少数外，几乎任何不良地基，经处理后均可修建土石坝，特别是在气候恶劣、工程地质条件复杂和高烈度地震区的情况下，土石坝往往是唯一可取的坝型。

3. 大容量、多功能、高效率施工机械的发展，提高了土石坝的压实密度，减小了土石坝的断面，加快了施工进度，降低了造价，促进了高土石坝建设的发展。

4. 由于岩土力学理论、试验手段和计算技术的发展，提高了分析计算的水平，加快了设计进度，进一步保障了大坝设计的安全可靠性。

5. 高边坡、地下工程结构、高速水流消能防冲等土石坝配套工程设计和施工技术的综合发展，对加速土石坝的建设和推广也起到了重要的促进作用。

四、水闸

水闸是一种利用闸门挡水和泄水的低水头水上建筑物，多建于河道、渠系及水库、湖泊岸边。关闭闸门，可以拦洪、挡潮、抬高水位以满足上游引水和通航的需要；开启闸门，可以泄洪、排涝、冲沙或根据下游用水需要调节流量。水闸在水利工程中的应用十分广泛。

水闸按其所承担的任务，可分为 6 种，如图 3 - 3 所示。

1. 节制闸。拦河或在渠道上建造，用于拦洪、调节水位以满足上游引水或航运的需要，控制下泄流量，保证下游河道安全或根据下游用水需要调节放水流量。位于河道上的节制闸也称为拦河闸。

2. 进水闸。建在河道、水库或湖泊的岸边，用来控制引水流量，以满足灌溉、发电或供水的需要。进水闸又称为取水闸或渠首闸。

3. 分洪闸。常建于河道的一侧，用来将超过下游河道安全泄量的洪水泄入分洪区（蓄洪区或滞洪区）或分洪道。

4. 排水闸。常建于江河沿岸，用来排除内河或低洼地对农作物有害的渍水。当外河水位上涨时，可以关闸，防止外水倒灌。当洼地有蓄水、灌溉要求时，可以关门蓄水或从江河引水，具有双向挡水，有时还有双向过流的特点。

5. 挡潮闸。建在入海河口附近，涨潮时关闸，防止海水倒灌；退潮时开闸泄水，具有双向挡水的特点。

6. 冲沙闸（排沙闸）。建在多沙河流上，用于排除进水闸、节制闸前或渠系中沉积的泥沙，减少引水水流的含沙量，防止渠道和闸前河道淤积。冲沙闸常建在进水闸一侧的河道上，与节制闸并排布置或设在引水渠内的进水闸旁。

此外还有为排除冰块、漂浮物等而设置的排冰闸、排污闸等。水闸按闸室结构型式可分为开敞式、胸墙式及涵洞式等，见图 3-4。对有泄洪、过木、排冰或其他漂浮物要求的水闸，如节制闸、分洪闸，大都采用开敞式。胸墙式一般用于上游水位变幅较大、水闸净宽又为低水位过闸流量所控制，在高水位时尚需用闸门控制流量的水闸，如进水闸、排水闸、挡潮闸多用这种型式。涵洞式多用于穿堤取水或排水。

第四节　通航建筑物

为帮助船舶（队）克服渠化工程上下游集中水位落差，顺利通过河道上的闸、坝，必须修建通航建筑物。

通航建筑物主要有船闸和升船机两大类。船闸是利用水力将船舶（队）浮送过坝，能力大，应用最广；升船机是利用机械力将船舶升送过坝，耗水量少，一次提升高。本节侧重介绍船闸。

一、船闸

（一）船闸的组成

船闸由闸室、闸首输水系统和引航道等几个基本部分组成。

1. 闸室

闸室是介于船闸上、下闸首及两侧边墙间供过坝（闸）船舶（队）临时停泊的场所。

闸室由闸墙及闸底板构成，并以闸首内的闸门与上、下游引航道隔开。闸墙和闸底板可以是浆砌石、混凝土或钢筋混凝土的，两者可以是连在一起的整体式结构，也可以是不连在一起的分离式结构。为了保证闸室充水或泄水时船舶（队）的稳定。在闸墙上设有系船柱和系船环。

2. 闸首

闸首的作用是将闸室与上、下游引航道隔开，使闸室内维持上游或下游水位，以便船舶（队）通过。位于上游端的称为上闸首，位于下游端的称为下闸首。在闸首内设有工作闸门（用来封闭闸首口门，将闸室与上、下游引航道隔开）、检修闸门、输水系统（专供闸室灌、泄水用，如输水廊道等）、阀门及启闭机系统。此外，在闸首内还设有交通桥及其他辅助设备。闸首由钢筋混凝土、混凝土或浆砌石做成，边墩和底板通常做成整体式结构。

3. 输水系统

输水系统是供闸室灌水和泄水的设备，使闸室内的水位能上升或下降至与上游或下游水位平齐。设计输水系统的基本要求是：灌、泄水时间应尽量缩短；船舶（队）在闸室和上、下游引航道内有良好的泊稳条件；船闸各部位在输水过程中不产生冲刷、空蚀和振动等造成的破坏。输水系统分为集中（闸首）输水系统和分散输水系统两大类型。集中输水系统布置在闸首及靠近闸首的闸室范围内，利用短廊道输水，或直接利用闸门输水；分散输水系统的纵向廊道沿闸室分布于闸墙内或底板内，并经许多支廊道向闸室输水。

4. 引航道

引航道是连接船闸闸首与主航道的一段航道，设有导航及靠船建筑。其作用是保证船舶（队）顺利地进、出船闸。并为等待过闸的船舶（队）提供临时的停泊场所。与上闸首相接的称为上游引航道，与下闸首相接的称为下游引航道。

（二）过闸原理

船舶（队）过闸的原理，如图 3 – 5 所示。当上行船舶（队）要通过船闸时，首先由下游输水设备将闸室的水位泄放到与下游水位齐平，然后开启下闸首闸门，船舶（队）驶入闸室，随即关闭下闸首闸门，由上游输水设备向闸室充水，待水面与上游水位齐平后，开启上闸首闸门，船舶（队）驶离闸室。此时，若在上游有船舶（队）等待过闸，则待上行船舶（队）驶出闸室后，即可驶入闸室，然后关闭上闸首闸门，由下游输水设备向下游泄水，待闸室水位与下游水位齐平后，开启下闸首闸门，船舶（队）即可驶出闸室进入下游引航道。这就是船舶（队）过闸的全过程。

（三）船闸的类型

1. 按船闸的级数分类

（1）单级船闸。只有一级闸室的船闸称为单级船闸。这种型式船闸的过闸时间短、船舶（队）周转快、通过能力较大、建筑物及设备集中、管理方便。当水头不超过 15～20m（在基岩上不超过 30m）时，宜采用这种型式。

（2）多级船闸。当水头较高时，若仍采用单级船闸，不仅过闸用水量大，灌、泄水时进入闸室或引航道的水流流速较高，对船舶（队）停泊及输水系统的工作条件不利，而且还将使闸室及闸门的结构复杂化。为此，可沿船闸轴线将水头分为若干级，建造多级船闸。我国三峡水利枢纽双线五级船闸上下游总水头高达 113m，是世界上规模最大和水头最高的船闸。当前世界上级数最多的船闸是俄罗斯的卡马船闸，共六级。

2. 按船闸的线数分类

（1）单线船闸。在一个枢纽内只有一条通航线路的船闸称为单线船闸，实际工程中大多采用这种型式。

（2）多线船闸。在一个枢纽内建有两条或两条以上通航线路的船闸称为多线船闸。船闸的线数取决于货运量和船闸的通过能力，当货运量较大而单线船闸的通过能力无法满足要求，或船闸所处河段的航运对国民经济具有特殊重要的意义，不允许因船闸检修而停航时，需要修建多线船闸。我国三峡和葛洲坝水利枢纽分别采用的是双线和三线船闸。三峡工程双线五级船闸的单级闸室尺寸为 $280m \times 34m \times 5m$（最小水深），年单向通过能力为 5000 万 t，一次通过时间约为 2 小时 40 分。

3. 按闸室的型式分类

（1）广厢船闸。通过以小型船舶（队）为主的小型船闸。可采用如图 3-7 所示的广厢船闸。其特点是：闸首口门的宽度小于闸室宽度，闸门尺寸缩窄，可降低造价；但船舶（队）进出闸室需要横向移动，使操作复杂化，延长过闸时间。

（2）具有中间闸首的船闸。当过闸船舶（队）不均一，为了节省单船过闸时的用水量及过闸时间，有时在上、下闸首之间增设一个中间闸首，将闸室分为前后两部分。当通过单船时，只用前闸室（用上、中闸首），而将下闸首的闸门打开，这时，后闸室就成为下游引航道的一部分；当通过船队时，不用中闸首，将前后两个闸室作为一个闸室使用。这样既可节省过闸用水量，又可减少过闸时间。

（3）井式船闸。当水头较高，且地基良好时，为减小于游闸门的高度，可选用井式船闸。在下闸首建胸墙，胸墙下留有过闸船舶（队）所必须的通航净空，采用平面提升式闸门。当前世界上水头最大的单级船闸——俄罗斯的乌斯季卡缅诺戈尔斯克船闸就是采用的井式船闸，水头达 42m。

二、升船机

（一）组成

升船机由以下几个主要部分组成：

1. 承船厢。用于装载船舶，其上、下游端部均设有厢门。

2. 垂直支架或斜坡道。前者用于垂直升船机的支撑并起导向作用船机的运行轨道。

3. 闸首。用于衔接承船厢与上、下游引航道，闸首内设有工作闸门和拉紧（将承船厢与闸首锁紧）、密封等装置。

4. 机械传动机构。用于驱动承船厢升降和启闭承船厢的厢门。

5. 事故装置。当发生事故时。用于制动并固定承船厢。

6. 电气控制系统。用于操纵升船机的运行。

（二）工作原理

船舶通过升船机的程序与其通过船闸的程序基本相同。当船舶驶向上游时，先将承船厢停靠在厢内水位与下游水位齐平的位置上，操纵承船厢与闸首间的拉紧、密封装置和充灌缝隙水，开启下闸首的工作闸门及承船厢下游端的厢门，船舶驶入承船厢。然后将下闸首的工作闸门和承船厢下游端的厢门关闭，泄去缝隙水，松开拉紧和密封装置，将承船厢提升至厢内水位与上游水位齐平的位置，待完成承船厢与上闸首之间的拉紧、密封和充灌缝隙水等操作后，开启上闸首的工作闸门和承船厢上游端的厢门，船舶即可驶入上游。船舶自上游驶向下游，按上述程序反向进行。

（三）类型

按承船厢载运船舶的方式可分为湿运和干运。湿运，船舶浮在充水的承船厢内运送；干运，船舶搁置在无水的承船厢承台上。干运时船舶易受碰损，很少采用。

按承船厢的运行路线可分为垂直升船机和斜面升船机两大类。

1. 垂直升船机

垂直升船机有提升式、平衡重式和浮筒式等。

（1）提升式升船机。类似于桥式起重机，船舶进入承船厢后，用起重机提升过坝。由于提升动力大，只适用于提升中、小型船舶我国丹江口水利枢纽的升船机即属于此种类型，最大提升力为450t，提升高度为83.5m。

（2）平衡重式升船机。利用平衡重来平衡承船厢的重量。运行原理与电梯相似。其优点是：过坝历时短，通过能力大，运行安全可靠。耗电量小。缺点是：工程技术复杂，钢材用量多。目前世界上最大的平衡重式升船机是待建的三峡工程升船机，最大垂直行程113m，承船厢尺寸为120m18m^3.5m（水深），可通过3000t级的客货轮，通过时间约为40min，提升总重量为11800t。

（3）浮筒式升船机。将金属浮筒浸在充满水的竖井中，利用浮筒的浮力来平衡升船机活动部分的重量，电动机仅用来克服运动系统的阻力和惯性力。这种升船机工作可靠，支撑平衡系统简单，但提升高度不能太大，且浮筒井及一部分设备经常处于水下，不便于检修。目前世界上最大的浮筒式升船机是德国的新亨利兴堡升船机，提升高度14.5m，承船厢尺寸90ml2m，厢内水深3.0m，载船吨位1350t。

2. 斜面升船机

斜面升船机是将船舶置于承船厢内，沿着铺在斜面上的轨道升降，运送船舶过坝。斜面升船机由承船厢、斜坡轨道及卷扬机设备等部分组成。俄罗斯克拉斯诺雅尔斯克斜面升船机是目前世界上运载量最大（2000t）、提升高度最大（118m）的斜面升船机，我国已建成最大提升高度为 80.0m 的湖南柘溪水电站的斜面升船机。

第五节　水电站

水电站是利用水能资源发电的场所，是水、机、电的综合体。其中为了实现水力发电，用来控制水流的建筑物称为水电站建筑物。本节主要讨论水力发电的基本原理、主要建筑物的作用和布置。

一、水力发电的基本原理

水能是河川径流所具有的天然资源，是能源的重要组成部分。在天然河流上，修建水工建筑物，集中水头，通过一定的流量将"载能水"输送到水轮机中，使水能转换为旋转机械能，带动发电机发电，由输电线路送往用户。这种利用水能资源发电的方式称为水力发电。

在水库中的水具有较大的位能，当水体通过隧洞、压力管道经安装在水电站厂房内的水轮机时，水流带动水轮机转轮旋转，水能转变为旋转机械能；水轮机转轮带动发电机转子旋转切割磁力线，在发电机的定子绕组上产生了感应电势，当发电机与电力系统接通时，就可供电，旋转机械能转变为电能。

二、水电站的基本类型

水电站的分类方式较多。按水库的调节能力分为无调节（径流式）、有调节（日调节、月调节、年调节和多年调节）水电站；按集中水头的方式可分为坝式、引水式和混合式水电站。按水电站的组成建筑物及特征，可将水电站分为坝式、河床式和引水式 3 种基本类型。

（一）坝式水电站

在河流峡谷处拦河筑坝，坝前壅水，在坝址处形成集中落差，这种开发方式为坝式开发：在坝址处引取上游水库中水流，通过设在水电站厂房内的水轮机，发电后将尾水引至下游原河道，上下游的水位差即是水电站所获取的水头。用坝集中水头的水电站称为坝式水电站。其特点为：

1. 坝式水电站的水头取决于坝高。坝越高，水电站的水头越大。但坝高往往受地形、地质、水库淹没、工程投资、技术水平等条件的限制，因此与其他开发方式相比，坝式水电站的水头相对较小，目前坝式水电站的最大水头不超过300m。

2. 由于筑坝上游形成的水库，可以用来调节流量，故坝式水电站的引用流量较大，电站的规模也大，水能利用较充分。目前世界上装机容量超过 2000MW 的巨型水电站大都是坝式水电站。此外坝式水电站水库的综合利用效益高，可同时满足防洪、发电、供水等兴利要求。

3. 由于工程规模大，水库造成的淹没范围大，迁移人口多，因此坝式水电站的投资大，工期长。

坝式开发适用于河道坡降较缓，流量较大，有筑坝建库条件的河段。当水头较大时，厂房难于独立承受上游水压力，因此将厂房移到坝后，由大坝挡水。坝后式水电站一般修建在河流的中上游。采用混凝土坝后式厂房时，通常将厂房和坝用永久缝分开，厂、坝分别受力。但在下游洪水位很高，厂房稳定不易保证或挡水坝需要厂房共同承受坝荷载时，厂、坝可全部或部分连接在一起。

（二）河床式水电站

当水头不大时，水电站厂房和挡水坝并排建在河床中，厂房本身承受上游水压力，成为挡水建筑物的一部分，厂房高度取决于水头的高低。河床式水电站一般修建在河道中、下游河道纵坡平缓的河段上，引用流量大，水头较低，一般小于 30 ~ 40m。我国的葛洲坝、富春江、西津等水电站均为河床式水电站。

（三）引水式水电站

在河流坡降陡的河段上筑一低坝（或无坝）取水，通过人工修建的引水道（渠道、隧洞、管道）引水到河段下游，集中落差，再经压力管道引水到水轮机进行发电。用引水道集中水头的电站称为引水式水电站。

与坝式水电站相比，引水式水电站的水头相对较高，目前最大水头已达 2000m 以上；引水电站的引用流量较小，没有水库调节径流，水量利用率较低，综合利用价值较差，电站规模相对较小。因引水式水电站库容很小，基本无水库淹没损失，故工程量较小，单位造价较低。

引水式开发适合河道坡降较陡，流量较小的山区性河段。根据引水道的性质可分为有压引水式和无压引水式水电站。

1. 无压引水式水电站

无压引水电站的主要建筑物有低坝、无压进水口、沉沙池、引水渠（无压隧洞）、日调节池、压力前池、溢水道、压力水管、厂房及尾水渠。

2. 有压引水式水电站

有压引水电站的主要建筑物有低坝、有压进水口、有压引水隧洞、调压室、压力水管、厂房及尾水渠。

在一个河段上，同时采用高坝和有压引水道共同集中落差的开发方式称为混合式开发。坝集中一部分落差后，再通过有压引水道集中坝后河段上另一部分落差，形成了电站的总水头。这种开发方式的水电站称为混合式水电站。如安徽省的毛尖山水电站，用坝集中水头，压力隧洞集中 120m，总水头 138m。

三、水电站出力及发电量计算

水电站上下游水位落差，称为水电站静水头。设水电站在某时刻的静水头为 H0，在时间 t 内有体积为 V 的水体经水轮机排人下游。若不考虑进出口水流动能变化和能量损失，则体积为 V 的水体在时间 t 内向水电站供给的能量即是水体所减少的位能。单位时间内水体向水电站所供给的能量称为水电站的理论出力 Nt，水电站出力的单位用 kW 表示。则有：

$$N_t = \gamma V H_0 / t = \gamma Q H_0 = 9.81 Q H_0$$

式中：γ ——水的重度，$\gamma = 9.81 \text{kN/m}^3$；

Q ——水轮机流量，m^3/s；

H_0 ——水电站静水头，可近似取水电站的上下游水位差 $H_0 = Z_{上} - Z_{下}$，m。

考虑引水道的水头损失和水轮发电机组的效率后，水电站的实际出力 N 为：

$$N = 9.81 Q \eta (H_0 - \Delta h) = 9.81 \eta Q H$$

式中：H ——水轮机的工作水头，m；

η ——水轮发电机组总效率。

若令 $K = 9.81 \eta$，则上式可写成：

$$N = KQH$$

式中 K 为水电站的出力系数，对于大中型水电站，K 值可取为 8.0 ~ 8.5，对中小型电站，K 值可取为 6.5 ~ 8.0。

水电站的发电量 E 是指水电站在一定时段内发出的电能总量，单位是 kW·h。对于较短的时段，如日、月等，发电量 E 可由该时段内电站平均出力和该时段的小时数 T 相乘得出，即：

$$E = \overline{N} T$$

对于较长的时段，如季、年等，可由此式先计算该季或年内各日（或月）的发电量，然后再相加得出。

四、水电站的组成建筑物

为了控制水流，实现水力发电而修建的一系列水工建筑物，称为水电站建筑物。水电站枢纽一般由下列建筑物组成。

（一）枢纽建筑物

1. 挡水建筑物：用以拦截河流，集中落差，形成水库，如坝、闸等。

2. 泄水建筑物：用以宣泄洪水，供下游用水、放空水库，如溢洪道、泄洪隧洞、放水底孔等。

3. 过坝建筑物：过船、过木、过鱼等建筑物。

（二）发电建筑物

1. 进水建筑物：作用是按水电站要求将水引入进水道，如进水口、进水闸。

2. 引水建筑物：用以集中水头。输送水流到水轮发电机组或将发电后的水排往下游河道。包括渠道、隧洞、压力管道、尾水渠等。

3. 平水建筑物：当水电站负荷变化时，用发平稳引水建筑物中流量及压力的变化，如无压引水电站的压力前池和有压引水电站调压室。

4. 水电站厂房枢纽：包括安装水轮发电机组及控制、辅助设备的主厂房和副厂房。安装变压器的变压器场及安装高压开关的开关站等。厂房枢纽是发电、变电和配电中心，是水力发电的直接场所。

第六节　其他建筑物

一、坝岸连接建筑物

（一）坝岸连接建筑物的作用

渠化枢纽中，挡水、泄水建筑物、通航建筑物、水电站等与河岸或堤坝连接时，需设置岸墙和翼墙（有时还有防渗墙）等专门的连接建筑物。其作用是：

1. 挡两侧填土，保证岸土的稳定及免遭过坝、过闸水流的冲刷。

2. 改善通航建筑物、泄水建筑物及水电站的出流条件，引导水流平顺、均匀扩散，提高消能防冲效果。

3. 控制坝、闸身两侧的渗流，防止土壤产生渗透变形。

4. 减轻结构边载影响，减少两岸地基沉降对相邻结构的不利影响。

坝岸连接建筑物约占挡、泄水建筑物工程量的 $15\% \sim 40\%$。因此，挡、泄水建筑物设计中，对两岸连接建筑物的形式选择与布置，应予以重视。

（二）坝岸连接建筑物的布置

挡、泄水建筑物与两岸的连接形式主要与地基条件及坝（闸）身高度有关。当地基较好，坝（闸）身高度不大时，可用边墩直接与河岸连接。当坝（闸）身较高，地基软弱时，如仍采用边墩直接挡土，由于边墩与坝（闸）身地基的荷载相差悬殊，可能产生严重的不均匀沉降，影响闸门启闭，并在底板内产生较大的内力。此时，可在边墩后面设置轻型岸墙，边墩只起支承闸门及上部结构的作用，而土压力全由岸墙承担。这种连接形式可以减少边墩和底板的内力，同时还可使作用在闸室上的荷载比较均衡，以减少不均匀沉降。当地基承载力过低，可采用护坡岸墙的结构形式。这种布置形式的优点：边墩既不挡土，也不设岸墙和翼墙挡土，因此，闸室边孔受力状态得到改善，适用于软弱地基。其缺点是防渗和抗冻性能较差。为了挡土和防渗需要，在岸坡段设刺墙，其上游设防渗铺盖。

二、过木建筑物

在有运送木材任务的河道上兴建水利枢纽，一方面为枢纽上游的木材浮运创造件，而另一方面切断了木材下放的通道。为解决木材过坝问题，需要在枢纽中修建过木建筑物（设施）。常用的过木建筑物（设施）有：筏道、漂木道和过木机。

（一）筏道

筏道是一种用于浮运木排（筏）的过木建筑物，主要由进口段、槽身段和出口段组成。

为了使筏道的进口段能适应水库的水位变化，准确调节流量，以达到节省水量和安全过筏的目的，进口段可做成固定式进口、活动式进口和闸室式进口。进口应远离水电站、溢流坝，以免相互干扰。进口前应布置引筏道并有浮排等导向设施。槽身是一个宽浅顺直的陡槽，槽宽稍大于木排的宽度，槽内最小水深约为 2/3 木排厚度，纵坡取决于设计水深和流速，一般选用 $i = 3\% \sim 6\%$。

为顺利流放木排，出口宜靠近河道主流，槽身斜坡末端后做成消力池，使出口水流呈波状水跃或面流衔接。筏道适用于中、低水头且上游水位变幅不大的水利枢纽，具有通过能力大、使用方便、建筑技术要求低、运费便宜等优点，故使用较为广泛，但耗水量大。

（二）漂木道

漂木道也称为放木道，是一种用于浮运散漂原木的过木建筑物。多用于中、低水头且上游水位变幅不大的水利枢纽。与筏道类似，漂木道由进口段、槽身段和出口段组成。进口在平面上呈喇叭口，设有导漂设施，有时还可安装加速装置，以防原木滞塞和提高通过能力，但进口处的流速不宜大于 1m/s。在水库水位变幅较大的情况下，常用活动式进口，安装下降式平板门、扇形门或下沉式弧形门等。槽身是一个顺直的陡槽，槽宽略大于最大的原木长度。按原木在槽内的浮运状态，分为全浮式、半浮式和湿润式，实际工程中多用全浮式。槽内水深稍大于原木直径的 0.75 倍，纵坡多在 10% 以下。出口宜选在河道顺直处的岸边，避开回流区，水流呈波状水跃和面流式衔接。对过木集中在汛期的水利枢纽，也可结合溢洪道泄洪流放原木。

（三）过木机

过木机是一种运送木材过坝的机械设施。由于这种运输方式无需耗水，且不受水头的限制，常为大、中型水利枢纽所采用。

木材输送机是一种较常采用的过木机，按木材传送方向分为两种：①传送方向与木材长度方向一致的，称为纵向木材传送机；②传送方向与木材长度方向相互垂直的，称为横向木材传送机。

三、过鱼建筑物

目前，国内外的过鱼设施主要有：鱼道、鱼闸、机械升鱼机等。

（一）鱼道

供鱼类洄游通过水闸或坝的人工水槽。鱼道的设计主要考虑鱼类的上溯习性。在闸坝的下游，鱼类常依靠水流的吸引进入鱼道。鱼类在鱼道中靠自身力量克服流速溯游至上游。鱼道由进口、槽身、出口和诱鱼补水系统组成。进口多布置在水流平稳，且有一定水深的岸边或电站，溢流坝出口附近。常用的槽身横断面为矩形，用隔板将水槽上、下游的水位差分成若干个小的梯级，板上设有过鱼孔，利用水垫、沿程摩阻、水流对冲和扩散来消除多余能量。由于孔形不同，又可分为堰式、淹没孔口式、竖缝式和组合式等。调查了解通过闸、坝的过鱼对象，拟定设计运行水位和设计流速等是确定隔板布置、过鱼孔形式和尺寸等的主要依据。出口应靠近岸边，水流平顺，并与溢流坝或水电站进口间留有足够的距离，以免过坝的鱼再被水流带到下游。

1. 较其他类型的过鱼设施，具有以下几个优点：

（1）鱼通过鱼道上溯后，一般不会受到伤害，对鱼的性腺发育不会产生不良影响。

（2）可以实现连续过鱼，保障鱼及时过坝，过鱼能力大。

（3）沟通和恢复了坝上、坝下水系中鱼类的联系，在适宜条件下，某些其他水生生物亦可通过鱼道，对维护原有的生态平衡起着一定的作用。

（4）机械故障少，运行管理费用低，运行保证率高。

2. 鱼道过鱼的缺点是：

（1）同鱼闸和机械升鱼机相比，一次性投资较大。

（2）占地面积也较大，施工较复杂。

（二）鱼闸

鱼闸的过鱼原理和方式与船闸中过船相似，由于鱼类在鱼闸中凭借水位上升不必溯游即能过坝，故鱼闸又被称为"水力升鱼机"。

1. 鱼闸过鱼的优点是：

（1）鱼不需费力溯游即能过坝，比在鱼道中要省时，且不存在通过鱼道后的疲劳问题。

（2）能适用较高的水头，当水头较高时，可采用多级水池。

（3）与同水头的鱼道相比，造价较省、占地少，便于在水利枢纽中布置。

2. 鱼闸过鱼的缺点是：

（1）过鱼不连续，仅适用于过鱼量不多的水利枢纽。

（2）需要较多的机电设备，维护及管理费用较高。

（三）机械升鱼机

1. 通常是用缆车或专用运输车将鱼运往上游，此种过鱼方式的优点是：

（1）适用于高坝过鱼，又能适应库水位的较大变幅。

（2）与同水头的鱼道相比，造价较省、占地少，便于在水利枢纽中布置。

2. 机械升鱼机的缺点是：

（1）过鱼不连续，仅适用于过鱼量不多的水利枢纽。

（2）机械设施发生故障的可能性较大，维护及管理费用较高，易耽误亲鱼过坝。

（3）下游需要较好的集鱼系统和诱鱼设施。

鱼闸和机械升鱼机虽然一次性投资较小，且均适合于高坝和较大的库水位变幅，但是其运行管理及维护费用均较高。近十年来，国际上对鱼道的研究和建设取得了不少新的成果，特别是加拿大、美国等对鲑科鱼类过鱼道的研究获得重大突破，有许多成功的实例，对我国鱼道的建设有很好的借鉴作用。

诱导设施是鱼类过坝的一项重要辅助设施。在过鱼设施的进口设置拦鱼、导鱼和诱鱼设施，可以防止鱼类误入被截断的水域，并帮助鱼类及早地发现新通道的入口，可以使分散零星的游鱼汇集起来，提高过鱼效率。工程中常见的诱导设施有拦鱼坝（堰）、拦鱼网、电栅等。现代声、光、气、化学元素诱鱼导鱼技术，也在试验研究中。

现代出现了活动过鱼设施——集运鱼船，可以解决固定过鱼建筑物的进口较难适应流态和鱼群变化规律以及造价高的问题。集运鱼船分集鱼船和运鱼船两部分。集鱼船可驶至下游鱼类集群区，打开两端，水流通过船身，并采用补水措施使进口流速比河床中略大，以诱鱼进入船内，再通过驱鱼装置将鱼驱入紧接在其后的运鱼船。运鱼船可通过船闸过坝，将鱼放入上游。此种过鱼设施机动灵活，可在较大范围内变动诱鱼流速，可将鱼运往上游适当的水域投放，与枢纽布置无干扰，适用于已建有船闸的枢纽补建过鱼设施。其缺点是运行费用大，诱集底层活动的鱼较困难，噪声、振动及油污也影响集鱼效果。

四、取水建筑物

取水工程的作用，是将河水引入渠道，以满足农田灌溉、水力发电、工业及生活供水等需要。因而，取水工程一般位于渠道的首部，也称渠首工程。

取水工程主要有无坝取水、有坝取水、水库取水、水泵站引水几种类型。

无坝取水的主要建筑物就是进水闸。为了便于引水和防止泥沙进入渠道，进水闸一般应设在河道的凹岸。一般来说，取水角度（引水渠道轴线与河流流向的夹角）应小于 90 度。无坝取水的设计取水流量一般不超过河流流量的 30%，否则，难以保证各用水时期都能引取足够的流量。无坝取水工程，虽然简单，但由于没有调节河流水位和流量的能力，完全依靠河流水位高于渠道的进口高程而自流引水，因此引水流量受河流水位变化的影响很大。必要时，可在渠首前修顺坝，以增加引水流量。

有坝取水，是修建壅水坝或拦河节制闸而进行取水的方式。修建壅水坝或拦河节制闸，来抬高水位，保证渠道能够自流取水。虽然此方法能调节河道水位，但不能调节大流量。有坝引水与无坝引水相比较，其主要优点是可以避免河流水位变化的影响，并能稳定引水流量。主要缺点是修建闸坝费用相当大，河床也需有适合的地质条件。由于改变了河流的原来平衡状态，还会引起上下游河床的变化。

水库取水的渠首工程一般是设在拦河坝附近，通过引水隧洞或涵管引水。水库的作用，既可调节流量又可抬高水位。由于灌区位置不同，可采取不同取水方式。

水泵站引水，是指在平原地区的下游河道，由于枯水位低于灌区高程，自然条件或经济比较又不适合修建闸坝工程，只有修建水泵站引水灌溉。其引水流量依水泵能力而定。

选定适宜的渠首位置，对于保证引水，减少泥沙入渠，起着决定性作用。为此，在确定渠首位置时，必须掌握河岸的地形、地质资料，研究水文、泥沙特性及河床演变规律，并遵循以下几项原则：

1. 根据弯道环流原理，取水口应选在稳固的弯道凹岸顶点以下一定距离，以引取表层较清的水流，防止或减少推移质泥沙进入渠道。

2. 尽量选择短的干渠线路，避开陡坡、深谷及塌方地段，以减少工程量。

3. 对有分汊的河段，不宜将渠首设在汊道上，因为主流摆动不定，容易导致汊道淤塞，造成引水困难。必要时，应对河道进行整治，将主流控制在汊道上。

第七节　枢纽的总体布置

枢纽的总体布置，就是确定枢纽中各主要建筑物间的相互位置。影响枢纽总体布置的因素是错综复杂的，必须根据枢纽所在处的地形、地质、水文、航道等具体条件以及枢纽中各主要建筑物的型式与尺寸、使用和施工的要求，来研究每个建筑物的可能位置，以寻求最合理的布置方案。因此在进行枢纽布置时，应当遵循综合利用水利资源的原则，全面规划，统筹兼顾，充分发挥枢纽各建筑物的作用，以满足投资少、效益大、运行安全、管理方便、施工简单、布置美观等方面的要求。

一、枢纽总体布置应考虑的主要因素

枢纽的总体布置应根据渠化工程梯级开发规划，结合不同坝址的自然条件和枢纽工程的作用，着重解决好通航、泄洪、发电、灌溉及排沙之间的关系，对通航建筑物、挡（泄）水建筑物及水电站进行合理布置。布置时应考虑下列因素：

1. 地形、地质、水文及泥沙条件。

2. 上、下游航道衔接条件。

3. 主要水工建筑物的使用要求。

4. 淹没损失及环境影响。

5. 施工难易、施工期长短及施工期通航条件。

6. 分期投产及其衔接条件。

7. 使用、管理条件。

8. 工程量及投资。

枢纽总体布置范围应包括枢纽工程中各类建筑物、枢纽上下游连接段航道和锚地等。枢纽总体布置应按照拟定或批准的正常挡水位、枢纽主要水工建筑物的规模和设计标准进行。

枢纽总体布置，根据具体情况可采用集中布置和分散布置两种方式。对位于 Ⅰ ~ Ⅳ级航道上的渠化枢纽应进行枢纽总体布置的水工模型试验，必要时，进行泥沙模型和船舶模拟试验，验证和优化枢纽总体布置方案；对位于 Ⅴ 级航道以下的渠化枢纽，当地形、水文条件复杂时，也应进行枢纽总体布置的水工模型试验。

二、纽集中布置

当坝址处河面开阔，河床内能同时布置挡（泄）水建筑物、通航建筑物及电站等水工建筑物时，枢纽总体布置可采用集中布置的方式。

（一）通航建筑物与电站布置应注意的因素

集中布置的渠化枢纽，应避免泄水建筑物、通航建筑物、电站三者水流的互相干扰，三者之间应设置足够长度的分水堤。严禁将通航建筑物布置在紧邻泄水建筑物与电站两过水建筑物之间。同时，通航建筑物与电站宜异岸布置，并将通航建筑物布置在主航道一侧，经论证需将通航建筑物与电站布置在同一岸时，应考虑下列因素：

1. 两建筑物上游进口应位于河流主流一侧，避免泥沙堵塞。

2. 通航建筑物应靠岸布置，电站布置在通航建筑物外临河一侧。

3. 通航建筑物与电站之间，宜设置一定长度的非溢流坝段。

4. 通航建筑物上下游与电站之间应设置足够长度的分水堤。

5. 电站尾水出流方向应与通航建筑物下引航道轴线方向基本一致。

6. 当下游引航道与电站尾水汇合口下游共用一河槽或渠道时，应同时满足通航和电站尾水渠的设计要求，其出口应靠河流主航道一侧，出口段轴线与主航道的交角不宜大于25°。

7. 电力线路跨越通航建筑物应有必要的保安措施。

8. 应合理布置进出电站的公路，保证电站机组运输的安全和便利，并利于通航建筑物及电站的使用和管理。

（二）江心洲水工建筑物布置时应考虑的因素

当枢纽位于有江心洲的河段时可利用江心洲将各水工建筑物分隔开，布置时应考虑下列因素：

1. 各河槽内水工建筑物的轴线宜与该河槽的主流方向垂直。

2. 通航建筑物与电站宜分别布置在不同河槽内。

3. 通航建筑物宜布置在主河槽的凹岸一侧，其下游引航道出口应与下游主航道平顺衔接。

4. 应避免建坝前后由于河槽分流比的变化，导致产生河势演变不利的影响。

枢纽建筑物与河岸连接处应设置可靠的坝岸连接建筑物。在坝下游河床底部设置足够长度的护坦和海漫，在坝上下游两岸一定范围内也应设置护岸等防护建筑物。

三、枢纽分散布置

当坝址处河面较窄、弯曲，其凸岸适宜布置通航建筑物时；或当坝址处河面虽开阔、顺直，但将通航建筑物及电站布置在岸上开挖的渠道内，枢纽综合效益较佳时，经论证可采用分散布置的方式。

分散布置的渠化枢纽，可有下列三种方式：

1. 挡（泄）水建筑物与电站布置在河床内，通航建筑物布置在凸岸的渠道中。

2. 挡（泄）水建筑物布置在河床内，通航建筑物和电站布置在同一渠道中。

3. 挡（泄）水建筑物布置在河床内，通航建筑物、电站分别布置在各自的渠道中。

分散布置时，位于河床内的水工建筑物布置要求与集中布置的要求相同。渠道进口与坝轴线间应有足够的距离，保证船舶、船队安全进出渠道口门。渠道进口段应与坝上游河势平顺衔接，出口段应与下游主航道平顺衔接。当通航建筑物位于凸岸的渠道中时，船闸宜置于渠道的中段或中下段。

当通航建筑物和电站布置在同一渠道中时，该两建筑物宜布置在渠道的下段，电站出流段出口应位于通航建筑物下引航道出口的上游，两者之间应有足够长度的分水墙。

在特殊情况下，当通航建筑物与电站分别布置在各自的渠道中时，通航建筑物的渠道上游进口应位于电站渠道进口的上游；其下游出口应注于电站出口的下游。渠道进口间和出口间均应有足够的距离，保证通航发电有良好的水流条件。

通航建筑物的渠道设计应满足同等级限制性航道标准尺度及水流条件的要求。通航建筑物与电站共用的渠道，在满足通航要求的前提下，还应兼顾电站对渠道的设计要求。

四、连接段航道布置

连接段航道指通航建筑物上、下游引航道口门区末端与河流主航道之间的衔接航道。枢纽总体布置时，连接段航道轴线与引航道轴线及主航道轴线的交角不宜大于25°。连接段航道轴线宜为直线，两端用圆弧衔接。连接段航道的尺度应符合现行国家标准《内河通航标准》中的规定。

当上、下游引航道之一位于非主航道一侧时，连接段航道的布置应遵守下列原则：

1. 连接段航道宜位于河道稳定，冲淤变化不大，通航水流条件较好的河段。

2. 连接段航道与坝线间应有保证设计船舶、船队航行的安全距离。当泄水建筑物泄水时，在上游引航道口门区及连接段航道内应无不利于船舶、船队航行的横流，下游引航道口门区及连接段航道内应无泄水消能引起的水面波动和冲刷坑后的淤积。

3. 连接段航道内通航流态应符合下列规定：

（1）最大表面纵向流速满足设计船舶、船队自航通过的要求。

（2）横向流速不影响设计船舶、船队安全操纵。

4. 当连接段航道尺度和水流条件不能达到航道标准尺度时，应通过航道整治工程等措施满足设计要求。

5. 应采取工程措施，处理好连接段航道的冲刷和淤积问题。

6. 根据需要宜进行水工模型试验和船模试验验证和优化布置方案，并保证船舶、船队通过连接段航道的安全和畅通。

五、外停泊区和前港布置

（一）外停泊区

外停泊区（锚地），位于上、下游引航道外，供过闸船舶在过闸前或过闸后重新编队，更换推（拖）轮和等过闸停泊的水域。在有条件时，亦可供风暴期船舶停泊之用。

外停泊区应具有风很小、水流缓、无泡漩、水深不小于引航道最小水深和足够的水域面积等条件。以锚泊区为主的外停泊区，河床底质一般以沙质粘土为宜，淤沙严重的水域不宜选作外停泊区。外停泊区可根据闸上、下游河道或水库条件具体选定。在有条件时，外停泊区尽可能离上、下引航道近些，以便候闸船舶尽速过闸，不具备条件时也可远些。

外停泊区的水域面积，应满足船闸在最繁忙时过闸船舶等候过闸停泊和重新编解队作业的需要，并根据船队安全停泊及编解队作业的需要，分别设置靠船码头、囤船、锚泊船、系船往、系船浮筒及港作拖轮等设施。当外停泊区的水域条件优良时，亦可供风暴期船舶停泊之用。有的水利枢纽中的船闸外停泊区和前港兼用，还兼作其他客、货运码头之用。

（二）前港

在船闸引航道与水库或湖泊直接相连时，水库或湖泊风浪可能危及引航道内船舶航行或停泊时，应设置前港，以保证在设计通航期内和通航标准规定的风级内过闸船舶能安全和迅速进、出船闸。前港由防浪建筑物掩护形成。前港防浪建筑物的布置并无一定模式，在保证满足船舶进、出前港和引航道及港内停泊作业及进出船闸安全方便的条件下，根据地形、风浪、水流等条件布置。

5 通航建筑物

　　通航建筑物是用于克服集中水位落差或地形障碍而升降或通过船舶的水工设施。又称过船建筑物。通航建筑物按功能可分为升降船舶的建筑物和通过船舶的建筑物两类。升降船舶的建筑物又可分为船闸与升船机两种基本型式。

第一节　通航建筑物主要形式与特点

一、通航建筑物概述

通航建筑物是用于克服集中水位落差或地形障碍而升降或通过船舶的水工设施。又称过船建筑物。通航建筑物按功能可分为升降船舶的建筑物和通过船舶的建筑物两类。升降船舶的建筑物又可分为船闸与升船机两种基本型式。此两种型式的通航建筑物在水利枢纽中用以克服集中于拦河坝的水位差，使船舶从一个水位提升或下降至另一水位，实现船舶航行过坝的目的。

（一）作用

通过船舶的建筑物包括航运隧洞与航运渡槽，是在人工运河上常需采用的通航建筑物。当人工运河穿越高山时，为减少大量开挖而开凿隧洞过船。当人工运河跨越山谷或需架空时，则需建设航运渡槽，以使船舶在架空的渡槽中通过。

（二）特点

船闸与升船机相比具有容纳船队的较大闸室，在中低水头下有较大的通过能力，可适应各种尺度的船队过闸，采用广泛。升船机在高水头情况下适应性较强，但机电设备量大，制造与安装精度要求较高。

二、船闸

船闸用以保证船舶顺利通过航道上集中水位落差的厢形水工建筑物。船闸是应用最广的一种通航建筑物，多建筑在河流和运河上。为克服较大的潮差，也建筑在入海的河口和海港港池口门处。

船闸又称"厢船闸"。由闸室、闸首、闸门、引航道及相应设备组成。船只上行时，先将闸室泄水，待室内水位与下游水位齐平，开启下游闸门，让船只进入闸室，随即关闭下游闸门，向闸室灌水，待闸室水面与上游水位相齐平时，打开上游闸门，船只驶出闸室，进入上游航道。下行时则相反。

（一）发展简况

中国是建造船闸最早的国家。秦始皇三十三年（公元前 214 年）凿灵渠，设置陡门，又称斗门（今名闸门），用以调整斗门前后的水位差，使船舶能在有水位落差的航道上通行。这种陡门构成单门船闸，简称单闸，又称半船闸。南朝宋景平年间（公元 423～424 年），在扬子津（今江苏省扬州市扬子桥）河段上建造了两座陡门，顺序启闭这两座陡门，控制两陡门间河段的水位，船舶就能克服水位落差上驶或下行。宋朝雍熙年间（公元 984～987 年）在西河（今江苏省淮安至淮阴间的运河）建造两个陡门，间距 50 步（约合 76 米），陡门上设有输水设备，这就是中国历史上有名的西河闸，是现代船闸的雏型。在欧洲，单闸在 12 世纪首次出现于荷兰。1481 年意大利开始建造船闸。20 世纪后，在美国、苏联和西欧各国，由于河流的开发和航运的发展，船闸的数量逐渐增多，技术上也不断改进。目前最大的内河船闸长 360 米，宽 34.5 米，槛上水深 5 米，可通过 2 万吨级的顶推船队。世界上最大的船闸——三峡船闸，三峡船闸修建于三峡大坝左侧的山体中。船闸总长 6442 米。其中上游引航道 2113 米，下游引航道 2708 米，船闸主体段 1621 米。船闸主体段闸首和闸室分南北两线，都是在山体岩石中开挖出来的。每线船闸主体段由 6 个闸首和 5 个闸室组成，每个闸室长 280 米、宽 34 米，闸室坎上最小水深 5 米。三峡船闸可通过万吨级船队，设计单向年通过能力5000 万吨。在 6 月 16 日试通航的三峡工程双线 5 级船闸，是目前世界上规模最大的船闸。

（二）结构

船闸由闸首、闸室、输水系统、闸门、阀门、引航道等部分以及相应的设备组成。

1. 闸首

将闸室同上下游航道隔开的挡水建筑物，分上闸首和下闸首。闸首上设有工作闸门、检修闸门、输水系统、闸门和阀门的启闭设备等。闸首通常采用整体式钢筋混凝土结构，边墩和底板刚性连接在一起。

2. 船闸

由船闸的上、下闸首和两侧的闸墙围成的空间。闸墙上设有系船柱、浮式系船环等，供船舶在闸室内停泊时系缆用。过闸船舶在闸室中随着闸室内水面升降而升降。闸室一般采用圬工或钢筋混凝土结构。闸墙和闸底板有刚性连接在一起的整体式结构和不连接在一起的分离式结构两种。

3. 输水系统

供闸室灌水和泄水的设施。输水系统的灌泄水时间应

尽量短，并满足过闸船舶停泊平稳的要求。船闸的灌泄水时间一般为 10～15 分钟。过闸船舶的停泊平稳情况，通常以闸室灌泄水过程中水流对过闸船舶的作用力，即过闸船舶的系船缆绳所受拉力的大小为衡量指标，其容许值一般为船舶排水量（以吨计）的 1/600～1/2000。输水系统的基本形式有两种：①集中输水系统。闸室灌水、泄水分别通过设在上、下闸首内的输水廊道在闸首处集中进行，又称头部输水系统；②分散输水系统。闸室灌水、泄水由输水廊道通过沿着闸室长度分布于闸室底板或闸墙内的出水口进行。输水廊道上设有输水阀门。水头（船闸上下游的最大水位落差）在 15 米以内的船闸，一般采用集中输水系统；水头较大时多用分散输水系统。

4. 闸门和阀门

包括工作闸门和输水阀门。工作闸门是设在上、下闸首上的活动挡水设备。在闸

首前后水位齐平时启闭，运转较为频繁，要求操作灵活，启闭迅速。常用的门型有人字闸门、平板升降闸门、横拉闸门、扇形闸门（又称三角闸门）等，以人字闸门应用最广。输水阀门设在输水廊道上，用来控制灌泄水时的流量。它是在水压力作用下开启的，要求结构简单，启闭力小，操纵方便。常用的门型有平板提升阀门、蝴蝶阀门和反向弧形阀门。在现代船闸上多设有防撞装置，以加快船舶的进闸速度，防止船舶碰撞闸门。

5. 引航道

连接船闸和主航道的一段过渡性航道，分上游引航道和下游引航道，其平面形状和宽度、水深要能使船舶安全迅速地进出闸室。引航道进出口处水流流向与流速要能满足船舶安全进入和驶出的要求，并防止泥沙由于回流的作用而淤积在引航道上。对于大型船闸，这两者通常要进行模型试验来研究确定。引航道内一般设有导航建筑物和靠船建筑物。导航建筑物多为不透水的导航墙，紧靠闸首布置，用以保证船舶安全进出闸室。靠船建筑物供等待过闸的船舶停靠用。

6. 船舶过闸程序

船舶过闸上行时，通过输水系统的调节，使闸室水面与下游水位齐平，打开下闸门，船舶由下游引航道驶入闸室，随即关闭下闸门，由输水系统从上游向闸室灌水，待闸室中的水面上升到与上游水位齐平时，开启上闸门，船舶即由闸室驶出。船舶下驶时的过闸程序则相反。

船闸一般由设在闸首边墩上的中心控制室集中管理。通过电气闭塞装置远距离操纵闸门和阀门启闭。在有的船闸上，还将指挥船舶航行的信号装置同闸门、阀门的操纵设备联系在一起，以实现过闸程序的自动化。

（三）分类

船闸按照所处位置可分为海船闸、河船闸和运河船闸。船闸根据沿船闸轴线方向的闸室数目可分为单级船闸、双级船闸和多级船闸（又称单室船闸、双室船闸和多室船闸），以单级船闸使用最广。水头最大的单级船闸是苏联额尔齐斯河上水头为 42 米的乌斯季卡缅诺戈尔斯克船闸。级数最多的多级船闸是苏联卡马河上的六级船闸。船闸根据同一枢纽中布置的船闸数目可分为单线船闸、双线船闸和多线船闸。通常情况下一个枢纽一般只布置一个船闸，即单线船闸。过闸运量较大时，可布置双线船闸或多线船闸，通常待运量增加后再陆续增建。目前线数最多的船闸是莱茵河上荷兰境内的福耳克腊克四线船闸。

除普通船闸外，还有一种省水船闸。省水船闸是在船闸闸室的一侧或两侧建有贮水池，暂时贮存闸室泄水时泄出的部分水量，待闸室需要灌水时，再将贮存的水灌入闸室，以节省过闸用水量。省水船闸一般建造在水源不足的地区，目前建造较少，主要为联邦德国所采用。

（四）用途

在水位集中跌落的情况下（例如，建造闸、坝处），用以保证通航的水利工程建筑物。利用河水灌溉农田，或者利用水力推动水力发电机进行工作时需要在河流上修建拦河坝，用以提高水位。这样，河水被大坝隔断，上下游的水位差较大，航船无法通过。于是人们就利用连通器的原理，在运输频繁的江河上，在大坝的旁边修建了船闸。主要由闸室及上下游闸首所组成，闸室的两端设置闸门，用以与上下游隔开。当船下行时，先将闸室充水，待室内水位与上游相平时，将上游闸门开启，让船只进入闸室。随即关闭上游的闸门，闸室放水，待其降至与下游水位相平时，将下游闸门开启，船只即可出闸。上行时与上述过程相反。船闸须设有专门充水、放水系统及操纵闸门的设备。根据地形以及水位差的大小，船闸可做成单级或多级的。

（五）各国船闸特点

中国是建造船闸最早的国家。秦始皇三十三年（前214）所兴建的灵渠上陡门就是利用单闸首上的闸门以调整门前后的水位差，达到船舶克服水位差实现通航。宋代雍熙年间在西河（今江苏淮安至淮阴间的运河）建造了设有输水设备的陡门，是现代船闸的雏形。荷兰于12世纪建造了单门闸，14世纪意大利开始建造船闸。进入20世纪，在美国、德国、前苏联和中国等国家都建有大量现代化船闸。内河船闸尺度已达闸室长度360米、闸室宽34.5米、门槛水深5米。中国最大的船闸是三峡船闸，闸室长6400米、宽38.5米、门槛水深114米。

（六）建造特点

船闸是由设有闸门和阀门的闸首、放置船舶的闸室、导引船舶入闸室的上游及下游引航道、为闸室灌水与泄水的输水系统，以及闸门与阀门的启闭机械和控制系统组成。船舶自下游引航道向上游行驶过闸的程序是利用输水系统使室水位与下游引航道中的水位齐平，打开下闸首闸门，船舶驶入闸室，关闭下闸首闸门，向闸室灌水至水位与上游引航道水位齐平，打开上闸首闸门，船舶驶入上游引航道。船舶自上游引航道驶向下游引航道时，其程序相反操作。

船闸按其在轴线上的布置数量可分为单级船闸、双级船闸和多级船闸；按并行的轴线数可分为单线船闸、双线船闸和多线船闸。船闸级数决定于水头（上、下游水位差）大小。前苏联在额尔齐斯河上兴建的乌斯季卡缅诺戈尔斯克船闸单级船闸水头达42米。船闸每级水头大小决定于船闸输水系统水力学等条件，以及布置上的要求。级数最多的船闸为俄罗斯的卡马河卡马枢纽中的双线6级船闸。船闸线数取决于客货运量大小及货种多少。

三、升船机

升船机又称"举船机"。利用机械装置升降船舶以克服航道上集中水位落差的通航建筑物。由承船厢、支承导向结构、驱动装置、事故装置等组成。

（一）历史发展

升船机作为一种升降船舶的机械设施，其原始雏型为粘土滑道上用人工木绞盘作为动力工具，拖运小型船舶过坝的设备。最早的机械化升船机是 1788 年在英国开特里建造的斜面干运升船机。此后法国、德国、比利时等国也继起建造。18～19 世纪的升船机，提升高度大都在 15 米以下，船舶吨位一般在 100 吨以下。这一时期不仅出现多种形式的升船机，而且已广泛采用平衡系统，以减小提升功率。

现代化大型升船机出现在 20 世纪。自 1934 年在德国建造了尼德芬诺垂直升船机以来，升船机发展到一个新阶段，提升的船舶吨位显著增大，提升高度增加，类型不断增多。现代各种类型升船机示例见表。升船机中国现有升船机 60 多座，主要分布于浙江、湖南、湖北等 12 个省。大多数为提升 50 吨以下船舶的小型斜面升船机，多用高低轮或高低轨来保持承船厢的水平位置。

2015 年 12 月，三峡升船机成功完成实船过三峡大坝试验，为这座世界上最大的"升船电梯"2016 年投入试运行奠定了基础。其中由武船集团制造的三峡升船机承船厢可载 3000 吨级船舶，最大爬升吨位高达 1.55 万吨，最大爬升高度 113 米。而三峡升船机主体工程土建与部分设备安装工程，由葛洲坝集团三峡建设工程有限公司历时 6 年半建成。

（二）工作原理

船只上行时，从下游引航道驶入承船厢，关闭闸门和下游端厢门后，泄去这两门之间缝隙内的水体，松开承船厢与下闸首的拉紧和密封装置，在驱动装置作用下，承船厢上升并停靠与上闸首对接的位置；松开承船厢与上闸首间的拉紧和密封装置，给闸门之间空隙内灌水；开启上闸首的工作闸门及承船厢上游端的船厢门，船只即驶进上游引航道。下行时则相反。

船舶自下游河段向上游河段的提升过程是：通过控制系统启动机械传动机构，使承船厢停放在厢中水位与下游水位相齐平的位置，开启厢门和连接建筑物的闸门，船舶进入承船厢，关闭闸门和厢门，将承船厢升至厢内水位与上游水位相齐平的位置，开启厢门与连接建筑物的闸门，船舶自承船厢驶入上游引航道。船舶自上游河段下降至下游河段，按上述程序反向进行。

船舶在升降过程中的支承方式，有干运和湿运两种。干运是船舶停放在不盛水的承船架或承船车上；湿运是船舶载于盛水的承船厢内。干运比湿运可减少升船机传动机构的功率，但船体受力不利。

（三）驱动方式

升船机动力驱动方式有多种形式，目前国内升船机的驱动方式主要是：电动卷扬机驱动（湖北长阳清江隔河岩升船机）、水力式驱动（云南澜沧江景洪水电站升船机）、齿轮齿条式（三峡升船机）。

（四）组成部分

升船机的基本组成部分包括：承船厢（或承船架、承船车），用于停放船舶；斜坡道或垂直构架，前者供斜面升船机运行，后者为垂直升船机承船厢的支承和导行设备；连接建筑物，设置在上下游引航道与承船厢的

连接处，使船舶自承船厢进入引航道或自引航道进入承船厢；机械传动机构，用于启闭承船厢的厢门和驱动承船厢升降；电气控制系统，用于操纵升船机的运行。

（五）类型

升船机按承船厢运行的线路，分为垂直式和斜面式两类。

1. 垂直升船机

垂直升船机承船厢沿垂直方向升降的升船机，主要有平衡重式、浮筒式和水压式。平衡重式垂直升船机在垂直构架上部装设有绕以钢丝绳的滑轮，钢丝绳的一端连接承船厢，另一端装有平衡重，组成一个平衡系统，一上一下，彼此作方向相反的运动。浮筒式垂直升船机建有浮筒井，井内装设浮筒。浮筒顶部与承船厢底部相连，利用浮筒的浮力平衡和支持承船厢的重量。水压式垂直升船机是利用水压机的活塞支承承船厢。

2. 斜面升船机

斜面升船机承船厢沿斜坡轨道上下的升船机，有纵向斜面式和横向斜面式两种。纵向斜面升船机在升降过程中，船体纵轴线与斜坡道方向一致。横向斜面升船机在升降过程中，船体纵轴线垂直于斜坡道方向。如果上下游斜坡道不能成直线布置，可在坝顶设置转盘，待船舶过坝时，用以调换不同的运行斜坡道。

3. 水坡式升船机

水坡式升船机水坡式升船机就其运行线路来说，实际上是斜面升船机的一种特殊形式。目前仅在法国蒙特施和枫斯拉诺各建有一座水坡式升船机。水坡式升船机的斜坡道为斜坡水槽，挡水闸门可以沿槽移动，闸门间楔形水体相当于承船厢水体。用牵引设备移动闸门，推动水体上升或下降，从而把船舶从一河段送至另一河段。

（六）优缺点

平衡重式垂直升船机可以大幅度地降低系统的升船功率，维修方便，所以应用广泛。现在世界上最大的平衡重式垂直升船机建在联邦德国易北河支运河的沙尔贝内克。目前已不发展水压式升船机。浮筒式升船机由于浮筒井的建造和维护比较困难也未继

续建造。斜面升船机多使用纵向的，只是在水域和陆域的特殊情况下才建造横向斜面升船机。现在世界上最大的纵向斜面升船机建在苏联叶尼塞河的克拉斯诺亚尔斯克。干运只是在升船机发展的初期和船舶吨位不大的情况下使用，且多为小型斜面式。现代建造的数百吨以上船舶的升船机均为湿运。

与垂直升船机相比，斜面升船机易于管理和维护，没有高空建筑产生的复杂技术问题和营运问题。主要缺点是在提升高度大的情况下，线路长，影响通过能力；变速行驶，影响厢内停泊的稳定性。

升船机比船闸节省水或几乎不耗水，在少水的河流或人工运河上，这是一个重要的优点。在高水头的通航建筑物中，升船机的造价通常低于船闸。

第二节　船闸总体设计

一、船闸规模

（一）船闸基本尺度

船闸基本尺度是指船闸正常通航过程中，闸室可供船舶安全停泊和通过的尺度，包括闸室有效长度、有效宽度和门槛水深。

1. 闸室有效长度

闸室有效长度，是指船舶过闸时，闸室内可供船舶安全停泊的长度。闸室有效长度起止边界按下列规则确定：

它的上游边界应取下列最下游界面：帷墙的下游面；上闸首门龛的下游边缘；采用头部输水时镇静段的末端；其他伸向下游构件占用闸室长度的下游边缘。

它的下游边界应取下列最上游界面：下闸首门龛的上游边缘；防撞设备的上游边缘；双向水头采用头部输水时镇静段长的一端；其他伸向上游构件占用闸室长度的上游边缘。

2. 闸室有效宽度

闸室有效宽度，是指闸室内两侧墙面最突出部分之间的最小距离，为闸室两侧闸墙面间的最小净宽度。对于斜坡式闸室，其有效宽度为两侧垂直靠船设施之间的最小距离。

值得注意的是：闸室的有效宽度应不得小于按公式计算的值，并宜根据计算结果套用现行国家标准《内河通航标准》中规定的 8m、12m、16m、23m、34m 宽度。

3. 门槛最小水深

门槛最小水深指在设计最低通航水位时门槛上的最小深度，与船舶（队）最大吃水和进闸速度有关，对船舶（队）操纵性和工程造价有较大影响，船闸运用和模型试验表明，增加富裕深度比增加富裕宽度有利。船舶（队）进、出闸时水被挤出或补充主要从船底下流入，如富裕深度小了，则影响水量的补充，增加船舶下沉量。

闸室最小水深应为设计最低通航水位至闸室底板顶部的最小水深，其值应不小于门槛水深。设计采用的门槛最小水深和闸室最小水深，应充分考虑船舶、船队采用变吃水多载时吃水增大以及相邻互通航道上较大吃水船舶、船队需通过船闸的因素，综合分析确定。

船闸富裕尺度是计算船闸尺度的重要参数，与船舶的进闸速度、航行阻力、船闸通过能力和船闸安全运行有密切关系。富裕尺度小了，将降低船舶进闸速度，加大航行阻力，增加进闸难度和事故，延长进闸时间，降低船闸通过能力；富裕尺度大了，会增加工程投资，造成浪费。因此，必须选取合理的富裕尺度。

此外，船闸富裕尺度还与船舶性能、单位功率拖（推）载量及驾驶技术等因素有关。这里提到的富裕尺度是按正常设计条件下拟定的。

在确定船闸基本尺度时，还应考虑船闸最小过水断面的断面系数 η 的要求。根据实验和观察，若 η 值过小，则船队、船舶过闸时，可能产生碰底现象。

为了适应航运事业的发展，构成四通八达统一标准的航道网，各国均对天然（渠化）河流及人工运河划分了等级，制订了统一的通航建筑物标准。我国颁布的《内河通航标准》中，对每级航道都规定了相应的航道尺度、船闸闸室有效尺度及水上跨河建筑物的净空尺度。因此，在工程实践中，当缺乏设计船型、船队资料时，只要确定了航道的等级，可根据现行国家标准《内河通航标准》，并经过调查研究和方案比选确定船闸的基本尺度。

（二）船闸线数

船闸线数是船闸规模的重要部分，应根据船闸设计水平年内的客、货运量，过闸的船型船队组成，地形地质条件，船闸所在河流的重要性等因素，结合船闸尺度及通过能力、船闸级数，综合论证选择。若有下列情况之一时，应论证研究修建双线或多线船闸：

1. 采用单线船闸不能满足设计水平年内过闸船舶数量、总吨位数、客货运输量过闸的通过能力要求的。

2. 客货运量大，船舶过闸繁忙的连续多级船闸，由于单线船闸迎向运转要等待和延长过闸时间、降低通过能力和船舶运输效率而不经济的。

3. 运输繁忙和重要航道在年通航期内，不允许由于船闸检修、疏浚、冲沙和事故等原因造成断航的。

4. 客运、旅游等船舶多，过闸频繁，需解决快速过闸的。

5. 区间小船、渔船和农副业船舶数量多，过闸频繁影响通过能力的。

（三）船闸级数

船闸级数直接影响船闸通过能力。船闸级数的选择，应根据船闸总水头、地形、地质、水源、水力学等自然条件和可靠性、技术条件、管理运用条件等，通过经济技术比较确定。由于单级船闸较多级船闸具有过闸时间短，通过能力大，故障较少，检修停航时间较短，占线路较短，枢纽布置较易（如需设冲沙建筑物等）和管理方便等优点，因而是最广泛采用的形式。在条件允许的情况下，应优先采用单级船闸。

但当枢纽水位落差较大时，水头仍然是限制建造单级船闸的决定因素，特别是船闸水力学条件，闸门受力状况和建筑技术，更是其中的关键。此时采用多级船闸则可降低每级船闸的水头，使复杂的技术问题相对简化。在一定条件下，多极船闸对较高的台地地形条件能较好的适应，可减少开挖工程量。因此，当水头较大，具有下列情况之一时，应考虑多级船闸方案：

1. 采用单级船闸受技术条件的限制，特别是受船闸水力学条件和闸门技术条件的限制.

2. 受船闸所处位置的地形、地质条件的限制，如地形较高，建单级船闸开挖深度大，与枢纽中相邻建筑物连接难以处理等.

3. 河流缺水，需要节省船闸耗水量，建省水船闸又不经济时。

影响船闸级数的因素很多，也很复杂，单级船闸与多级船闸的水头也无明确界限，一般可按下述范围考虑：

当 $H < 30m$，采用单级船闸（H 为水头）；

当 $30m \leqslant H \leqslant 40m$，经过技术和经济比较，采用单级或两级船闸；

当 $H > 40m$，采用两级或多级船闸。

上述仅是一般的使用条件，对于具体的水头限制，还要根据工程的具体条件而定。由于单级船闸具有的优越性，随着技术水平的提高，单级船闸能适应的水头亦在逐步提高。

多级船闸型式主要有连续多级船闸和设中间渠道的多级船闸两种。

两个以上闸室纵向连续阶梯排列的船闸称连续多级船闸，是超高水头船闸形式之一，按水头的高低来划分级数。在一定条件下，设中间渠道的多级船闸对较高的台地地形条件能较好地适应，可减少开挖工程量。

设中间渠道的多级船闸的缺点，最主要的是可靠性差，船舶过闸慢，时间长，通过能力小，停航检修机率多等，而且补溢水的处理，消减相邻闸室超灌超泄产生的反向水头都是复杂的技术问题。因此，国内外的连续梯级船闸均不多，在较重要航道上建连续多级船闸，应考虑同时兴建双线。如加拿大韦兰运河八级船闸中，4、5、6 号连续三级船闸就采用双线，其余单级船闸均是单线。

二、船闸设计水位和高程

（一）船闸设计水位

在确定船闸各部分高程之前，应先确定船闸各种设计水位。船闸设计水位通常包括船闸设计通航水位、船闸校核水位和船闸检修水位。

船闸设计通航水位（包括运河、渠化工程、水利枢纽、灌溉渠道、防洪排涝渠道等上的船闸），包括上、下游设计最高（最低）通航水位，是船闸设计的主要依据之一。船闸设计通航水位应根据水文特征、航运要求、船闸级别、航道条件、两岸自然条件、综合利用要求等因素综合分析确定。

1. 上游设计最高通航水位

船闸上游设计最高通航水位设计洪水频率时应考虑下列因素分析计算确定。

（1）满足航运的需要和船舶安全畅通的要求。

（2）改善上游航道滩险的需要。

（3）综合利用水资源时上游水位的要求。

（4）回水淹没的损失以及对重要城镇、铁路、公路、厂矿、农业基地、文物古迹、环境保护等的影响。

（5）工农业生产和城镇生活用水对上游来水的影响。

（6）水电站运行、船闸灌水和风浪等引起的水化变化。

（7）船闸或船闸所在枢纽的特殊运行的水位情况。

（8）船闸设计。

表 5-2-1　最高通航水位设计洪水频率表

船闸级别	I ~ II	III ~ IV	V ~ VII
洪水重现期（a）	100 ~ 20	20 ~ 10	10 ~ 5
频率（%）	1 ~ 5	5 ~ 10	10 ~ 20

对水利水电枢纽不得低于正常蓄水位，对航运枢纽不得低于正常挡水位和设计挡水位。对出现高于设计最高通航水位历时很短的山区性河流，III 级船闸的洪水重现期可采用 10 年，IV ~ V 级船闸可采用 5 ~ 3 年，VI ~ VII 级船闸可采用 3 ~ 2 年；在平原地区运输繁忙的 V ~ VII 级船闸设计最高通航水位，通过论证洪水重现期可采用 20 ~ 10 年；山区中小型船闸经论证允许溢洪的，其上游设计最高通航水位，可根据具体情况通过论证后确定，但不应低于船闸建设前航道的通航标准。

2. 上游设计最低通航水位

船闸上游设计最低通航水位的保证率计算，应与枢纽的死水位和最低运行水位相比较取低值。

（1）满足航运的需要和船舶安全畅通的要求；

（2）枢纽建成后对下游河床下切或下游河床冲淤变化引起的同级流量相应的水位降低或升高；

（3）引排水引起的水位变化和有关方面对水位的特殊要求；

（4）下游航道整治、疏浚引起的水位变化；

（5）重要建筑物或河道条件对水位的限制和影响；

（6）枢纽运行调节、船闸泄水及风浪波动引起的水位变化；

（7）位于潮汐河段的船闸，建闸后引起的潮位变化；

（8）交汇河口高水位或洪水顶托的影响。

3. 下游设计最高通航水位

船闸下游设计最高通航水位的设计洪水频率相应的最大下泄流量对应的下游最高水位，并应考虑与确定上游设计最高通航水位时相同的因素。在下游有梯级衔接时尚应考虑受下一梯级回水的影响。

4. 下游设计最低通航水位

船闸下游设计最低通航水位，在下游为天然河道时，应采用表4-2规定的保证率，并应考虑与确定上游设计最低通航水位时相同的因素。枢纽下泄的最小瞬时流量必须满足下游河段设计最低通航水位相应流量。

在下游有衔接梯级时应采用下一梯级上游设计最低通航水位回水到船闸的相应水位。

5. 船闸上、下游校核高水位

船闸上游校核高水位可采用枢纽的校核洪水水位或非常运用水位。船闸下游校核高水位可采用枢纽的校核洪水位或非常运用时最大下泄流量相应的下游最高水位。不受枢纽影响的船闸，可按船闸级别，参照有枢纽的同级别情况，研究分析校核洪水位或非常运用时的水位确定上、下游校核高水位。

6. 船闸下游校核低水位

船闸下游校核低水位可采用枢纽最小瞬时下泄流量相应的下游最低水位。

7. 船闸上、下游检修水位

船闸检修水位，是船闸检修期间的上限水位，也是船闸建筑物设计水位之一。当水位超过检修水位时，船闸不能抽干闸室的水进行检修。检修水位是控制船闸连续检修时间的标准水位，也是船闸设计标准之一。检修水位定低了，难以满足检修的需要，特别是在枯水期，多为运输旺季，往往不允许停航检修；京杭运河苏北段船闸曾检修水位定低了，且所定水位多出现在运输旺季不宜停航检修。检修水位定高了，则增加工程量和投资。

船闸上、下游检修水位，应根据船闸的规模、重要性、航运要求、水文情况、枢纽运行条件与检修情况、检修能力和检修延续时间等综合分析确定。

8. 船闸施工水位

船闸施工水位应根据施工能力与强度、施工进度安排，河道洪、中、枯水期的水文情况、地形条件、施工导流与施工围堰设施等情况，以保证安全施工和满足施工要求为原则，对不同的施工期限和工程部位，经论证比较后综合分析确定。施工围堰的洪水设计标准可参照水利、水电有关现行标准确定。

（二）船闸各部分高程

船闸高程包括船闸顶部高程和底部高程。由于各部分建筑物的位置和作用不同，故确定高程的依据也不同。

1. 船闸闸门门顶高程

（1）位于枢纽挡水前缘闸首工作闸门门顶高程应满足枢纽挡水要求，其高程采用枢纽上游校核水位加安全超高；如果另设有挡水闸门，则工作闸门门顶高程可采用上游设计最高通航水位加超高。事故闸门门顶高程为上游最高洪水位加安全超高。

（2）船闸非挡水前缘闸首的工作闸门门顶高程按通航要求，采用上游设计最高通航水位加安全超高。

多级船闸第二道闸首以下各级闸首门顶高程采用各级闸室的设计最高通航水位加安全超高。

（3）由于溢洪船闸在上游水位高于设计最高通航水位时，船闸溢洪过流，故溢洪船闸上闸首门顶和第二道闸首门顶高程均采用上游设计最高通航水位加超高。

（4）检修闸门门顶高程采用检修水位加安全超高。

2. 闸首墙顶高程

船闸闸首墙顶高程根据闸门门顶高程、结构布置和构造、交通要求、邻近挡水建筑物高程等确定，并不得低于闸门和闸室墙顶部高程。门型不同，对门顶以上墙的高度要求也不同，如人字门闸首墙顶高程要考虑人字门顶枢的构造和布置要求；横拉门闸首墙高程主要根据门顶设桥与否，横拉门入门库检修的要求确定。当按以上原则确定的闸首墙顶低于闸室墙顶高程时，则应取与闸室墙顶平齐。

位于枢纽工程中的船闸，其挡水前缘的闸首墙顶高程应不低于枢纽工程建筑物挡水前缘的顶部高程。

3. 闸室墙顶高程

船闸闸室墙顶高程根据过闸船舶安全停泊、闸面布置和交通要求而定。由于船闸灌泄水时，水面涨落很快，为防止过闸船舶在船闸泄水、水位降落时，船舷挂住墙顶，造成事故，故闸室墙顶高程应为上游设计最高通航水位加超高。其超高值取不小于设计过闸船舶（队）空载时最大干舷高度。

我国各地船型复杂，同吨位的各类船舶的空载干舷高度也不同。有些已建的船闸闸室墙顶高程偏低，使致闸墙顶部栏杆被撞坏，值得船闸设计者注意。

4. 闸室底板顶部高程

船闸闸室底板顶部高程不应高于船闸上、下闸首门槛顶部高程。

5. 闸首门槛顶和引航道底高程

上、下闸首门槛顶高程分别为上、下游设计最低通航水位减门槛最小水深。

上、下游引航道底高程分别为上、下游设计最低通航水位减引航道设计最小水深。

闸首门槛顶和引航道底高程是保证船闸安全通畅运行的重要标准，特别是闸首门槛顶修建后要再加深很困难，而且影响设计最低通航水位的因素极为复杂，较难准确的估计。因此，除了选好设计最低通航水位外，在确定门槛顶高程和引航道底高程时，还应留有充分的富裕量。我国有的船闸因闸门槛顶高程定得过高，因而水深不够。

6. 导航建筑物和靠船建筑物顶及引航道堤顶高程

上、下游导航建筑物和靠船建筑物顶高程分别为上、下游设计最高通航水位加超高，其超高值不宜小于设计船舶（队）的最大空载干舷高度。

有防洪要求的引航道堤（岸）顶高程应与挡水闸首墙顶高程一致。

三、船闸通过能力和耗水量

（一）船闸通过能力

船闸通过能力系指单位时间内船闸能通过的货物总吨数（过货能力）或船舶总数（过船能力），是船闸的一项重要经济技术指标。一般情况下，船闸通过能力应计算设计水平年内近期、中期、远期通过客（货）运量能力和船舶总吨位能力，并以年单向通过能力表示。

1. 单向年过闸船舶总载重吨位：

$$P_1 = \frac{n}{2} NG$$

式中：P_1——单向年过闸船舶总载重吨位（t）；

n——日平均过闸次数，$n = \frac{\tau \times 60}{T}$；

τ——船闸日工作时间（h），应根据船闸实际工作情况确定，对昼夜通航的情况下，可取 $20 \sim 22h$；

T——船闸一次过闸时间（min），这是影响船闸通过能力的重要参数之一，后面将专题讨论；

N——年通航天数（d），根据船闸的具体情况确定；

G——一次过闸平均载重吨位（t）。通常按设计水平年内各期设计船型及其组合的船舶排列法计算。即根据各设计水平年运量大小、货物种类，结合船闸有效尺度进行组合，计算各种不同组合的一次过闸载货吨位，再求出其平均值。因此，船闸各个时期的通过能力，应选用相应各时期的一次过闸平均吨位进行计算。

就我国目前船舶发展情况而言，用该方法计算所得的一次过闸平均载重吨位与实际情况存在差异，主要原因是：

（1）过闸船舶类型杂乱，选择的设计船型与实际船型差异较大。

（2）船舶到闸具有随机性，实际船舶过闸组合与设计船型的过闸组合差别也大。

2. 单向年过闸客货运量

$$P_2 = \frac{1}{2}(n - n_0)\frac{NG\alpha}{\beta}$$

式中：n_0——日非运客、货船过闸次数；

α——船舶装载系数，与货物种类、流向和批量有关，可根据各河流统计或规划资料选用。无资料情况下可采用 $0.5 \sim 0.8$；

β——运量不均匀系数，各地区差异很大。无资料时，可取 $1.3 \sim 1.5$；有统计资料时可按下列公式计算。

$$\beta = \frac{年最大月货运量}{年平均月货运量}$$

对受潮汐影响的船闸及承受双向水头的船闸，当具备开通闸条件时，可设开通闸，开通闸的运行时间可根据实际情况确定，开通闸通过能力的计算应考虑开通闸运行通过能力的提高。

设中间渠道的多级船闸的通过能力可按单级船闸计算。单线连续多级船闸或双线连续多级船闸应按其运行方式计算通过能力。

3. 影响船闸通过能力的因素

（1）船闸的技术水平：也就是设计确定的技术条件，或称技术指标，包括：船闸设计总水头和船闸级数（单级、连续多级、设中间渠道的多级）；船闸线数和布置；船闸输水系统和灌泄水时间；闸门型式；启闭设备的先进性、可靠性及启闭时间；闸室有效尺度；引航道尺度和布置；导航和靠船建筑物布置；通航水流条件和泥沙防治的效果；信号、航标配置、通信和交通管理控制系统条件等。这些因素集中反映在船舶一次过闸时间 T。

通航水流条件和泥沙防治效果影响通航期（年通航天数），因此它是衡量船闸设计先进与否的一个重要指标。

（2）外部条件：过闸船型船队的类型和组成；各类船舶的尺度、载量和技术条件；过闸货物的品种、批量、流向及不均匀性；上下游航道尺度、滩险情况、水流条件、跨河建筑物净空、两岸堤防情况；洪、枯水期停航天数及年通航期；上、下游港口的能力及对到闸船舶均衡性的影响。

（3）船闸管理水平：管理人员的技术水平、熟练程度、工作效率、通信联络、控制系统的灵敏性、事故处理及检修能力和技术水平等。

4. 提高船闸通过能力的途径

在设计阶段，尽可能减小一次过闸时间。首先，提高船闸的技术水平，合理确定船舶（队）与船闸尺度的关系，选择合适的输水系统型式和闸阀门型式，缩短开（关）闸门的时间以及闸室灌（泄）水时间。其二，提高船队进出闸速度，缩短船队进出闸时间。而提高船队进出闸速度，缩短船队进出闸时间，除了船舶本身的操纵性能和驾驶员水平外，关键是合理的引航道布置和尺度、导航和靠船建筑物的布置、船闸的富裕尺度以及良好、完善的通信、导航和控制系统设施。对高水头船闸，应尽量采用单级船闸，在单级水头超过技术可能，必须采用多级船闸时，宜采用设中间渠道的多级船闸。

在营运阶段，要注意提高船闸管理水平，提高船闸的维修保养、检修能力，缩短检修时间，增加船闸通航天数，尽量延长每年的通航天数 N；同时应该注意发挥船闸的潜力，尽量延长船闸日工作时间，增大 τ 值。引进信息化管理手段，提高船闸的运行、调度水平，减小船闸空等和船队的停滞候闸时间。合理组织货流和船舶调度，每次过闸都应尽量利用闸室有效面积，做到满室过闸，尽量提高一次过闸船舶的平均吨位。

（二）船舶过闸时间

一次过闸时间是指船舶过闸时，船闸完成循环运行操作所需的时间，取决于船舶进出闸时的运行速度和船闸的技术指标。过闸方式有单向和双向两种，过闸时间也要分别计算。

1. 单级船闸一次过闸时间

（1）单向一次过闸时间

当船舶（队）由下游向上游单向通过船闸时，假定闸室已泄水，闸室内为下游水位，且下闸门已打开，则完成一次单向过闸程序所需的各项作业时间如下：

同闸次最后一个船舶（队）由下游进入闸室的时间 t_2（min）。

关闭下闸门的时间 t_1（min）。

闸室灌水时间 t_3（min）。

开启上闸门的时间 t_1（min）。

同闸次最后一个船舶（队）与第一个船舶（队）出闸启动时间间隔 t_5（min）。

同闸次最后一个船舶（队）由闸室驶向上游引航道的时间 t_4（min）。

关闭上闸门的时间 t_1（min）。

闸室泄水时间 t_3（min）。

打开下闸门的时间 t_1（min）。

同闸次最后一个船舶（队）与第一个船舶（队）进闸启动时间间隔 t_5（min）。

假定闸门启（闭）时间相等、闸室灌（泄）水的时间相等，如果同闸次只有一个船舶（队）过闸，则不需考虑船舶（队）之间与启动时间间隔。在经过上述 10 项作业后，完成了一个单向过闸时间循环。因此，船舶（队）单向通过船闸所需的总时间 T_1 为：

$$T_1 = 4t_1 + t_2 + 2t_3 + t_4 + 2t_5$$

（2）双向一次过闸时间

双向过闸是指一个方向的过闸船舶（队）出闸后，另一方向等候过闸的船舶（队）迎向进闸。过闸程序前 6 项与单向过闸相同（由于船舶（队）进出闸行驶距离和速度与单向过闸不相同，所以进闸时间为 t'_2、出闸时间为 t'_4），接着继续完成的作业程序如下：

同闸次最后一个船舶（队）与第一个船舶（队）进闸启动时间间隔 t_5（min）。

同闸次最后一个船舶（队）自上游驶入闸室时间（min）t'_2。

关上闸门时间（min）t_1。

闸室泄水时间 t_3（min）。

开下闸门时间 t_1（min）。

同闸次最后一个船舶（队）与第一个船舶（队）出闸启动时间间隔 t_5（min）。

同闸次最后一个船舶（队）驶出闸室进入下游引航道时间 t'_4（min）。

同闸次最后一个船舶（队）与第一个船舶（队）进闸启动时间间隔 t_5（min）。

按以上 14 个程序，双向一次过闸，两方向各通过一个船舶（队）的总时间为：

$$T_2 = 4t_1 + 2t'_2 + 2t_3 + 2t'_4 + 4t_5$$

（3）单级船闸船舶平均过闸时间

单级船闸船舶平均过闸时间应根据船闸实际运行中船闸单向和双向过闸的闸次比率确定。当单向过闸与双向过闸次数相等或相近时，可采用下式确定：

$$T = \frac{1}{2}\left(T_1 + \frac{1}{2}T_2\right)$$

2. 连续多级船闸一次过闸时间

连续多级船闸的过闸方式有单向、双向和成批过闸三种。单线多级船闸通常采用成批过闸方式；双线多级船闸在双线运行时，一般采用单向过闸方式。

（1）单向过闸

多级船闸的单向过闸实际上是单向连续过闸，即一系列船舶（队）彼此相隔一个闸室鱼贯式通过船闸。在单向连续过闸过程中，前后两个船舶（队）仅相隔一个闸室，因此，船舶（队）通过一个闸室所消耗的时间为：

$$T_3 = 4t_1 + t_2 + 2t_3 + (m+1)t_5 + t_6$$

式中 T_3——连续多级船闸船舶通过一个闸室所耗时间；

M——连续多级船闸级数；

t_6——船舶（队）从一个闸室进入另一个闸室所耗时间，行驶距离为闸室长加中间闸首长，行驶速度可以取比单级船闸单向进闸速度低 $0.1m/s$。

其余符号意义同前。

式中 $t_6 > t_4$，实际运行中很难做到过闸船舶连续鱼贯过闸的条件和过闸速度相同，而要受其中航速低或一闸通过几个船舶过闸时间的控制，所以 $T_3 >> T_1$。

船舶单向通过连续多级船闸的时间为：

$$T_4 = 2mt_1 + t_2 + mt_3 + t_4 + (m+1)t_5 + (m-1)t_6$$

（2）双向过闸

连续多级单线船闸双向过闸是一个船队（或一组船队）从下游通过全部闸室驶向上游与等待进闸的船队错让后，下行船队从上游通过全部闸室驶往下游，反之亦然。其操作程序及过闸时间与每一船舶（队）单向通过连续多级船闸相同，但要增加一个相反方向的程序和时间，并且进出闸时间有变化。

（3）成批过闸

连续多级船闸双向过闸时间随级数增加而增长，级数越多，过闸时间越长，船闸通过能力越小。为了既能缩短过闸时间，提高通过能力，单线多级船闸通常采用成批过闸方式。这种过闸方式是向一个方向连续通过一批船舶（队）后，改变过闸方向，连续向另一方向通过另一批船舶（队）。

设每批上行和下行过闸的船舶数为 n_u 和 n_d，每批船队中，前（n-1）个船队的每个船队由第一个闸室到第二个闸室的间隔时间均为 T_3，每批船队中最后一个船队的过闸时间即为连续多级船闸双向过闸时一个船队一次过闸时间 $T_5/2$。

则上行每批船舶（队）过闸时间为：$T_u = (n_u - 1)T_3 + \dfrac{T_5}{2}$；

下行每批船舶（队）过闸时间为：$T_d = (n_d - 1)T_3 + \dfrac{T_5}{2}$。

成批过闸每一循环的总时间为 $T_u + T_d$，而在成批过闸每一循环的总时间中，共通过了 $n_u + n_d$ 个船舶（队）。因此，成批过闸时每一船舶（队）通过连续多级船闸的平均时间为：

$$T_6 = T_3 + \frac{T_5 - 2T_3}{n_u + n_d}$$

从上式可知，每批过闸船舶（队）的批量越多，每个船舶（队）的平均过闸时间相对越短，但每个过闸船舶（队）在闸前等待过闸时间就越长，延长船舶航行周期，降低船舶周转率，增加运输成本。因此，成批过闸船舶（队）的批量要适度。

（4）连续多级船闸船舶一次过闸平均时间

一次过闸时间应根据单向过闸、双向过闸和成批过闸三种过闸方式所占的闸次比率及过闸方式转换所需的换向时间等因素确定。同时，在连续多级船闸三种过闸方式的 T3、T4、T5、T6 计算中应考虑船舶过闸时间受各级中最慢一个船队过闸时间控制的影响。

3. 设中间渠道的船闸一次过闸时间

设中间渠道的多级船闸的一次过闸时间可按单级船闸计算。船舶（队）从下游到上游（或相反）的过闸总时间应含通过中间渠道的时间，但不影响船闸本身的通过能力。

（三）船闸耗水量

船闸的耗水量是船闸的一项重要的经济技术指标。船闸的耗水量包括船舶过闸用水量和闸、阀门漏水量两部分。过闸用水是指船舶过闸时，闸室灌泄水所耗用的水量，与船闸水头、船闸尺度、过闸船舶排水量、过闸方式、过闸次数等因素有关。闸阀门漏水是指船闸闸、阀门止水不密实，从上游向下游流失的水量，与水头大小、止水构造及其安装质量、使用年限、维护保养情况等有关。

1. 单级船闸单向一次过闸的用水量

$V_0 = CH$

式中：V_0——单级船闸单向一次过闸的用水量（m^3）；

C——闸室水域面积（m^2）；

H——计算水头（m）。该水头不宜采用船闸设计水头，可根据上下游水位历时，选用接近于平均的水头；当计算一次过闸最大用水量时，采用船闸设计水头。

单级船闸双向一次过闸时，用水量为单向一次过闸用水量的一半。

$V'_0 = \frac{1}{2}V_0$

在单向过闸和双向过闸机会均等的情况下，一次过闸用水量采用单、双向过闸用水量的平均值：

$V''_0 = \frac{1}{2}(V_0 + V'_0) = 0.75V_0$

2. 闸阀门漏水量

$q = eu$

式中: q ——闸门、阀门漏水量（m³/s）；

e ——止水线每米上的渗漏损失 [m³/（s.m）]。当水头小于 $10m$ 时，取 $e = 0.0015 \sim 0.0020 m^3/s/m$，当水头大于 $10m$ 时，取 $e = 0.002 \sim 0.003 m^3/s/m$；

u ——闸门和阀门边沿止水线的总长度（m）。

3. 船闸一天内平均耗水量

$$\overline{Q} = \frac{0.75V_0 n}{86400} + q$$

式中：$\overline{Q}$ ——船闸一天内平均耗水量（m³/s）；

n ———昼夜过闸次数；

其余符号意义同前。

四、船闸在水利枢纽中的布置

（一）船闸布置方式

1. 闸坝并列式布置

船闸布置在河床或河滩上，与其他水工建筑物紧靠，即为闸坝并列方式。

当河床宽度足够布置拦河坝、泄水建筑物、电站及船闸时，往往将船闸与这些建筑物布置在一起。这种布置方式的优点是占地少，开挖工程量较少，同时可与其他水工建筑物在同一围堰内施工。但采用这种方式布置时，要注意船闸与其他泄水建筑物之间的关系，有时需要修筑较长的导堤将船闸引航道与河道分开，以减少泄水建筑物之间水流的相互影响，保证船舶的安全、顺利地进出船闸。

在闸坝并列布置方式中，按船闸闸室与坝轴线相对位置，还可分为船闸伸向坝轴线上游和坝轴线下游两种。

当船闸突出于坝轴线的上游时，由于上游引航道进、出口离溢流坝较远，所需建造的上游导堤较短。但由于上游水深往往较深，导堤往往很高。此外，这种布置方式便于公路或铁路直线地从下闸首通过，可降低跨越船闸的桥梁高程，尤其当船闸水头较高时，无需建造很高的桥台，即可满足通航净空的要求。这种布置方式的主要缺点是：由于闸室位于坝的上游，闸室墙承受较大的水压力，闸室结构比较复杂。其次，为使从溢流坝下泄的水流流速在下游引航道进出口处减缓到允许的范围，下游需建造很长的导堤。

当船闸突出于坝的下游时，闸室墙承受的水压力较小，闸室结构可以较为简单。下游引航道进出口离溢流坝较远，所需下游导堤的长度可以缩短。这种布置方式的缺点是：当公路、铁路跨越船闸时，若跨越船闸的桥梁建在上闸首，公路、铁路虽能直线通过，但必加高桥台，才能满足通航净空的要求。将桥梁建在下闸首，通航净空的要求易于满足，但须绕道，这不仅会增大工程量，而且有时也难于满足公路的最小曲率半径的要求。此外在这种布置方式中，上游常常建造很长的导提。

在上述两种布置方式中，船闸突出于坝上游所需的工程量和投资较大，因此除特殊条件外，一般都采用船闸闸室布置在挡水建筑物下游的方式。经论证需将闸室布置在坝轴线上游时，应满足下列要求：

（1）通航建筑物不参与溢洪。

（2）加长下游引航道的导航墙长度，使下引航道口门区的水流条件满足设计要求。

2. 闸坝分离式布置

若船闸布置在另外开挖的引河中，或利用河中的小岛与拦河坝、电站等水工建筑物分隔而自成体系，则为闸坝分离式布置。

闸坝分离式布置方式的优点是：船闸不占河床宽度，有利于泄水建筑物和电站布置；船闸施工条件大为简化，一般可干地施工，无需建筑围堰，施工质量也易得到保证；其他水工建筑物对船闸通航条件的影响较小。但是这种布置占地较多；需开挖引河，土石方挖方量往往很大。

（二）船闸在枢纽布置中应注意的问题

因为天然河流形态各异，船闸在水利枢纽中布置时所涉及的因素多，情况也比较复杂，不可能用一般的原则或若干个模式就能概括所有的情况，必须根据河流的地形、水文、地质、航道、施工等条件和枢纽中各主要建筑物的运用要求进行布置。

根据国内、外已建船闸运行经验及科研试验成果，船闸在水利枢纽中布置时应注意下述问题：

1. 船闸及引航道应布置在一条直线上，上、下游引航道与主航道平顺连接，有可供过闸船舶（队）停靠、系泊的足够尺度，其长度、宽度、转弯半径和水深应符合规定。

例如1938年建成的邦纳维尔水利枢纽是美国哥伦比亚—斯内克河渠化工程最下一个梯级，为发电、航运枢纽，布置有电站2座，泄水闸1座，船闸2座，鱼道3座。

老船闸存在以下问题：其一是船闸尺度不足，不能满足航运需要；其二是通航条件差，不能满足安全航行的需要；其三是布置上存在问题，引航道内没有供船舶停靠的区段。

新船闸布置研究了多种方案，并进行了整体水工模型试验。选择了将船闸尽量左移的方案，使船闸的引航道长度满足布置要求，并采取切突咀、修丁坝、筑潜坝等工程措施，改善通航水流条件。

2. 船闸宜布置在顺直稳定河段，上、下游引航道口门尽可能避开易淤积部位，尤其是凸岸淤积区和枢纽下泄水流携带冲积物的淤积区及回流、缓流淤积区。如因当地条件限制，找不到合适的河段时，则应通过论证，证明可采取工程措施达到通航要求，才可布置。对泥沙淤积影响较大的船闸，应考虑布置防淤清淤设施，以保证引航道尺度。我国有的船闸，由于对泥沙淤积问题没有足够重视，布置在凸岸淤积区，致使船闸建成后不久就遭淤废，只得重建，造成大量工程投资和运输上的损失。

例如鉴江江边村船闸建成后几年淤积边滩就超过1km，最宽处约200m，延伸到引航道外侧，使引航道形成倒钩形，最后淤废，只得另建新船闸，并修建与船闸共闸室的两孔冲沙闸。

3. 船闸宜临岸布置，不应布置在溢流坝、泄水闸、电站等两过水建筑物之间，避开枢纽泄水建筑物泄水时对船闸引航道进出口通航条件的干扰。当船闸与溢流坝、泄水闸、电站、水轮泵站等建筑物相邻时，其间必须有足够长度的隔流堤隔开，以保证船舶顺利地进出船闸引航道。

4. 船闸闸室宜布置在挡水建筑物的下游，同时船闸一般不应用作泄洪，在特殊情况下必须用于泄洪时，则需在设计、布置等方面给予充分的考虑和论证。

5. 跨越（或穿越）船闸和船舶停泊区的建筑物以及电力线路等应不影响船闸的正常使用和安全，尽量避免水、陆交通的相互干扰。

（三）船闸通航水流条件

1. 通航水流条件的概念

船闸通航水流条件系指在通航期内，为满足船舶正常操作条件下安全通畅过闸而对船闸引航道口门区和引航道内流速、流态及其分布范围提出的要求，主要包括：

（1）航闸引航道与河流、水库、湖泊中航道相连接的口门区的水流流速（纵向流速、横向流速、回流流速）的限值。

（2）对船闸引航道口门区范围内波浪、泡漩等的限值。

（3）对船闸引航道内水流流速（纵向流速、横向流速）的限值。

（4）对引航道和中间渠道的不稳定流的波浪高度、比降及传播速度的限值。

2. 引航道口门区

船闸引航道与河流、水库、湖泊中航道相连接的一段区域，是引航道静水与河流动水交界的水域。由于较大的流速梯度，该区域通常存在斜向水流，有的情况还会出现泡漩等恶劣流态。当船舶航经该水域时，就会受到斜流、回流等的影响。

为保证船舶安全进出引航道，需要明确限定达到的纵、横向流速标准和流态水域的范围，因而提出了引航道口门区的概念。根据现行船闸设计规范，引航道口门区是指引航道分水建筑物头部外一定范围内的水域，其宽度为引航道口门宽度，其长度根据船舶（队）型式确定，拖带船队采用1.0~1.5倍船队长，顶推船队采用2.0~2.5倍船队长，当两种船队并存时，取大值。

3. 通航水流条件的标准

（1）口门区的水流流速

口门区是过闸船舶进出引航道的咽喉。因此在通航期内，引航道口门区的流速、流态应满足船舶（队）正常航行的要求。并应尽量避免出现不良的流态，如泡漩、乱流等，如因条件限制不能避免时，则须采取措施，消减到无害程度。

引航道口门区的横向流速，因受枢纽泄水建筑物和导航、分水建筑物等边界条件的影响，常常分布不均，存在较大的流速梯度。船舶驶入有横向水流的口门区时，船舶在该横向力的作用下，将发生横向漂移，使船舶偏离航线。为克服横向水流对船舶（队）产生的偏转力，必须操舵使船舶（队）保持航向。

（2）引航道内的流速限值

船舶由引航道进闸的航速远小于在航道的航速，一般为 $1.0 \sim 1.2 \mathrm{m/s}$，因此引航道内的横向流速限值应较口门区小，一般应不大于 $0.15 \mathrm{m/s}$，引航道内的纵向流速一般应不大于 $0.5 \mathrm{m/s}$。

4. 泄水波和风浪

船闸上游引航道口门区往往受风浪影响；下游引航道口门区往往受泄水波影响。如果隔流防浪建筑物长度不够，风浪和泄水波还会传入引航道内，波及闸门。风浪、泄水波会对船舶（队）绳缆增加突然荷载，加大打到船舶干舷上的水面高度，对人字闸门启闭机施加反向荷载，因此，需要对此规定限值。葛洲坝1号船闸设计规定下游引航道口门区泄水波波高不大于 $0.6 \mathrm{m}$。前苏联挡土墙、船闸、过鱼及护鱼建筑物设计规范规定，当船闸靠船码头处的横向及斜向（大于45°）浪高大于 $0.6 \mathrm{m}$ 时，对与船闸直接衔接的引航道段，应加以防护。据观测资料，一般情况下；风浪高度大于 $0.6 \sim 0.8 \mathrm{m}$ 就需停航。

5. 船闸灌、泄水不稳定流

船闸灌、泄水在引航道和中间渠道产生的波浪，其形成、传播、衰减、流速变化、水面波动等水流特性与船闸水头、灌泄水流量和变化梯度、灌泄水时间、阀门开启方式、进水和泄水系统型式、引航道和中间渠道的尺度等因素密切相关。模型试验成果表明，这种不稳定流形成的波浪是长周期的水面升降的长波运动，周期长达数分钟至数十分钟，波长达数 km 至十余 km，波长远大于船舶（队）长，波幅在中间部位最小，最大波峰和最小波谷出现在渠道的两端；在一倍船舶（队）（船只）长度范围内波幅（水位差）很小，波幅大小对船舶没有直接影响，但会减小引航道和中间渠道的水深，故引航道和中间渠道的设计水深应考虑涌浪的影响，只要在出现波谷时水深仍然足够，这种水面波动对航行会产生较大的影响。如长江葛洲坝三江船闸下游引航道长约 $3.6 \mathrm{km}$，2号船闸泄水时，在下游引航道最大波高达 $1.15 \mathrm{m}$，使水深减小，曾影响航行安全，但对船舶运行，闸门和启闭机并未产生不良影响。

不稳定流的长周期水面升降运动形成的水面比降的坡降阻力和波浪传播速度的水流阻力会增加船舶航行阻力，可能对船舶（队）（船只）航速产生一定的影响。遇这种情况时，需采取措施减小其影响。

（四）船闸的引航道布置

1. 引航道的布置方式

引航道的作用在于保证船舶安全、顺利地进出船闸，供等待过闸的船舶安全停泊，并使进出闸船舶能交错避让。引航道应具有足够的水深和适合的平面布置以保证通航期内过闸船舶（队）畅通无阻，安全行驶。船舶在引航道内航速较小，对水流和侧向风的影响比较敏感。引航道应具有较好的掩护，以满足过闸船舶（队）在引航道内安全停泊和航行的条件。

引航道的平面布置，直接影响船船进出闸的时间，从而影响船闸的通过能力。在确定引航道的平面布置时，应根据船闸的工程等级、线数、设计船型船舶（队）、通过能力等，结合地形地质、水流、泥沙及上、下游航道等条件综合考虑。单线船闸引航道平面布置，一般有对称型、反对称型、不对称型等三种型式。

对称型引航道的轴线与船闸轴线重合。当引航道宽度较大时，船舶（队）进闸沿曲线行驶，出闸可以沿直线，船舶（队）进闸行程短，出闸速度快，船闸的通过能力较大。当引航道的宽度较小时，采用这种布置型式，等候过闸的船舶需停泊在闸首以外一定的距离处，船舶进出闸均沿曲线行驶，进出闸速度慢，影响船闸通过能力。

反对称型引航道是上、下游引航道向不同的岸侧拓宽。在这类引航道中，船舶可以沿直线进闸，曲线出闸，进闸速度可以较快。但按双向过闸的要求，船舶候闸靠船线要建在离闸首口2.5倍设计船长以后，势必增加船舶（队）进出闸行程，延长过闸时间。有时船舶（队）往往还需曲进曲出。这类引航道对单向过闸较为有利，因为可使候闸船舶（队）停靠在距闸首的最近处。

不对称型引航道是上、下游引航道向同一岸侧拓宽，一个方向的船舶进出闸都是直线行驶，另一个方向的船舶进出闸均沿曲线行驶。这类引航道一般适用于岸上牵引过闸，或有明显的单向货流，或者有大量木排过闸的情况。有时受地形或枢纽布置限制，引航道只能向同一岸侧拓宽时，也采用这种平面布置型式。

引航道的横断面形状一般多采用梯形或多边形。边坡应根据士坡稳定条件决定，通常取为 $1:2 \sim 1:3$。

2. 引航道尺度

（1）引航道长度

引航道的长度主要取决于设计船型、船舶（队）尺度及船舶（队）的操纵性能。按双向过闸船舶运行的需要，引航道一般由导航段、调顺段、停泊段、过渡段、制动段组成。前三段一般要求为直线段，后两段可根据地形灵活布置，且可部分重合计算。

（2）引航道宽度

根据船闸布置和运行方式，引航道宽度要满足船舶（队）停靠、调顺、错让和操作上的要求。单线船闸和双线船闸的引航道宽度是指调顺段和停泊段的宽度，导航段到调顺段用渐变方式过渡。

（3）引航道的最小水深

引航道是限制性航道，其水深应大于天然航道最小水深。引航道最小水深是设计最低通航水位时引航道底宽内的最小水深，等于设计船舶（队）满载吃水加富裕水深。富裕水深主要包括：航行船舶（队）（船只）保持良好操纵性所需的最小富裕深度；船舶（队）（船只）航行下沉深度；船闸灌泄水、电站运用和风浪产生的水面波动的降低值；淤积富裕深度等。

（4）弯曲半径和弯道加宽

引航道直线段外为弯曲航道时，其弯曲半径不得小于最小限值。根据船舶性能，引航道的最小弯曲半径应根据下列情况确定。

3. 导航和靠船建筑物布置为引导船舶从水域宽度较大的引航道安全通畅地进入宽度较小、较窄的船闸，在引航道的导航段内应布设导航建筑物，位于进闸航线一侧引导船舶进闸的称主导航建筑物，位于主导航建筑物对面，用以引导受侧向风、水流等影响而偏离航线船舶的建筑物称辅导航建筑物。为供进闸船舶在进闸前停泊系靠，在引航道停泊段内应布设系靠船建筑物。

导航和靠船建筑物是船闸引航道的重要建筑物，对保证船舶安全通畅地过闸起重要作用，其布置依引航道布置型式不同而异。

主导航建筑物可兼作反对称型、不对称型引航道单向过闸的靠船建筑物。主导航建筑物长度应与导航段长度相同，辅导航建筑物的长度可根据具体情况确定。

引航道停泊段内，应布置船舶（队）双向过闸用的靠船建筑物。靠船建筑物的长度应采用一个设计最大船舶、船队长度。通过论证，顶推船队可采用2/3设计船队最大长度。当过闸船舶、船队密度较大时，需要增加的长度可通过论证确定。

双线船闸共用引航道时，Ⅰ～Ⅴ级船闸，均应按双向过闸布置导航和靠地建筑物，Ⅵ～Ⅶ级船闸至少应有一线船闸按双向过闸布置导航和靠船建筑物。有危险品船舶、船队过闸的船闸，应在停泊段外另设危险品船舶、船队停泊区。

第三节　船闸输水系统

船闸输水系统由进水口、阀门段、输水廊道、出水口、效能工和镇静段等组成，是完成闸室灌、泄水运行的主要设备。

一、进水口

进水口，是输水建筑物和深式泄水建筑物的首部建筑。进水口可分为开敞式进水口和深式进水口。通常称进水口，多指深式进水口。

（一）类型

水电站进水口按水流条件可分为无压进水口和有压进水口两大类。

（二）主要特征

无压进水口的主要特征是：取河流或水库的表层水，进水口的水流具有自由水面，水流为无压流，其后一般紧接无压引水建筑物，适用于从天然河道或水位变化不大的水库中取水。无压引水式水电站的进水口一般为无压进水口。

有压进水口的主要特征是：进水口位于水库死水位以下的一定深度，引进深层水，水流为有压流，其后常与有压引水隧洞或压力管道连接，适用于从水位变化幅度较大的水库中取水。有压进水口也称深式进水口或潜没式进水口。有压引水式水电站和坝后式水电站的进水口大都属于这种类型。

（三）技术要求

1. 总体要求

（1）要有足够的进水能力。在任何工作水位下，进水口都应保证按照负荷要求引进所需的流量。因此，在枢纽总体布置时，必须合理安排进水口的位置和高程；选用足够的过水断面尺寸；防止产生吸气漩涡；一般按水电站的最大引用流量 Q_{max} 设计。

（2）水质要符合要求。不允许有害泥沙进入引水道和水轮机，因此进水口要设置拦污、拦沙、沉沙、防冰及冲沙、排冰设施。

（3）水头损失要小。进水口的位置应合理，外形轮廓应平顺，使水流通畅地进入引水道；断面尺寸应足够，以使水流速度控制在允许范围内，尽可能减小水头损失。

（4）可控制流量。进水口需设置闸门，为进水和引水系统的检修创造条件，并进行紧急事故关闭，截断水流，避免事故扩大。对无压引水式水电站，引用流量的大小也可由进口闸门控制。

（5）满足对水工建筑物的一般要求。进水口结构要有足够的强度、刚度和稳定性，并且结构简单，施工方便，造型美观，便于运行、检修和维护等。

2. 对于无压进水口的基本要求

无压进水口一般用于无压引水式水电站，也见于低坝水库的有压引水式水电站，无压进水口的设计原理与有压进水口相同，但因水库较小，防沙、防污及防冰问题突出，设计中要格外注意以下几点。

（1）枢纽布置：布置设有无压进水口的水力枢纽时，要合理安排拦河闸、坝的位里，尽盆维持河流原有的形态及泥沙运动规律。洪水期要使上游冲下的泥沙（特别是推移质）全部下泄，防止泥沙堆积，同时最好能在进水口前形成一股水流，以便将漂浮物冲至下游。

（2）进水口位置：无压进水口上游无大水库，因而河中流速较大（尤其是洪水期），泥沙、污物等可顺流而下直抵进水口前。平面上的回流作用常使漂浮物堆积于凸岸，剖面上的环流作用则将底层泥沙带向凸岸，而使上层清水流向凹岸。因此，进水口应布置在河流弯曲段凹岸，以避免漂浮物、防止泥沙淤积以及便于引进清水。

（3）拦污设施：进水口一般均设拦污栅或浮排以拦截漂浮物。当树枝、草根等污物较多时，常设粗、细两道拦污栅，当河中漂木较多时，可设胸墙拦阻漂木。

（4）拦沙、沉沙、冲沙设施：进水口应能防止粒径大于0.25mm的有害泥沙进入引水道，以免淤积引水道，降低过流能力，以及磨损水轮机转轮和过流部件。进水口前常设拦沙坎，截住沿河底滚动的推移质泥沙，并通过冲沙底孔或廊道排至下游。进水口内常设沉沙池，沉积悬移质泥沙中的有害泥沙，再利用冲沙廊道或排沙机械将其清除。

二、阀门段

设在船闸输水廊道上，用来控制灌、泄水量的闸门。船闸阀门按其作用分为输水阀门（又称工作阀门）和检修闸门两种。

（一）输水闸门

船闸输水系统的一个重要组成部分。在有水压的情况下开启，无水压的情况下关闭，在发生事故时还要求能在动水情况下关闭。输水闸门应启闭灵活、启门力小、水密性好、维修简单，在开启过程中应使输水系统具有良好的水力条件。

常见的输水阀门门型有：平面阀门、反向弧形阀门等。主要根据船闸水头大小并结合输水系统的形式和布置进行选择。

1. 平面阀门

挡水面为平面面板的闸门。平面闸门的门叶在门槽内作直线运动以封闭或开放水道。它的制造加工较容易，运行安全可靠，维修方便，广泛用于各种水工建筑物上作为工作闸门、事故闸门和检修闸门。平面闸门自重大，所需启门力亦大，门槽水力学条件较差，因此在高流速的水道上作为工作闸门的使用范围受到限制。平面闸门主要由门叶、埋设构件和启闭设备三部分组成。

（1）分类

①按总体布置分为组合式（门槽、门叶与操作设备组成一整体）和分散式（由门叶、门槽和启闭机组成，操作时门叶可提出门槽）。

②按闸门门叶组装形式分为整体门叶式和分节组成门叶式。

③按闸门门叶的支承方式分为滑动支承式和滚动支承式。

④按闸门门叶止水位置分为上游止水式和下游止水式。

⑤按闸门门叶运行移动状况分为直升式、升卧式、横拉式和浮箱式等。此外，还有其他的分类方式。

（2）门叶结构

由门叶主体、支承、止水装置和吊耳四个部分组成。门叶主体一般由面板、主横梁、边梁（柱）和次梁组成有面板的梁格结构。设计水压力通过板梁支承传至门槽埋件，分节的闸门门叶一般都在边柱处连接。

门叶支承部分应用较多的是滑动支承、滚轮支承和链轮支承等。支承部分也是门叶移动的行走部分。滑动支承是装在门叶主体边梁处的滑块。其在固结于门槽内的支承轨道上作滑动摩擦运动，接触处是面或线。滚动支承是装在门叶边梁上的轮子，其在门槽轨道上作滚动摩擦运动，接触处是点或线。链轮支承是环绕门叶边柱由一系列圆柱滚子组成的形似链条式的闭合链环。这种支承的闸门也称履带式闸门。滑动支承的闸门摩擦阻力大，启门力大；滚轮支承摩擦阻力小，启门力也小，但闸门门叶较重；链轮支承也作滚动摩擦，其优点是由数目较多的小滚柱承受闸门的水压力，单个轮压小，使得门槽内敷设的轨道断面小、重量轻。滚轮支承的闸门，根据闸门特征及梁格布置设有悬臂（外伸）轮、简支轮和台车式轮组。

装设在闸门门叶主体上密封孔口的止水装置一般均为特殊制造的可压缩耐磨橡胶制品，就其布置部位分为顶止水、侧止水和底缘止水。各止水的接头部位衔接处均在现场配装时进行热胶合处理，以保证周围止水的效果。

平面闸门的吊耳一般均设在闸门门叶主体结构上端的顶横梁上，根据结构尺寸大小和形式可直接焊固在顶梁上或单独制造，然后在现场焊固。

2. 反向弧形阀门

门面凸向下游，水平旋转轴固定在阀门井的上游的弧形阀门。

（二）检修阀门

供检修水工建筑物或工作闸门及其门槽时临时挡水用的闸门。

检修闸门一般设于工作闸门前，用于建筑物或工作闸门等检修时短期挡水，一般在静水中启闭。事故闸门多设于深孔工作闸门前，用于建筑物或设备出现事故时，能在动水中关闭而在静水中开启；兼作检修闸门时，也称事故检修闸门；需要在限定时间内紧急关闭的事故检修闸门，称为快速检修闸门。

三、输水廊道反弧门止水安装

（一）止水安装过程中注意事项

闸门止水分为顶止水、侧止水、底止水，三峡永久船闸地下输水廊道、反弧门底止水采用钢止水，弧门底止水安装。要控制好埋件安装精度，最后控制间隙小于0.06mm以内。

1. 顶止水安装

（1）止水靠螺栓定位，一定要把螺栓拧紧，否则止水会拉长变形、翻卷撕裂。

（2）止水压板圆弧和压板切割处棱角太锐，需用锉刀锉平滑，否则容易划伤止水橡皮，或高速水流会引起橡皮振动使止水处应力集中而断裂。

（3）止水压板压上后在扭动螺栓时，避免用螺杆翘动橡皮，在拧螺栓时各处扭力施加均匀，尽量保持一致，否则局部止水受射流冲击位移，会使橡皮头边缘贴附不均匀而漏水。

（4）顶水封压缩部位与门楣止水线必须平行，直线度要好，否则顶水封有透光现象，或在高压水柱作用下漏水。在号孔时，不能把橡皮的P头伸出过多，否则在高压水柱与门体自重的巨大剪切力作用下，会将止水沿橡皮头根部剪断。

（5）调整控制好两侧及前端的压缩量，确保顶止水安装成功。

2. 侧止水安装

（1）用磨光机将侧壁打磨干净，调整和控制好橡皮的压缩量，尽量减少橡皮的磨损。

（2）侧止水上边缘与顶止水封两头粘接好，否则在检修状态下关门，易拉裂顶止水橡皮的两头。

（3）侧止水压板超出反弧门底边缘线，要将其锯掉，否则会压损钢底坎。

（二）阀门止水失效分析

1. 顶止水失效分析

在阀门止水装置中，以顶止水工作条件最为恶劣。由于顶止水处于门顶缝隙的高速流区，因此失效最频繁。一般顶止水失效有下列几种情况：顶止水撕裂；止水变形翻卷；橡皮头拐角处断裂；止水孔不对位，扩孔或止水螺孔拉大横向位移；橡皮头整齐剪断；顶止水压缩量不均匀。

2. 底止水失效分析

在门体埋件安装时底坎水平度不够，或者加工平面度不够；在无水调试时，或在启门关门时，底坎上有砂子或其他杂物。如果底坎上有砂子，在门体关闭时会把底坎压出凹坑。

3. 侧止水失效分析

压缩量过小在高水压下容易失效；侧止水下边缘要切成一个斜角，下压时是一个平面，否则压缩的只是侧止水的一个边；在高水压下也容易失效，影响止水橡皮性能。

阀门止水的失效原因有很多，如橡皮的老化等。特别是在阀门刚开启时，水压差使门顶水流以极高的流速从缝隙喷射，顶止水受冲击变形厉害，射流冲击力与止水弹性力反复作用，致使止水橡皮像舌簧一样在高速水流中振动，最后将止水撕裂。

侧止水靠止水橡皮压缩封水，运行中全程受摩擦力影响，加快了止水磨损，所以三峡地下输水廊道的反弧门止水橡皮都在接触面用四氟层包裹，利用其减小摩擦力和耐磨的特性来保护止水橡皮。

（三）阀门止水失效对策

1. 顶止水失效对策

从顶止水失效原因分析，提高止水安装精度，能增强止水抗破坏能力，延长止水寿命，确保其可靠性。

（1）保证止水钻孔精度和螺栓扭力均匀度，能避免止水过早地横向滑移而变形撕裂。

（2）消除压板锐角，避免划伤止水拐角。橡皮直线度较好，可相应提高止水抗振、抗剪、抗应力集中的能力。如果提高了钻孔精度和安装质量，顶止水使用寿命会比设计寿命长几倍。

具体措施为：控制埋件安装精度；对底坎进行清扫；底止水的最后一道工序是研磨，必要时可以补焊、打磨，直到间隙小于 0.06mm 为止。

2. 侧止水失效对策

设计要求侧止水应保持 5mm 压缩量。然而压缩量仅能通过增减止水下橡皮垫厚度而获得。安装时如果压缩量过大，会加大摩擦，从而导致加大磨损；压缩量太小也容易在高压下失效，封水性能大为降低。

（四）反弧门止水安装的工作程序

1. 准备工作

对施工人员进行技术交底，熟悉图纸；对反弧门两侧座板进行清理，对侧壁进行打磨清理；测出弧门中心到两侧座板的距离，并做好记录。

2. 橡皮钻孔

保证钻孔精度的方法有两种，其一为号孔，其二为划孔。

（1）号孔

将止水座螺孔周围抹上白粉，将止水橡皮自由抬放在止水座上，调对好安装位置后，扶住止水橡皮不得使其移动；再用铁锤逐个轻锤涂有白粉的螺孔部位，在黑色橡皮上留下白色孔眼痕迹；最后将其吊出井外，根据印痕实际位置，用特制橡皮钻头钻孔。

（2）划孔

将止水压板吊出井外，留出预压量后将压板直接安放于止水上，再用划针伸进压板孔直接逐个划孔，然后再钻孔。

特制橡皮钻头是用工具钢制成的，刃口部位淬火处理。为保证钻孔精度，止水孔直径要略小于或等于螺杆直径，一般比螺杆直径小 1~2mm。用钻机钻孔时可以用水冷却钻头，轻轻下压，以免橡皮受钻头挤压变形而钻成椭圆或锥孔。钻孔后做好标记，以免橡皮安装错序。万一因钻孔误差而引起错位，应用钻头小心适当扩孔，禁止用火烫来扩孔。

3. 橡皮装配

侧水封应采用划孔，因为号孔时止水橡皮必须吊进座板里，有重力下垂、弧形打弯等因素，固应采用划孔。顶水封则可任意选择这两种方法，要根据现场情况来决定。

侧水封安装时利用所测数据，先校核数据，避免误差；选好衬垫尺寸，为了避免拆装麻烦，可采用预算法。因制造误差，座板到侧壁的距离难免会有局部不平。在选定垫层橡皮厚度后，局部不平可用压板来调节。如当预压量 δ<5mm 时可以紧螺杆，使压板下压，从而橡皮 D 值增大，以满足 δ 值。

顶水封安装时，先用刀片将超出顶水封座板的侧水封橡皮割除，尔后用橡皮锉将其锉毛，顶水封要粘接的边也要锉毛。

把顶水封放入座板，对孔，两边锉毛位置涂上专用胶水，待晾干后进行粘接；上压板紧螺栓，如果压缩量偏差太大，说明钻孔有误，可适当扩孔或用后面小螺杆向前顶（偏差不是很大）。

四、出水口

出水口有多种形式，常见的有一字式、八字式和门字式。排水管渠出水口的位置、形式和出口流速，应根据排水水质、下游用水情况，水体的流量和水位变化幅度、稀释和自净能力、水流方向、波浪情况、地形变迁和气象等因素确定，并要取得当地卫生主管部门和航运管理部门的同意出水口与水体岸边连接处应采取防冲、消能、加固等措施，一般用浆砌块石做护墙和铺底。在受冻胀影响的地区，出水口应考虑应耐冻胀材料砌筑，其基础必须设置在冰冻线下。

（一）研究方法

对进/出水口水力特性的分析方法有两种：一种是模型试验，另一种是数值模拟。在本次研究过程中，结合模型试验与数值模拟，对竖井式进/出水口的水力特征进行分析，其具体分析方法如下：

1. 三维模型试验。本研究中，以马山抽水蓄能电站上库的盖板竖井式进/出水口为基础进行试验。模型按重力相似准则（佛汝德准则）进行设计，采用正态模型。在漩涡和水流环流的试验中，原型的雷诺数 Re 和韦伯数 We 都很大；在模型试验中，因粘性力和表面张力对水流漩涡和环流的作用相对较大，不能忽略其影响。为了尽量减小粘性力和表面张力的影响，必须提高模型雷诺数 Re 和韦伯数 We。模型试验中常用的方法是加大模型流量至 2.0~3.0 倍设计流量，以提高模型雷诺数 Re 和韦伯数 We，便于观察漩涡运动。

2. 二元切片水流模型试验。三维的水力物理模型试验在可视性方面存在不足，为了弥补这方面的缺陷，可补充二元切片水流模型试验。可以比较直观地了解进/出水口的流态特征，以便优化进/出水口体型并判别优化后的效果，为进一步的物理模型试验和数值计算提供依据。二元切片水流模型按重力相似准则设计，可以选取较大的模型比尺。马山切片模型试验与试验略有区别，为了模拟轴对称水流扩散的特征，在平面的垂直面钻孔，同时控制两端出流，强迫水流通过垂直面的小孔扩散。流量按重量法标定，误差在 8% 以内。在水泵吸入口掺气，以观察流动状态。二元切片水流的不足较多，因此主要用于观察抽水工况下的主流方向，进行定性描述。

3. 数值模拟。据文献的介绍，西龙池竖井三维模型，网格数达到 8×10 个以上。如果模型稍微复杂一点，例如增加防涡梁等细部结构，网格数将增加较多。个人机上能够承受的三维模型规模在 (2~3)×10 个网格，而 10 个网格以上的模型需要在并行机上运行，模型调试及计算周期也较长。

缺乏足够的资料证明三维模型精度可替代物理模型，笔者也尚未看到有关三维模型成功地模拟出水流中的漩涡现象的报道。通过数值模拟与模型试验比较，笔者发现轴对称模型的结果能够初步反映竖井式进/出水口水流的一些主要特征，模型的网格数可以控制在 10 个以下。无论是建模的难度和计算效率，三维模型远高于二维模型。虽然二维轴对称多模型描述比三维模型要粗糙，但是，综合效率、精度等方面因素，建议采用二维轴对称 RNGk-ε 模型对抽水工况下的水流进行数值模拟，而在时间和经费许可的情况下进行三维模拟。

（二）出水口水力特征

1. 主要体形

主要集中在底板形态上，以控制出口的反向流速区为重要目标，做了大量的试验与数值仿真。对双向水流进行了模型试，也取得了一定的成果。本研究重点介绍上部结构，其主要的形式有无防涡梁、水平防涡梁、阶梯防涡梁以及防涡板等 4 种结构。

2. 抽水工况下水流的几个基本特征

（1）抽水工况下，水流出流转弯后，一般情况下有明显的主流区，非常类似射流。针对水平防涡梁进/出水口进行了抽水工况的模型试验和轴对称数值模拟。底板到防涡梁高度为 5m 时，水平防涡梁结构的试验与数值仿真结果（计算过程中采用的轴对称平面模型，并没有考虑导流墩挤占的空间；修正流速为计算后流速乘以断面面积比）。L 为离底板距离，h 为水深。由试验和计算结果可见，一般情况下，在底板附件处有明显的回流区，主流区与回流区的流速梯度较大，主流区流速分布呈楔形，且有比较明显的核心区。三维仿真结果和本研究的二维轴对称数值仿真结果，都可以观察到明显的主流区。本研究中的入口平均流速更大，为 4。02m/s，主流区更明显。

采用轴对称的水力模拟，按照防涡梁不直接接触主流的原则，调整防涡梁高度，再按照调整的水力数值优化结果进行切片试验与模型试验。切片试验显示，示踪气泡不再通过防涡梁间隙上升，死水位时，模型试验显示出流会形成面流，但不会出现涌浪现象，水面比较平稳。笔者初步认为，采用阶梯防涡梁破坏了出流过程中形成的大尺度涡，从而抑制了可能出现的涌浪。试验结果表明，沿着主流方向采用阶梯防涡梁结构进行水流约束，对维持水流稳定是有利的；以主流不直接碰撞到防涡梁为原则是合理的，根据轴对称数值模拟确定的防涡梁高度布置可作为设计参考。

针对 4 种不同工程结构的水力试验发现，无防涡梁结构的水头损失最小，而采用防涡板结构是最不利的。所采用的防涡板结构，将强制压缩水流向水平四周扩散；而采用的其他几种方法，相当于有一定的松弛，逐步调整水流方向，因此能量的损失也相对要小。模型试验中，各种体形的水头损失系数进/出水口水头损失计量以在管道扩散端起始断面和水库较远处为参考。

（2）竖管扩散段扩散角度宜控制在 9° 以内。一般情况下，竖井式进/出水口附近可采用扩散管增加过流断面面积，降低流速。一些工程技术人员为了缩短扩散段的长度，而增加扩散段角度。这种方法是不可取的。在竖井出口处，往往存在弯管段，通常认为要通过 10～20 倍管径距离后才能基本达到均匀。但是在实际情况下，二次流出现的距离远远大于这个数值。当竖井扩散段扩散角过大，水流出现分离后，极易出现偏流现象，其引起的局部流速增加所带来的副作用远远超过扩大过流断面以降低流速的作用。在马山模型试验与文献 ［1］ 中，所选择的扩散角均小于 9°，其配水效果均较好。部分结构设计人员对流体的这种非显性特性不了解，片面考虑结构经济性，往往加大扩散角，缩短扩散段长度，这是极为危险的。

第四节　船闸水工建筑物

船闸水工建筑物是船闸工程的主体，由闸首、闸室、导航及靠船建筑物等组成。

一、船闸水工建筑物设计的基本要求

进行船闸水工建筑物设计时，首先需考虑以下的基本要求：

1. 在选择结构型式时，须根据船闸所处的自然条件、地质条件、建筑材料来源情况、受力特征、对结构的使用要求以及施工条件等因素进行综合考虑并通过技术经济比较确定。

2. 闸首、闸室等挡水建筑物，因其失事将导致灾害或因经常检修而影响运输，必须满足稳定和强度要求。当闸室采用透水闸底，闸室灌、泄水时，其渗流方向将频繁变换，为防止地基破坏及保证船闸水工建筑物正常工作，须认真做好防渗排水设计。

3. 溢洪船闸在布置和结构上须有相应的安全措施，如闸门锁定、墙后填土、表面防护等，以确保建筑物及各设备不被破坏。

4. 对损坏后难以修复的隐蔽工程和水下工程，如排水、止水设施等，设计时须周密考虑，确保其运行安全。

5. 为掌握施工期结构工作状态，监视船闸安全运转，总结和提高船闸设计水平，船闸结构的原型观测是十分必要的，可根据具体情况布置和埋设观测设备。

二、船闸闸室结构及其构造

船闸闸室是由上、下闸首和两侧闸墙环绕而形成的空间，是船闸实现其调整水位、升降船舶、使船舶克服航道上集中水位落差的结构。由闸室墙和闸底构成。为保证过闸船舶能随闸室水面安全地升降和可靠地停泊，闸室中设有系船设备和其他辅助设备。

闸室结构按其受力状态可分为整体式结构和分离式结构两大类。两侧闸墙和底板浇筑在一起的为整体式结构；闸墙和闸底分别设置的为分离式结构。

土基上的分离式闸室结构的闸墙可分为重力式、悬臂式、扶壁式、板桩式和地下连续墙等型式，其中重力式、悬壁式和扶壁式为工程中常用的结构型式。

岩基上分离式闸室结构的闸墙常用的型式有重力式、衬砌式和混合式。

（一）重力式闸墙的构造

重力式闸墙是靠自重维持稳定，地基反力较大，且又承受有水平力，对地基承载能力要求较高，因此重力式结构只适用于较好的地基。

重力式结构按材料可分为浆砌条（块）石结构、混凝土结构、钢筋混凝土结构。浆砌石重力式结构适用于盛产石料的地区。混凝土和钢筋混凝土结构，适用于船闸水级较高，机械化施工及石料缺乏等的情况。

重力式结构按断面型式可分为梯形和衡重式两种。梯形断面结构底宽大，能适应荷载变化，稳定可靠，适用较广，但不能充分发挥墙身材料的强度，工程量大，投资亦大。衡重式断面，由于下部为倒梯形断面，有减小土压力的作用，地基应力分布均匀，且比梯形断面可节省工程量10%左右，但衡重式对地基要求较高，荷载变化反应灵敏。

重力式闸墙的顶宽主要根据交通安全要求、回填土是否到顶、砌筑石料尺度等因素确定。一般墙顶宽度不小于0.6m。若回填土不到顶，则墙顶面作为人行通道应适当放宽，并不应小于1.0m。在有行车或其他要求时，则应根据具体情况确定。闸墙底宽可根据墙高、水头、地基、荷载条件、回填土材料等因素确定。对于混凝土和浆砌石梯形断面闸墙，底板宽度一般取墙高的 0.7～1.3 倍，墙底宽度约为墙高的 0.5～0.8 倍，前趾宽度一般取为 0.15～0.25 倍墙高。

当闸墙采用钢筋混凝土结构时，由于钢筋混凝土材料本身能够承受一定的拉力，因此其断面比混凝土闸墙小。闸墙的后趾长度取决于闸墙的水平滑移稳定性要求，一般可取为 0.7～1.0 倍墙高，前趾长度取决于地基反力分布情况，通常取为 0.1～0.3 倍墙高，墙顶宽度不小于 0.6，墙顶以下深度处的闸墙厚度一般取为 0.16～0.22。

对于衡重式闸墙，闸底板宽约为墙高的 0.5～0.7 倍。一般在 （0.4～0.5） 墙高处设置卸荷平台，平台以上为梯形断面，平台以下设 1：0.2～1：0.25 的倒坡。平台宽度取决于平台以下墙身的断面应力和地基反力，初步设计时可取为 0.15～0.25 倍墙高。

（二）悬臂式闸室的构造

悬臂式闸室是由闸墙、底板和后悬臂组成。从船闸轴线分成两半的对称结构，在底板中缝处设有止水，形成不透水闸底。闸墙顶部宽度一般为 0.4～0.6m，底板中缝处的厚度应满足止水构造的要求，一般不小于 0.6m。为确保安全，在中缝处设置两道止水为好。闸墙底宽与底板厚度一般可取 0.16～0.25 倍的墙高。悬臂式闸室由于底板中间设有纵缝，将闸室分为对称的两半，对称的结构在底板纵缝处相互支撑，只传递水平推力，不传递弯矩和剪力，因此底板的工作条件得到改善，使它不致由于不均匀沉降产生附加应力。同时最大弯矩的绝对值与整体式结构相比相应减小，因此底板厚度及配筋量均可减小。悬臂式结构地基反力较小，一般适用于承载能力较低的地基，且闸室高度与闸室宽度之比大于 0.5 的情况。

（三）扶壁式闸墙的构造

扶壁式结构由立板、肋板和底板组成，底板分趾板和内底板。立板、肋板和底板等连接部位须设置斜托。立板厚度一般不小于 30cm；肋板厚度不小于 30cm；顶宽不小于 0.8m；底宽与底板长度相同；趾板前端厚度不小于 25cm；内底板厚度不小于 30cm；肋板间距一般为 2～5。

建于土基上的扶壁式闸墙，由于地基的承载能力一般较小，因此一般不设尾板。扶壁式闸墙的工作特点是依靠工作底板上的回填土重力和结构自重力来维持墙身稳定。由于利用肋板和立板构成薄壁 T 型断面，结构断面较小，地基反力也较小，因此对地基承载能力要求较低。其缺点是结构形态较复杂，钢筋用量大，施工技术要求较高。

（四）衬砌式及混合式

岩基上除重力式结构外，还有衬砌式和混合式结构。岩基上重力式结构和土基上的重力式结构基本相同。当基岩顶面高程高于闸墙顶高程时，可采用衬砌式闸室结构。衬砌式结构有重力式衬砌和带锚筋的薄壁衬砌。当基岩质地松软、裂隙发育，或在衬砌墙后设置排水可能引起较大渗透水流冲蚀岩石而使衬砌承受较大的水压力时，宜采用重力式衬砌；基岩质地较好、裂隙少，锚筋能可靠地嵌固在基岩里，墙后又设有排水，则可采用带锚筋的衬砌墙；基岩坚硬，裂隙很少，岩面较高时，闸室也可直接由岩石开挖平整形成。我国小型船闸，多采用砌石倒梯形重力式衬砌；中大型船闸则采用混凝土和钢筋混凝土衬砌。

衬砌式闸墙的断面尺寸，应由稳定和强度计算确定。混凝土重力式衬砌墙宜采用倒梯形断面，其底宽一般大于或等于 0.4m，反坡坡度可取 1:0.1~1:0.4；一般将衬砌墙底部嵌入基岩内不小于 0.5m。浆砌条石重力式衬砌墙墙背宜采用阶梯形，其底宽不小于 0.8m，台阶高度一般为 2.0，台阶宽度不小于 0.4m，墙底部嵌入基岩内不小于 0.5m。

对于有锚筋的混凝土衬砌墙，墙高大于或等于 8.0m 时，底宽一般均大于 1.0m，对无锚筋混凝土衬砌，墙高大于 2.0m 时，底宽应大于 0.4m；反坡一般为 1:0.1~1:0.4；对于有锚筋混凝土衬砌的边坡可取小值，混凝土衬砌可取大值。设有锚筋的衬砌墙，其断面厚度一般不小于 40cm。锚筋一般沿衬砌墙高度按等间距设置，为方便施工，往往将锚筋布置成水平或与水平成不大的夹角。锚筋的锚固深度一般为 1.0~2.0m，埋入衬砌墙内至少为 30 倍锚筋直径，基岩中的锚孔直径至少是锚筋直径的 3 倍。

裂隙比较发育时，可以在衬砌墙后设排水。一般将竖向、横向及纵向排水管相连组成排水系统，排水管的纵坡可取为 1/200、1/500，排水管的直径不小于 25~30cm。

基岩顶面低于闸墙顶高程时，可采用混合式结构，即基岩以上采用重力式，基岩以下采用衬砌式结构，其构造分别按重力式和衬砌式确定。

（五）板桩式闸墙

板桩式闸墙系由板桩、拉杆及锚锭结构等构成。其特点是依靠板桩入土部分的嵌固作用，通过锚锭结构把一部分荷载传至后方土体中来维持其稳定。为改善板桩结构的工作条件与板桩的应力条件，减少板桩的厚度和入土深度，通常在闸室底部设置横向支撑。作用于板桩式闸墙上的荷载由横撑、墙前土抗力、拉杆共同承受。板桩式闸墙系采用预制件，施工进度快，打入闸底以下的板桩可以增加闸墙的防渗长度，但需具备打桩设备，同时板桩之间的接缝要求密实，以防渗漏，造成填土的流失。

根据板桩材料的不同，有钢筋混凝土板桩和钢板桩。板桩式闸墙可适用于各种地基条件，特别适用于较弱地基。根据我国工程实践，墙高 8m 以内，板桩式闸墙结构是一种比较经济的结构。

（六）整体式闸室结构

整体式闸室系由两侧闸墙和底板联结在一起的槽形结构，又称为坞式闸室结构。其工作状态如同弹性地基上的 U 形框架。

整体式闸室的地基反力分布比较均匀，两侧闸墙相对变位小，无需考虑闸墙的滑移稳定及闸室的渗流稳定问题。由于闸墙与底板刚性连接，可以适应不均匀沉陷。但底板与闸墙刚性连接对底板的工作条件不利，若有不均匀沉陷，将在底板内产生附加应力。与悬臂式闸室和双铰底板式闸室等结构相比，闸室底板所承受的弯矩较大，底板一般较厚，钢筋用量也较多。对于大型船闸，为改善底板的工作条件，可以考虑在底板中设临时施工缝，待闸墙沉降基本稳定后再进行封缝，形成整体。

整体式闸室结构适用于水头较大、闸墙较高、对抗震要求较高、地基较差或具有软弱夹层的情况。

整体式闸室结构的闸墙和底板的断面尺寸根据强度计算确定。闸墙顶的宽度一般可取为40cm～60cm，闸墙底宽与底板厚度一般可取为0.16～0.25倍的墙高。有些船闸利用拱结构截面主要承受压应力的特点，采用反拱底板来代替整体式闸室的平底板，以充分发挥混凝土的抗压性能，达到减小底板断面尺寸，节约钢材的目的。但支撑在闸墙上的反拱底板，对闸墙的不均匀沉陷、相对水平位移和转角相当敏感，即使较小的变位也可能会使反拱产生较大的附加内力。为减少闸墙变位对反拱内力的影响，一般均采用闸墙与反拱底板分别浇注，待闸墙沉陷基本完成或部分完成以后，再行封拱形成整体。因而一般认为反拱底板式闸室结构适用于能早期固结的砂性土地基。

（七）闸底设计

分离式闸室，一般选用透水闸底。为防止由于闸室水位、流速的频繁变化而可能引起的冲刷，以及在渗流作用下可能出现的流土、管涌及被船舶螺旋桨、撑篙等造成闸底的破坏，因此必须加以保护。

1. 护底的构造

透水闸底由护面及反滤层组成。护面一般采用干砌块石，干砌块石厚度为25～40cm，在石料缺乏地区，也可采用混凝土板。反滤层采用中石、小石、中粗砂构成，砂性地基上反滤层多为3－4层，其中19～40mm中石子厚约20cm，2～10mm小石子厚约20cm，中砂层厚约20cm，细砂层厚约20cm。粘性地基反滤层多为2～3层。对于小型船闸可采用2层，即碎石和中砂分别取10cm即可。

为固定护面及反滤层各层间的相对位置，防止块石松动而导致闸底破坏，透水闸底应设置纵横格梁。纵横格梁控制的面积以30为宜，格梁断面尺寸一般不宜小于40cm，当利用格梁起横梁支撑作用时格梁宜采用钢筋混凝土结构。

2. 双铰式底板

在地基土质较差或防渗难以满足的细砂、粉砂、粉质土等地区，可采用双铰式底板。

双铰式底板由两边闸墙的前趾与中间底板以斜接或搭接组成两个假想铰，并在铰接处设止水以形成不透水的分离式结构。接缝宽20mm～30mm，接缝处设1～2道止水，缝中可填以沥青油毛毡。与分离式闸室结构的透水闸底相比，双铰式底板闸室结构不透水，抗渗性能好，节省防渗设施；由于闸墙与底板分缝，闸墙不向中间底板传递弯矩，相互间只传递水平力和剪切力，可减小底板中部的弯矩；双铰底板使闸墙与底板共同工作，可降低对闸墙抗滑安全度的要求，因而闸墙的断面可比一般重力式闸墙断面小。由于双铰的设置，当两侧闸墙发生变位时对底板的内力影响较大，接缝处的止水也较为复杂。

双铰底板铰的位置可根据中间底板的弯矩与闸墙前趾的最大弯矩相近的原则确定，中底板的厚度一般为闸室宽度的 $1/12 \sim 1/8$；中底板的宽度一般取闸室宽度的 $3/5 \sim 4/5$。

（八）闸室结构的其他构造要求

1. 闸墙的保护措施

过闸船舶在进出船闸的过程和停靠于闸室时，对闸墙可能产生摩擦和撞击。当闸室泄水时，干舷较大的非满载船舶的护舷木也易挂在闸墙顶面，以致引起闸墙和船舶的损坏，因此应当采取保护措施。目前一般采用提高闸墙表面的平整度和强度等措施。墙面采用不低于 MU40 细料石砌筑，或采用不低于 C30 的混凝土抹面。运输繁忙的船闸，在最低通航水位以上的闸墙应采用钢护木或耐磨损材料护面。

2. 胸墙

为保证闸上工作人员的安全，并减少实体闸墙的高度，沿墙顶部可设置与墙正面齐平的胸墙。胸墙的高度一般为 $0.9 \sim 1.2m$，厚度根据船舶撞击力而定，一般为 $0.2 \sim 0.5m$。

3. 建筑物分缝

混凝土和钢筋混凝土的闸墙和闸底，沿闸室长度应设置伸缩、沉降缝，以防止混凝土收缩，温度变化和船闸纵向不均匀沉陷引起的附加应力，导致结构发生裂缝。伸缩、沉降缝的间距可根据地基条件、结构型式及其尺寸、气温情况和施工条件等因素确定，一般为 $15 \sim 20m$。建于岩基的混凝土或钢筋混凝土结构的闸室段，间距采用小值，土基闸段采用大值，最小缝宽采用 $1 \sim 2cm$。伸缩、沉降缝一般布置在结构型式改变处，如闸室和闸首、导航墙和闸首间；新旧建筑物之间；地基性质变化处或高程突变处。伸缩、沉降缝一般做成垂直贯通的永久缝，缝内应设置垂直和水平止水。垂直止水布置在闸墙内，水平止水布置在闸底板内。止水片材料有金属止水片和橡胶或塑料止水片，国内已有定型产品。

三、闸首结构布置与构造

（一）闸首结构布置

闸首是将闸室和上、下游航道分隔开的挡水建筑物，其上一般设有输水廊道、闸门、阀门，闸阀门启闭机械及其相应的设备等，以调整闸室内水位升降，使船舶通过船闸，克服水位落差。闸首由墩墙和底板所构成。布置及尺寸与所选用的闸门型式、输水系统及有无帷墙等有密切关系。

闸首结构按其受力状态分为整体式结构和分离式结构。在土基上为避免由于边墩不均匀沉降而影响闸门正常工作，一般采用整体式闸首结构；岩基上的闸首，则常采用分离式结构。当岩石较完整时，可不设底扳，只有当岩石裂隙较多或岩石较软弱时，方加设底板或护底，必要时也可采用整体式结构。

（二）闸首结构尺度确定

闸首的轮廓尺寸根据闸阀门型式、输水系统布置、启闭机械布置及地基条件等因素确定，须满足使用要求及结构的稳定。

闸首在长度方向上一般由门前段、门龛段、支持段组成，对于不同的门型，各段尺寸也各不相同。

1. 门前段长度

门前段长度，主要根据工作闸门型式、检修门尺度、门槽构造及检修要求确定。当检修门槽设于闸首外与导航墙接缝处时，门前段的长度最小，一般为 1.0m 左右。该种布置方式能减小闸首长度，但因门槽设在两结构物的缝间，当两结构变位不同时，可能造成门槽不规整，给维修带来不便。在设置检修门槽不增加闸首长度的情况下，应尽量使检修门槽布置在闸首范围内。

对横拉闸门的闸首门前段，尚应考虑输水廊道进口的布置要求。

闸首的宽度等于闸首的口门宽度和两侧边墩的宽度的总和。闸首的边墩宽度取决于门龛深度、廊道宽度、阀门井尺度等因素。据已建船闸的统计，边墩宽度一般取为 2~3 倍廊道宽度。

边墩的顶部宽度主要考虑使用要求，包括启闭机房布置、交道通道的布置、管理及维修场地、其他设备等的布置要求。为节省工程造价也可在闸首边墩顶部设悬臂加宽。

在较好的地基上的闸首边墩一般均采用混凝土或钢筋混凝土重力式边墩，当地基较差时，闸首边墩可采用轻型结构，如空箱结构。空箱式边墩结构的自重小，底面积大，地基反力相应减小，当地基反力不均匀时，空箱式结构还可以在空箱中充填部分砂石料或水，以调节各种情况下的地基反力，但空箱式结构施工较复杂，钢材和模板耗费较多。

在岩石地基上，通常均采用分离式闸首结构，边墩一般均采用重力式结构。当岩石顶面较高时也可采用衬砌式结构。当岩石较坚实、完整，裂隙较少时，也可由岩石中直接开挖而成。

四、引航道上的建筑物

引航道上的建筑物主要有导航建筑物和靠船建筑物以及护坡护底等措施。它们的结构型式主要取决于建筑物的高度、水位变化的幅度、材料来源、施工条件、使用要求和地基土壤的性质等。应尽可能采用结构简单、便于施工、使用方便、经济合理的结构型式。

（一）导航和靠船建筑物

导航及靠船建筑物的结构型式较多，一般可采用固定式导航和靠船结构，当水深或水位变幅较大时，可采用浮式导航和靠船结构。固定式导航和靠船结构一般有重力式、墩式、桩墩式、空箱式、扶壁式等。当导航及靠船建筑物有隔流或挡土要求时，一般采用连续的结构，其型式和普通挡土墙基本相同。

重力式一般采用浆砌块石材料，具有施工简单、维修方便、造价较低等优点，但施工进度慢、耐久性差、对地基承载力要求较高，在水深较大和地基较软弱的地区造价较高，在缺乏石料的地区采用也是不经济的。

墩式结构一般适用于大、中型船闸中的靠船建筑物，墩式结构一般等间距布置，中心距根据船舶的靠泊要求。一般取 15～25，并在其上设置导航设备、爬梯、交通桥和照明等设施。

桩墩式结构适用于平原地区，有利于水上施工，但质量不易保证、耐久性差。

浮式导航墙，适用于库区或水深较大的河流中，预制施工进度较快、对地基无要求，但操作较麻烦、维护工作量大、容易受水流及风向等自然因素的影响。我国三峡永久船闸上游导航墙采用浮式导墙，采用二组浮箱，分别与闸首及钢筋砼墩子连接，浮箱长宽型深吃水为。

导航及靠船建筑物的前沿应作成垂直平整面，以利于船舶停靠及系泊安全。当引航道水位变幅较大时，可在靠船建筑物正面分层设置系船钩。墩与墩间一般设有人行引桥供管理人员工作及船员上、下岸之用。

导航及靠船建筑物的计算，可参照类似结构，按实际荷载及计算情况进行计算。

导航及靠船建筑物主要承受船舶撞击力，其尺度一般根据稳定和强度计算确定。并应满足系船、照明及信号装置等布置要求。

（二）护坡和护底

引航道的岸坡和底部，由于经常受到船闸泄水和溢洪时水流的冲刷、暴雨、风浪、及船行波的影响等，容易造成岸坡崩塌，引起引航道泥沙大量淤积，妨碍船舶航行。因此靠近闸首附近的一段引航道的边坡和底部，须适当加以保护。已建船闸一般采用浆砌块石、干砌块石、混凝土板及草皮等护坡。

根据船闸运用实践经验，在闸首外底部和辅导墙外铺砌30左右长度的护底或护坡是十分必要的。

护坡结构护面厚度应通过计算确定，浆砌石和干砌石护面厚度不宜小于30；混凝土护面板厚度不宜小于8。护面层以下设反滤层，分层反滤层可由碎石层和瓜米石层、粗砂层或砾砂层组成，每层厚度不宜小于15；当采用浆砌石和混凝土板护坡时，应设置排水孔，其纵横向间距可取2~5，孔径可取5~10。

通常浆砌块石或干砌块石护坡至正常通航水位以上0.5左右或戗台面上，砌石护坡以上至坡顶则可加铺草皮保护。为便于人行，在铺设浆砌块石或干砌块石范围内铺设混凝土辅道。

五、船闸防渗与排水

（一）船闸的渗流

船闸作为挡水建筑物承受着上、下游水位差的作用。在水头的作用下，船闸的地基和其两侧的回填土内，产生渗透水流（简称渗流）。渗流对建筑物产生渗透压力，降低建筑物抗滑稳定性；也可能引起地基土壤的渗透变形，甚至会引起建筑物失事。因此，研究渗流的运动规律，阐明它对船闸及其地基的影响，确定相应的防渗措施，对保证建筑物的安全具有重大意义。

为减少渗流的不利影响，通常在船闸闸首前设置水平防渗设备铺盖；在底板下设置垂直防渗设备如板桩、齿墙等。当建筑物形成上、下游水位差时，上游水经过地基向下游渗透，并从反滤层排出。图6-36所示，为一船闸闸首的剖面图，图中铺盖、板桩及底板等不透水部分与地基的接触线A—B+B—C……+K—L，称为地下轮廓线，亦即闸基渗流的第一根流线。该线长度称为防渗长度或渗径长度。

船闸的渗流情况在很大程度上取决于闸室底透水与否以及闸室相对于坝轴线位置。

当闸室为不透水闸底，且布置在坝轴线下游时，就渗流而言，整个船闸是一挡水建筑物。在水头作用下，渗流从上游经过闸首和闸室底板下的地基，同时也绕过闸首边墩和闸室墙向下游渗出。此时，由于上游水位基本不变，渗流属于稳定渗流，而且由于渗径很长，渗流一般不致对建筑物产生危害。当闸室布置在坝轴线上游时，则下闸首位于挡水线上，其渗流情况在很大程度上取决于闸室墙后回填土的构筑方式。

当闸室为透水闸底时，闸首和闸室均为独立的挡水建筑物，应分别进行防渗设计。就闸首而言，渗流自上游（或闸室）经上（或下）闸首底板向闸室（或下游）渗出，同时它也绕过闸首边墩向下游流动。就闸室而言，当闸室泄空时，闸室墙后回填土中的地下水经过闸室墙底向闸室方向渗出。当闸室灌满水时，渗流则向闸室墙后回填土渗出，因此闸室墙下的渗流为双向渗流。

当闸室采用透水闸底时，随着船闸的灌水和泄水，作用在船闸上的水头在很短时间内将由最大值降为零，然后又由零增长到最大值，从而渗流的方向也随着改变，这就使得船闸的渗流具有不稳定流性质。

如上所述，在水头作用下，在船闸的地基及其两侧回填土内均产生渗流，由于两者相互影响，呈空间渗流状态，特别当闸室为透水闸底时，其船闸渗流的空间性更为显著。

以上两点是船闸与其他水工建筑物相比在渗流方面所具有的特点。同时船闸的渗流还具有不稳定流性质。

（二）地基渗流变形及防渗措施

在渗透水流的作用下，由于渗流流速或渗透坡降的增大，在建筑物下的地基土壤可能产生破坏性的渗流变形而危及建筑物的安全。渗流变形主要有流土和管涌两种。

1. 流土

在粘性土壤中，由于土壤颗粒之间存在粘着力，阻碍了渗透水流使土壤颗粒分离，因而不易产生土壤颗粒的单独移动，但是渗透水流在其逸出处却可能将部分土体顶起，使其处于悬浮状态，这种现象成为流土。

2. 管涌

由于土壤是散粒结构，其颗粒大小不匀，颗粒间存在有许多孔隙。当渗透坡降（或渗透流速）达到某一数值时，就有可能使那些微小颗粒开始移动，使它们象处在悬浮状态一样，沿着渗流方向通过土体的孔隙被带走。由于小颗粒的被带走，土体中孔隙的容积和尺寸增大，那些较大粒径的土粒将有可能继续被带走。发展下去，有可能把土体中承重的骨架颗粒带走，于是建筑物将因此而发生较大的沉陷，甚至地基因而发生破坏。这种管涌现象主要发生在无粘性或粘性很小的土壤（如砂土、砂壤土等）中。对于粘性土，由于土壤颗粒之间具有很大的粘着力，不大容易被渗流所带走，一般不会发生管涌。

管涌的产生和发展条件是非常复杂的。根据试验观测证明，管涌的发生主要与两个因素有关，一是渗透坡降的大小，另一个是土壤颗粒组成的不均匀程度。当地基土壤颗粒组成的不均匀程度一定时，渗透坡降达到一定的数值，就将会发生管涌。另一方面，在相同的渗透坡降作用下，土壤颗粒组成愈不均匀，愈容易发生管涌。根据试验资料，当渗流自下而上流动。渗流逸出处未加保护，判别无粘性土是否产生管涌，可以参考表6-8所列的数值。表中不均匀系数，及分别表示土壤中有60%及10%重量的颗粒小于和等于这一粒径。

（三）船闸的防渗与排水布置

船闸的防渗布置，一般须根据所处地基的水文地质条件（土壤性质、土层的分布、不透水层存在情况等）、作用水头的大小、船闸结构型式以及船闸在枢纽中位置等因素，综合考虑确定。其中地基的水文地质条件是主要因素。

地基土壤主要可分为砂性和粘性两大类。砂性土壤，由于颗粒间无粘着力或粘着力很小，容易发生渗流变形。因而防渗布置时，除了考虑减少渗透压力外，还应注意防止渗流变形，尤其是在细砂和粉砂地基上更要特别注意。粘性土壤颗粒间具有粘着力，不易发生渗流变形，因而防渗布置主要是减少渗透压力，提高建筑物抗滑稳定性。

1. 船闸闸室为透水闸底的防渗布置

如前所述，当闸室为透水闸底时，闸首和闸室均是独立的挡水建筑物，它们各自都应设置防渗设备。

在砂性土地基上，当闸首底板的渗径长度不够时，可采用板桩及铺盖等防渗措施，并在渗流排出的地方设置反滤层。一般多在闸首底板的前、后端打板桩，在易液化的粉砂地基上，宜采用封闭式防渗措施，即在闸首地基的四周用板桩包围。

至于闸首边墩两侧回填土内的渗流，主要应防止回填土与混凝土边墩接触处产生集中渗流。为防止产生集中渗流，可采用如下措施：

（1）边墩背面不宜有向回填土侧的倒坡，水下部分沿墙高不宜有突出部分。

（2）当闸首为挡水线的一部分时，在挡水线的上游侧宜设置粘土防渗墙，必要时还可设置刺墙等防渗设施。

对于闸室，由于在透水闸底的闸墙下面产生横向渗流，最简单的防渗措施是设置齿墙，若还不能满足防渗要求时，则可在闸室内侧闸墙下渗流出口处设置一道板桩，在闸室内设置反滤层。为减小渗流水头和作用在闸墙的水压力，闸墙的回填土内，通常设置明沟或排水管排水。明沟和排水管的起始点布置在闸室起点附近，其出口高程可根据检修要求确定。排水管及明沟的纵坡宜取为 1：200～1：500。墙后回填土中的排水管距墙背的距离宜为 2～3m。沿排水管每隔 25～50m 应设置检查井。对于双向水头的船闸，必要时可设置上、下两层排水管，在排水管出口处设置可控制阀门，以防止高水时水流进入墙后回填土内。

在粘性土地基上船闸防渗一般多采用齿墙和铺盖或防渗墙等设施。

2. 船闸闸室为不透水闸底的防渗布置

当闸室位于坝轴线的下游时，由于整个船闸是一个挡水建筑物，闸首和闸室的总渗径长度大大超过防渗所必须的安全长度，所以防渗布置比较简单。一般仅在闸室墙后回填土内设置明沟或排水管，以降低墙后地下水位，改善闸室结构工作条件。

当闸室位于坝轴线上游时，可以在闸室墙后填筑宽度较大的回填土体，并在回填土内设置排水管，以减少作用在闸室墙上的水压力。也可以在墙后只填筑较窄的回填土体，而不设置排水设施，或者在闸室墙后不填筑回填土或者不填筑到顶，此时整个渗流水头由位于坝轴线的下闸首承受，下闸首的防渗布置比较复杂。具体采用哪一种方案应根据枢纽布置情况，并进行技术经济比较确定。

（四）防渗与排水构造

防渗铺盖的长度应根据地基特性以及其他防渗设施情况确定。一般采用设计水头的 2~3 倍，或地下轮廓线水平投影长度的 25%~40%。防渗铺盖有柔性和刚性的两种，柔性铺盖主要采用粘土铺筑，刚性铺盖则采用混凝土或钢筋混凝土制成，其材料的渗透系数应小于地基的渗透系数的 1/100。粘性铺盖适用于砂性土地基，混凝土铺盖适用于透水性较小的地基。

粘土铺盖的厚度，上游端采用 0.5~1.0，向下游逐渐加大，在与闸首接触处宜做成倾斜面接缝，并在其间设有止水，必要时也可将铺盖和底板均加深形成齿墙。为保护粘土铺盖，在铺盖层上设置反滤层及块石护面。

钢筋混凝土铺盖厚度约为 20~50，一般采用混凝土，其表面可涂防水材料。为适应地基沉降，钢筋混凝土铺盖应用纵横缝分块，缝距可取 10~20，缝内设置止水。

防渗板桩可采用钢筋混凝土板桩，其厚度一般采用 15~30，入土深度不小于 2.5，桩尖应埋入不透水层一定深度。在粘性地基中，由于板桩打入后粘性土被切断，板桩与粘土的接触面比较光滑容易产生集中渗流，因此在这类地基中一般不宜采用板桩。

防渗刺墙可用混凝土、钢筋混凝土、浆砌块石或粘土等材料筑成，刺墙与边墩间设止水，刺墙长度一般为水位差的 1~3 倍，或嵌入岩石 0.5~1.0，并高于侧向渗流水面。

在软基上，闸墙底板下多设齿墙，齿墙深度一般不大于 2.0，底宽不小于 0.5，岩基上齿墙较浅，一般嵌入新鲜岩层 0.5~1.0。

墙后填土中的排水暗管，一般采用预制混凝土管，管径大小与填土性质、排水量大小有关。直径一般为 30，管壁厚约 5，管的下半部开有小孔，孔径约为，或采用透水混凝土管，管外做反滤层。

反滤层的作用主要是增加地基的抗渗能力和防止产生渗透变形，防止土壤颗粒被渗流带走，通常设置在渗流逸出处。反滤层可采用分层反滤层、混合反滤层或土工织物反滤层，并应符合以下规定：

1. 透水性应大于其所保护的土壤。
2. 较细一层的颗粒不应穿过颗粒较大一层的孔隙。
3. 被保护的土壤不应穿过反滤层被带走。
4. 同层必须稳定，颗粒在层内不发生移动。

第五节　船闸闸门与阀门

一、闸门

闸门是用于关闭和开放泄（放）水通道的控制设施。水工建筑物的重要组成部分，可用以拦截水流，控制水位、调节流量、排放泥沙和飘浮物等。在工作闸门中，大型露顶式闸门和高水头潜孔式闸门多用弧形闸门，船闸上多用人字闸门和横拉闸门，检修闸门和事故闸门一般都用平面闸门。对一门多槽使用的平面闸门，必须分别在每个门槽中进行无水情况下的全过程启闭试验，并经检查合格；对利用一套自动挂过梁操作多孔和多扇闸门的情况，则应逐孔、逐扇进行配合操作试验，并确保挂脱钩动作100%可靠。

（一）闸门分类

1. 闸门分类方法较多，主要有：

（1）按闸门的工作性质可分为工作闸门、检修闸门和事故闸门。工作闸门也称主要闸门，能在动水中启闭。检修闸门设于工作闸门前。用于建筑物或工作闸门等检修时短期挡水，一般在静水中启闭。事故闸门多设于深孔工作闸门前，用于建筑物或设备出现事故时，能在动水中关闭而在静水中开启；兼作检修闸门时，也称事故检修闸门；需要在限定时间内紧急关闭的事故闸门，称为快速闸门。

（2）按闸门关闭时门顶与水面的相对位置分为露顶式闸门和潜孔式闸门。

（3）按门叶的外观形状分为平面闸门、弧形闸门、人字闸门、拱形闸门、球形闸门和圆筒闸门等。

（4）按制造门叶的材料分为钢闸门、铸铁闸门、不锈钢闸门、铸铁镶铜闸门、木闸门、钢筋混凝土闸门和组合材料闸门。另外，有些闸门，如翻板闸门可借助水力自动启闭，称为水力自动闸门。选择闸门形式需要考虑其在水工建筑物中的位置、尺寸、设计水头、运用条件、制造能力和安装技术水平等因素，要求做到泄流时水流条件好、止水严密、启闭力小、操作简便灵活、检修维护方便等。平面闸门和弧形闸门是最常用的门型。在工作闸门中，大型露顶式闸门和高水头潜孔式闸门多用弧形闸门，船闸上多用人字闸门和横拉闸门，检修闸门和事故闸门一般都用平面闸门。制造门叶的材料近代多用钢材，而钢筋混凝土多用做需要借自重关闭施工导流底孔的封堵闸门。此外，在压力管道中使用的将门叶、外壳和启闭机械组成一体的控制设施，通称阀门。

2. 我们将水利闸门进行如下分类：

（1）如果按闸门的工作性质可分为工作闸门、检修闸门和事故闸门。

（2）如果按闸门关闭时门顶与水面的相对位置分为露顶式闸门和潜孔式闸门。

（3）当我们按闸门门叶的外观形状分为平面闸门、弧形闸门、人字闸门、拱形闸门、球形闸门和圆筒闸门等。

（4）按制造闸门门叶的材料分为钢闸门、铸造闸门、木闸门、钢筋混凝土闸门和组合材料闸门。对于翻板闸门可借助水力自动启闭，称为水力自动闸门。

（二）结构组成

闸门主要由三部分组成：

1. 主体活动部分，用以封闭或开放孔口，通称闸门，亦称门叶。

2. 埋固部分。

3. 启闭设备。

活动部分包括面板梁系等称重结构、支承行走部件、导向及止水装置和吊耳等。埋件部分包括主轨、导轨、铰座、门楣、底槛、止水座等，它们埋设在孔口周边，用锚筋与水工建筑物的混凝土牢固连接，分别形成与门叶上支承行走部件及止水面，以便将门叶结构所承受的水压力等荷载传递给水工建筑物，并获得良好的闸门止水性能。启闭机械与门叶吊耳连接，以操作控制活动部分的位置，但也有少数闸门借助水力自动控制操作启闭。

（三）闸门安装

1. 安装技术要求

（1）平面闸门及其门槽埋设件的安装，应按施工图纸的规定进行。

（2）平面闸门的埋设件安装，应符合相关规定。

（3）闸门主支承部件的安装调整工作应在门叶结构拼接装焊接完毕，经过测量校正合格后方能进行。所有主支承面应当调整到同一平面上，其误差不得大于施工图纸的规定。

（4）充水装置和自动挂脱梁定位装置的安装，除应按施工图纸要求外，还需注意与自动挂脱梁的配合，以确保安全可靠地动作。

（5）平面闸门水封装置的安装技术要求，应按规定执行。

（6）平面闸门安装完毕后，应清除埋件表面的门叶上的所有杂物，特别应注意清除不锈钢水封座板表面的水泥浆。在滑道支承面和滚轮轴套涂抹或灌注润滑脂。

（7）经监理人检查合格的平面闸门及门槽埋件，方能按规定进行涂装修补。

（8）平面闸门安装完毕，应作静平衡试验。试验方法为：将闸门自由地吊离地面100mm，通过滚轮或滑轮或滑道的中心测量上、下游方向与左、右方向的倾斜，单吊点平面闸门的倾斜不应超过门高的1/1000，且不大于8mm；平面链轮闸门的倾斜应不超过门高的1/1500，且不大于3mm；当超过上述规定时，应予配重调整。

2. 平面闸门的试验闸门安装完毕后，承包人应会同监理人对平面闸门进行试验和检查。试验前应检查并确认自动挂脱梁挂脱钩动作灵活可靠；充水装置在其行程内升降自如、密封良好；吊杆的连接情况良好。平面闸门的试验项目包括：

（1）无水情况下全行程启闭试验。试验过程检查滑道或滚轮的运行无卡阻现象，双吊点闸门的同步应达到设计要求。在闸门全关位置，水封橡皮无损伤，漏光检查合格，止水严密。在本项目试验的全过程中，必须对水封橡皮与不锈钢水封座板的接触面采用清水重淋润滑，以防损坏水封橡皮。

（2）静水情况下的全行程启闭试验。本项试验应在无水试验合格后进行。试验、检查内容与无水试验相同（水封装置漏光检查除外）。

（3）动水启闭试验。对于事故闸门、工作闸门应按施工图纸要求进行动水条件下的启闭试验，试验水头应尽可能与设计水头相一致。动水试验前，承包人应根据施工图纸及现场条件，编制试验大纲报送监理人批准后实施。

（4）通用性试验。对一门多槽使用的平面闸门，必须分别在每个门槽中进行无水情况下的全过程启闭试验，并经检查合格；对利用一套自动挂过梁操作多孔和多扇闸门的情况，则应逐孔、逐扇进行配合操作试验，并确保挂脱钩动作100%可靠。

二、阀门

阀门是用来开闭管路、控制流向、调节和控制输送介质的参数（温度、压力和流量）的管路附件。根据其功能，可分为关断阀、止回阀、调节阀等。

阀门是流体输送系统中的控制部件，具有截止、调节、导流、防止逆流、稳压、分流或溢流泄压等功能。用于流体控制系统的阀门，从最简单的截止阀到极为复杂的自控系统中所用的各种阀门，其品种和规格相当繁多。

阀门可用于控制空气、水、蒸汽、各种腐蚀性介质、泥浆、油品、液态金属和放射性介质等各种类型流体的流动。阀门根据材质还分为铸铁阀门，铸钢阀门，不锈钢阀门，铬钼钢阀门，铬钼钒钢阀门，双相钢阀门，塑料阀门，非标订制阀门等。

阀门是在流体系统中，用来控制流体的方向、压力、流量的装置，是使配管和设备内的介质（液体、气体、粉末）流动或停止并能控制其流量的装置。

阀门是管路流体输送系统中控制部件，用来改变通路断面和介质流动方向，具有导流、截止、节流、止回、分流或溢流卸压等功能。用于流体控制的阀门，从最简单的截止阀到极为复杂的自控系统中所用的各种阀门，其品种和规格繁多，阀门的公称通径从极微小的仪表阀大至通径达10m的工业管路用阀。可用于控制水、蒸汽、油品、气体、泥浆、各种腐蚀性介质、液态金属和放射性流体等各种类型流体地流动，阀门的工作压力可以从0.0013MPa到1000MPa的超高压，工作温度可以$c-270℃$的超低温到1430℃的高温。

阀门的控制可采用多种传动方式，如手动、电动、液动、气动、涡轮、电磁动、电磁液动、电液动、气液动、正齿轮、伞齿轮驱动等；可以在压力、温度或其他形式传感信号的作用下，按预定的要求动作，或者不依赖传感信号而进行简单的开启或关闭，阀门依靠驱动或自动机构使启闭件作升降、滑移、旋摆或回转运动，从而改变其流道面积的大小以实现其控制功能。

（一）分类

1. 按作用和用途

（1）关断阀

这类阀门是起开闭作用的。常设于冷、热源进、出口，设备进、出口，管路分支线（包括立管）上，也可用作放水阀和放气阀。常见的关断阀有闸阀、截止阀、球阀和蝶阀等。

闸阀可分为明杆和暗杆、单闸板与双闸板、楔形闸板与平行闸板等。闸阀关闭严密性不好，大直径闸阀开启困难；沿水流方向阀体尺寸小，流动阻力小，闸阀公称直径跨度大。

截止阀按介质流向分直通式、直角式和直流式三种，有明杆和暗杆之分。截止阀的关闭严密性较闸阀好，阀体长，流动阻力大，最大公称直径为DN200。

球阀的阀芯为开孔的圆球。板动阀杆使球体开孔正对管道轴线时为全开，转90°为全闭。球阀有一定的调节性能，关闭较严密。

蝶阀的阀芯为圆形阀板，它可沿垂直管道轴线的立轴转动。当阀板平面与管子轴线一致时，为全开；闸板平面与管子轴线垂直时，为全闭。蝶阀阀体长度小，流动阻力小，比闸阀和截止阀价格高。

（2）止回阀

这类阀门用于防止介质倒流，利用流体自身的动能自行开启，反向流动时自动关闭。常设于水泵的出口、疏水器出口以及其他不允许流体反向流动的地方。止回阀分旋启式、升降式和对夹式三种。对于旋启式止回阀，流体只能从左向右流动时，反向流动时自动关闭。对于升降式止回阀，流体从左向右流动时，阀芯抬起，形成通路，反向流动时阀芯被压紧到阀座上而被关闭。对于对夹式止回阀，流体从左向右流动时，阀芯被开启，形成通路，反向流动时阀芯被压紧到阀座上而被关闭，对夹式止回阀可多位安装、体积小、重量轻、结构紧凑。

（3）调节阀

阀门前后压差一定，普通阀门的开度在较大范围内变化时，其流量变化不大，而到某一开度时，流量急剧变化，即调节性能不佳。调节阀可以按照信号的方向和大小，改变阀芯行程来改变阀门的阻力数，从而达到调节流量目的的阀门。调节阀分手动调节阀和自动调节阀，而手动或自动调节阀又分许多种类，其调节性能也是不同的。自动调节阀有自力式流量调节阀和自力式压差调节阀等。

（4）真空类

真空类包括真空球阀、真空挡板阀、真空充气阀、气动真空阀等。其作用是在真空系统中，用来改变气流方向，调节气流量大小，切断或接通管路的真空系统元件称为真空阀门。

（5）特殊用途类

特殊用途类包括清管阀、放空阀、排污阀、排气阀、过滤器等。

排气阀是管道系统中必不可少的辅助元件，广泛应用于锅炉、空调、石油天然气、给排水管道中。往往安装在制高点或弯头等处，排除管道中多余气体、提高管道路使用效率及降低能耗。

2. 按公称压力

（1）真空阀：指工作压力低于标准大气压的阀门。

（2）低压阀：指公称压力 PN≤1.6Mpa 的阀门。

（3）中压阀：指公称压力 PN 为 2.5Mpa、4.0Mpa、6.4Mpa 的阀门。

（4）高压阀：指公称压力 PN 为 10.0Mpa～80.0Mpa 的阀门。

（5）超高压阀：指公称压力 PN≥100.0Mpa 的阀门。

3. 按工作温度：

（1）超低温阀：用于介质工作温度 t < −101℃ 的阀门。

（2）常温阀：用于介质工作温度 −29℃ < t < 120℃ 的阀门。

（3）中温阀：用于介质工作温度 120℃ < t < 425℃ 的阀门。

（4）高温阀：用于介质工作温度 t > 425℃ 的阀门。

按驱动方式可分为自动阀类、动力驱动阀类和手动阀类。

4. 按公称通径

（1）小通径阀门：公称通径 DN≤40mm 的阀门。

（2）中通径阀门：公称通径 DN 为 50～300mm 的阀门。

（3）大通径阀门：公称阀门 DN 为 350～1200mm 的阀门。

（4）特大通径阀门：公称通径 DN≥1400mm 的阀门。

5. 按结构特征

阀门的结构特征是根据关闭件相对于阀座移动的方向可分为：

（1）截门形：关闭件沿着阀座中心移动；如截止阀。

（2）旋塞和球形：关闭件是柱塞或球，围绕本身的中心线旋转；如旋塞阀、球阀。

（3）闸门形：关闭件沿着垂直阀座中心移动；如闸阀、闸门等。

（4）旋启形：关闭件围绕阀座外的轴旋转；如旋启式止回阀等。

（5）蝶形：关闭件的圆盘，围绕阀座内的轴旋转；如蝶阀、蝶形止回阀等。

（6）滑阀形：关闭件在垂直于通道的方向滑动。

6. 按连接方法

（1）螺纹连接阀：阀体带有内螺纹或外螺纹，与管道螺纹连。

（2）法兰连接阀门：阀体带有法兰，与管道法兰连接。

（3）焊接连接阀门：阀体带有焊接坡口，与管道焊接连接。

（4）卡箍连接阀门：阀体带有夹口，与管道夹箍连接。

（5）卡套连接阀门：与管道采用卡套连接。

（6）对夹连接阀门：用螺栓直接将阀门及两头管道穿夹在一起的连接形式。

7. 按阀体材料

（1）金属材料阀门：其阀体等零件由金属材料制成。如铸铁阀门、铸钢阀、合金钢阀、铜合金阀、铝合金阀、铅合金阀、钛合金阀、蒙乃尔合金阀等。

（2）非金属材料阀门：其阀体等零件由非金属材料制成。如塑料阀、搪瓷阀、陶瓷阀、玻璃钢阀门等。

（二）要求

1. 安装要求

（1）阀门安装之前，应仔细核对所用阀门的型号、规格是否与设计相符。

（2）根据阀门的型号和出厂说明书检查对照该阀门可否在要求的条件下应用。

（3）阀门吊装时，绳索应绑在阀体与阀盖的法兰连接处，且勿拴在手轮或阀杆上，以免损坏阀杆与手轮。

（4）在水平管道上安装阀门时，阀杆应垂直向上，不允许阀杆向下安装。

（5）安装阀门时，不得采用生拉硬拽的强行对口连接方式，以免因受力不均，引起损坏。

（6）明杆闸阀不宜装在地下潮湿处，以免阀杆锈蚀。

2. 装配要求

清洗干净的部件必须密封保存，以供安装。

对安装过程要求如下：

（1）安装车间必须保证洁净，或者搭建临时的洁净区域，例如用新购的彩条布或者塑料薄膜等，防止在安装过程中有灰尘进入。

（2）装配工人必须身着洁净的纯棉工作服，头戴纯棉帽，头发不能外漏，脚穿干净鞋子，手戴塑胶手套，脱脂。

（3）装配用工具必须装配前进行脱脂清洗，保证洁净。

3. 验收要求

验收遵循 HG 20202－2000《脱脂工程施工及验收规范》，装配前每个零部件均用干净的精密滤纸进行擦拭，选择部件死角，滤纸不变颜色为合格。

（1）阀门的型号应注明依据的国标编号要求。若是企业标准，应注明型号的相关说明。

（2）阀门工作压力，要求≥管道的工作压力，在不影响价格的前提下，阀门可承受的工压应大于管道实际的工压。

（3）阀门制造标准，应说明依据的国标编号，若是企业标准，采购合同上应附企业文件。

4. 阀门的性能检测要求

（1）阀门某一规格批量制造时，应委托权威性机构进行以下性能的检测：阀门在工压状况下的启闭力矩；阀门在管道输水状况下的流阻系数的检测。

（2）阀门在出厂前应进行以下的检测：阀门在开启状况下，阀体应承受阀门工压值二倍的内压检测；阀门在关闭状况下，两侧分别承受 11 倍阀门工压值，无渗漏；但金属密封的蝶阀，渗漏值亦不大于相关要求。

5. 密封要求

阀门的密封性能是指阀门各密封部位阻止介质泄漏的能力，它是阀门最重要的技术性能指标。阀门的密封部位有三处：启闭件与阀座两密封面间的接触处；填料与阀杆和填料函的配合处；阀体与阀盖的连接处。其中前一处的泄漏叫做内漏，也就是通常所说的关不严，它将影响阀门截断介质的能力。对于截断阀类来说，内漏是不允许的。后两处的泄漏叫做外漏，即介质从阀内泄漏到阀外。外漏会造成物料损失，污染环境，严重时还会造成事故。对于易燃易爆、有毒或有放射的介质，外漏更是不能允许的，因而阀门必须具有可靠的密封性能。

6. 其他要求

（1）装配完成的阀门用氮气至少吹扫 1 分钟。

（2）气密试验必须是用纯净的氮气。

（3）气密试验合格后进行包封，用干净聚乙烯帽密封，聚乙烯帽使用前应用有机溶剂浸泡，擦拭干净。

（4）然后用真空袋进行密封。

（5）最后装箱。

（6）运输过程中要采取措施保证包封不破损。

（三）清洗步骤

阀门的零部件在组装前必须经过以下过程处理：

1. 根据加工要求，部分零部件需要做抛光处理，表面不能有加工毛刺等。

2. 所有零部件进行脱脂处理。

3. 脱脂完成后进行酸洗钝化，清洗剂不含磷。

4. 酸洗纯化后用纯净水冲洗干净，不能有药剂残留，碳钢部件省去此步骤。

5. 逐个零部件用无纺布进行擦干，不能有线毛等留存部件表面，或者用洁净的氮气进行吹干。

6. 用无纺布或者精密滤纸沾分析纯酒精对逐个零部件进行擦拭，直至没有脏色。

（四）日常保养

1. 阀门存放环境需注意，应存放在干燥通风的室内，且堵塞通路两端。

2. 阀门应定期检查，并清除其上的污物，涂抹涂防锈油在其表面。

3. 安装应用后的阀门，应对其进行定期检修，以确保其正常工作。

4. 应查看阀门密封面是否磨损，并根据情况进行维修或更换。

5. 检查阀杆和阀杆螺母的梯形螺纹磨损情况、填料是否过时失效等，并进行必要的更换。

6. 应对阀门的密封性能进行试验，确保其性能。

7. 运行中的阀门应完好，法兰和支架上的螺栓齐全，螺纹无损，没有松动现象。

8. 如手轮丢失，应及时配齐，而不能够用活扳手代替。

9. 填料压盖不允许歪斜或无预紧间隙。

10. 如果阀门使用环境较为恶劣，易受雨雪、灰尘、风沙等污物沾染，则应该为阀杆安装保护罩。

11. 阀门上的标尺应保持完整、准确、清晰，阀门的铅封、盖帽。

12. 保温夹套应无凹陷、裂纹。

13. 运行中的阀门，避免对其敲打，或者支撑重物等。

三、船闸输水阀门流激振动

（一）阀门有限元模型

输水阀门所用的钢材型号为 Q345b 钢，其弹性模量 $E = 2.06 \times 10^{11} Pa$，泊松比滋 = 0.26，密度 $\rho = 7850 kg/m^3$。有限元模型中，面板、横梁、纵梁、吊耳、翼板及底缘全部离散为薄板单元，采用壳单元 shell63 模拟，流固耦合中门体附加的水体质量采用 Mass21 质量单元模拟，模型共有 61609 个单元，61187 个节点，模型 X 方向为行程方向，Y 方向为阀门侧向，Z 为水流方向。

（二）阀门模态分析

阀门自振频率是其振动的内因，研究输水阀门的动特性和流激振动，都必须基于阀门自振特性。探究阀门自振特性，如何设计、选用能够避开水流脉动频率的阀门，是工程上迫切关注的问题。对阀门进行模态分析主要有两个目的，第一，分析前几阶的自身固有频率，避免其与水流荷载发生共振。第二，分析前几阶的振型，对门体软弱部位的破坏进行预防。

考虑到水体对门体具有耦合作用，门体干模态与湿模态差别相当显著，在计算中采取附加质量法实现门体与水体之间的耦合。工程上所关心的通常是阀门的低阶模态特性，利用 ANSYS 计算了原型观测水位时，0.5m、1.5m、2.5m、3.5m、4.5m 共 5 个开度下，阀门前 5 阶自振频率和振型。

阀门前两阶振型主要是门体左、右下角发生较大的扭曲变形，该部位直接与水流接触，容易受到破坏。第三阶振型除门体左、右下角发生较大的扭曲变形外，纵梁下部侧位移较大，此时门体整体呈侧向弯曲形变。第四阶振型、第五阶振型为门体下部逆着水流方向发生凸起的弯曲变形、门体下部顺着水流方向发生凹下的弯曲变形，侧滑轮和止水的约束使得门体两侧刚度较大、形变量小、中间部位刚度小、形变量大。

（三）流激振动原型观测

选取上游水位 26.8m，下游水位 23.6m 的运行期常水位进行阀门振动加速度的原型观测。阀门在 3.2m 水头差下双边匀速开启，开启时间为 244.6s，对于 X 方向，开度在 1.5m 与 2m 之间时振动加速度出现最大值 0.46m/s²，绝大多数振动值均在 0.2m/s² 范围内；对于 Y 方向，阀门开度在 3m 与 3.5m 开度之间振动加速度出现最大值 1.64m/s²，绝大多数振动值均在 0.4m/s² 范围内；对于 Z 方向，阀门开度在 2m 附近时，振动加速度出现最大值 0.44m/s²，绝大多数振动值均在 0.3m/s² 范围内；对于总加速度，阀门开度在 3m 与 3.5m 之间振动加速度达到最大值 1.64m/s²，绝大多数振动值均在 0.7m/s² 范围内。

（四）流激振动应力、应变特性

由于廊道内水体流态变化极其复杂且不稳定，很难获得到门体实际承受的水体荷载，并在有限元模型上进行加载计算。这里的计算思路是将阀门所受到的实测振动荷载施加到有限元模型中，计算振动剧烈时刻阀门结构的应力应变情况，研究其振动特性。

X 方向振动分量达到最大时，门体最大应力为 34.3MPa，最大应变量为 0.567mm，均发生在迎水板的左下角和右下角。Y 方向振动分量达到最大时，同时也是整个运行过程中总加速度最大时刻，门体最大应力为 255MPa，发生在吊耳与顶横梁交接处，最大应变量为 0.987mm，发生在迎水板的左下角和右下角。Z 方向振动分量达到最大时，门体最大应力为 158MPa，最大应变量为 3.674mm，均发生在迎水板的左下角和右下角，此时外侧底缘部位最大应力达到 138MPa。

计算结果表明，观测水位下，运行过程中阀门各部位的应力均没有超过材料的局部承压容许应力 345MPa，材料富有安全度，迎水板的左、右下角变形较大属于振动薄弱部位。阀门振动加速度未出现较大波动，振动强度比较小，属于微幅振动。阀门局部应力较大部位为：吊耳与顶横梁连接处、迎水板左、右下角、外侧纵梁与滑轮交接处、背水板与横、纵梁共同交汇处、底缘外侧以及中间部位。相对而言，阀门 Y 方向（即侧向）的振动较为剧烈，应力集中现象较为明显，造成门体的破坏主要是吊耳与顶横梁焊接处。阀门 Z 方向（即水流方向）的振动，虽然应力集中并不明显，但对门体的形变破坏最为严重，此时门体底缘附近部位破坏最为严重。阀门 X 方向（即行程方向）振动的幅值与 Z 方向类似，但给阀门带来的破坏相对 Z 方向而言要轻微得多，可见，Y、Z 方向振动是阀门流激振动的主导因子。

第六节　启闭机械

一、启闭机概述

启闭机是合机、电、液、仪为一体的比较新的启闭机械，目前已经被广泛地推广应用在一些水利工程中。在启闭闸门中经常会处理一些运行故障方面的现象，就像在闸门开启之后出现很多液压阀阀芯卡死以及自动下滑等现象，其运动不灵活和不到位的问题经常出现，这些问题都可能导致其执行元件的动作失去控制等。所以，这就需要管理人员加强对其的控制，加强液压启闭闸门故障的原因等分析和总结，并且同时将一些问题扼杀在萌芽状态。

（一）启闭机的作用

启闭机是用来开起与关闭闸门、拦污珊等的起重设备。根据水电厂的运行需要，启闭机担负着调节闸门过流量，宣泄洪水、排沙、冲沙等重要任务。同时，启闭机机械也可以完成其他金属结构与机电设备的安装与检修等工作。

（二）启闭机的特点

1. 启闭机操作的不是自由悬挂的重物，而是沿着闸门槽上下移动或饶着支铰旋转的闸门。

2. 动水中启动闸门的启闭机，载荷的大小还与闸门开度而变化的动水压力有关。

3. 特别是大跨度的闸门，需要双吊点启闭，一定要保持双吊点同步。

4. 启闭机的速度非常低。一般不超过 4 米/分，只有一些快速闸门才达到 10～14 米/分。

（三）启闭机的分类

启闭机按机械本身结构布置的不同，主要分两大类：

1. 固定式启闭机：卷扬式、齿条式、链式、螺杆式和油压式。

2. 移动式启闭机：门架式、半门式、桥式和台车式。

根据启闭机的传动方式分：有机械传动和液压传动两种形式。

（四）启闭机的主要技术参数

启闭机主要技术参数有：额定起重量、起升高度或扬程、工作速度、跨度等。它们是用来说明启闭机性能和规格的一些数据。

1. 额定起重量

额定起重量是指吊具或取物装置（如抓梁）所能起升的最大工作负荷。包括吊具的自重。单位为千克。

2. 起升高度或扬程

吊具最低位置与最高位置的垂直距离，称为启闭机的高度或扬程。一般在数值上与卷筒的最大收放绳量或液压启闭机活塞最大行程相等。单位为米。

3. 工作速度

工作速度包括启闭机的起升、闭门和运行速度。

（1）起升速度是电动机在额定转速下或油泵在额定排油量下吊具的上升速度。单位为米/分。

（2）闭门速度是指快速闸门启闭机在电动机关闭或液压回路节流油阀在最大开度时，闸门靠自重下落的速度，单位米/分。

（3）运行速度是指移动式启闭机运行结构的电动机在额定转速时，大车或小车沿直线运行的速度，单位米/分。

（4）回转速度是指回转结构电动机在额定转速时的运转速度，单位米/分。

4. 跨度

跨度是指移动式启闭机大车运行轨道中心之间的距离，即大车的轨距。单位为米。

5. 起重机的工作级别

起重机的工作级别是指起重机的工作忙闲程度，即启闭机一年内总的运行时间。

（1）轻级工作制是指运行时间短，间歇时间长。如：闸门与拦污删等。

（2）中级工作制是指使用频繁的启闭机。如：船闸的人字门等。

二、闸门启闭机

闸门启闭机，又称为启闭机闸门，是一种大型水利机械产品，闸门启闭机关系到水工建筑物的正常运行，除应满足一般起重机械的设计要求外，工作安全可靠和操作灵活方便具有特殊的意义。

（一）类型种类

闸门启闭机可按不同特征进行分类：

1. 按操作动力可分为人力、电力、液力。

2. 按动力传送方式可分为机械传动和液压传动。机械传动又分为皮带传动、链条传动、齿轮传动和组合传动。液压传动可分为油压传动和水力传动。

3. 按启闭机的安装状况可分为固定式和移动式。中国常以此种分类法命名启闭机。

4. 按闸门与启闭机连接方式可分为柔性、刚性和半刚性连接。

5. 按闸门的特征类别分为平面闸门启闭机、弧形闸门启闭机和人字闸门操作机械等。

通常也习惯以其综合的特征命名闸门的操作设备，如螺杆式启闭机、链式启闭机、卷扬式启闭机、液压启闭机、台车式启闭机、门式启闭机（起重机）等。

（二）主要参数

启闭力、闸门开启或下降（关门）的牵引力或施加的压力、启闭行程和启闭速度。选择启闭机类型时，主要考虑以下因素：闸门形式、封口尺寸和运行条件，同型闸门孔口数量和闸门设置扇数，闸门起吊耳的个数，启闭力、启闭行程和启闭速度，启闭机动力状况、设置地点、空间尺度和其他操作要求等。

（三）闭机种类

1. 螺杆式启闭机

螺杆式启闭机可以分为：手电两用螺杆式启闭机手推式螺杆式启闭机、侧摇式启闭机、手动螺杆启闭机等几种用螺纹杆直接或通过导向滑块、连杆与闸门门叶相连接，螺杆上下移动以启闭闸门的机械。螺杆支承在承重螺母内，螺母和传动机构（伞齿轮传动或蜗轮传动）固定在支承架上。接通电源或用人力手摇柄拖动传动机构，带动承重螺母旋转，使螺杆升降以启闭闸门。螺杆是受压受拉杆件，需要下压力迫使闸门下降时应计算压杆的稳定性。螺杆式启闭机结构简单，坚固耐用，造价低廉，适用于小型平面闸门和弧形闸门，其启闭力一般在200kN以下。500kN、750kN大容量的螺杆启闭机也已生产，用于潜水孔平面闸门和弧形闸门的操作。

2. 固定式启闭机

对于水利工程的建造师来说，都会接触到水闸施工，然而在水闸施工时，怎样对启闭机进行安装呢？固定式启闭机安装有什么要求？

对于固定式的启闭机来说，其安装主要是以闸门起吊中心为基准，纵向以及横向的偏差距离应该不能小于3mm，水平的偏差应该小于千分之0.5左右，而高程的偏差可以达到5mm。螺杆式的启闭机在进行螺杆与闸门进行连接的过程中，其垂直偏差处理不会大于千分之0.5；我们还要在启闭机进行安装时进行全面的检查与检验工作。要对开式的齿轮以及轴衬进行全面的转动，并在转动的地方进行油污和铁屑的清洁处理工作，主要是对灰尘的清除，再加上新的油，并按照减速箱的说明进行安装，还要按照产品的说明书进行加油以及规定油位的处理。我们在启闭机在进行定位时，机架底的脚部螺栓处理要进行混凝土的浇灌处理，其机座与混凝土必须要用水泥砂浆进行填埋。我们的门机安装的过程中，全进行全面的清点与排查，还要对机器的构件进行安装，在安装的过程中，偏差必须要符合图纸的相关规定，如果没有准确的规定，可以参考相应的要求进行执行；对于门机的轨道安装时，其门的组装如果有偏差的话，应该是以图纸和厂家的说明书中规定的内容来进行安装。

3. 卷扬式启闭机

用钢索或钢索滑轮组作吊具与闸门相连接，通过齿轮传动系统使卷扬筒绕、放钢索从而带动升降的机械（图2），也叫做钢丝绳固定式卷扬机。它构造较简单易于制造，维护检修方便，广泛应用于各种类型闸门的启闭。卷扬式启闭机分为单吊点和双吊点两种。双吊点卷扬式启闭机是通过连接轴将两个单吊点的启闭机连接在一起进行同步运行，可做成一边驱动或两边驱动。卷扬式启闭机通常是一扇闸门用一台启闭设备，安装在高出闸门槽顶部的闸墩上。中国已生产并投入运行的卷扬式启闭机容量已达到：启门力 6000kN、启闭行程 30m，及启门力 4000kN、启闭行程 120m。

4. 液压式启闭机

用活塞杆与闸门连接，以液体压力作动力推动活塞使闸门升降的启闭机。液体一般用矿物油，故常称油压启闭机。高压油通过管道由油泵输送。液压启闭机机体结构简单，占地面积小，传动平稳，控制方便，制造精度高，广泛用于启闭各类形式的闸门。液压启闭机的主要部件有：活塞杆、液压缸、供排油管路系统及油泵电动机组等。按活塞杆受力状况分为单向作用液压启闭机与双向作用液压启闭机。闸门能依靠自重下降实现关闭，可选用单向作用的液压启闭机；闸门依靠自重不能顺利下降，需在门体上部加压力才能关闭时，选用双向液压启闭机。双向液压启闭机各部件受力状况、液压操作系统均较复杂，但布置较紧凑，又可省去闸门下降所需的另加重量（如加重块），多用于潜孔高压闸门的操作。双吊点启闭的闸门可用两台同型液压启闭机同步操作。中国现已生产的液压启闭机启门力已达 6000kN。苏联在电站应用的液压启闭机，启门力达 9000kN，下门力达 11100kN。

5. 移动式启闭机

沿专铺设的轨道移动，并能逐次升降数个排或列布置的闸门的机械设备。移动式启闭机类型繁多，主要有：

（1）按吊具移动的方向分为单向移动启闭机和双向移动启闭机。前者吊具仅沿坝面线左右移动；后者不仅沿坝轴线方向左右移动，而且也能上、下游方向移动。

（2）按移动架状况分为台车移动式启闭机与门形移动式启闭机（亦称门式启闭机、门式起重机）。

前者主提升机构设置在底部装行走车轮的平面构架式台车上；后者的启闭机主提

升机构设置在装有行走车轮的门形构架上。单向移动式启闭机的主提升机构直接紧固在台车或门形构架的上平面上；双向移动式启闭机的主提升机构设置在台车或门形构架上平面的小车上，小车沿轨道行走的方向与台车或门形构架的移动方向成垂直。通常也称双向移动式的台车或门形构架为大车架。台车式移动启闭机通常行走在闸门门槽顶部平面或平面以上的混凝土排架上，门式移动启闭机仅行走在闸门门槽顶部平面上。门式启闭机门架腿上有时也设回转式悬臂吊钩以便起吊其他设备，从而构成多用途门形移动式启闭机。中国已生产的移动式启闭机，主提升吊具启门力达 5000kN，升程为 140m。苏联萨扬舒申斯克水电站移动式启闭机启门力达 7100kN，升程为 17.5m。

三、船闸启闭机的管理与维护

（一）液压启闭系统的组成和工作原理

通常情况下，启闭机还有可能被称为闸门液压启闭机，多是通过液体压力的能量来进行传递，在这种情况下，控制液压启闭机，从而控制闸门。通常其由最重要的一些系统，如液压泵组、液压缸、液压阀组、电气柜及操作台、油箱及其附件几个部分组成。液压启闭机通常是由液压缸和液压系统两部分构成的。通过加强控制液压系统来加强液压缸内活塞体内壁来完成轴向反复运动，连带着在活塞上的连杆和闸门做直线运动，这种方式的采取就可以完成关闭以及开启空口的工作。

闸门启闭系统工作的原理是在开启闸门的时候，可以空载启动②油泵电机组。经过时间的延续后，开始来完成动作加载⑧调压阀，从而加强调节调压块对油压力的作用。开始加强对④、⑤插装式阀组的控制，压力油通过④换向阀、⑤流量阀加强对压力油的流量、方向进行新的调节后，然后可以经过液控单向阀（缸体内）逐渐进入到缸体的有杆腔中。通过加强缸体无杆腔液压油常开回油滤油器、截止阀然后慢慢流向油箱，从而可以促进闸门的开启工作的完成。关闭闸门的时候，可以使得缸体内一些有杆腔液压油得到加强，并且可以促进液控的单向阀慢慢进入到无杆腔里面，并且与此同时开始促进⑥插装式对阀组动作进行控制，补油管和溢流回油一起对无杆腔进行补油，在自重作用下慢慢将闸门关闭。

（二）船闸运行对启闭机的基本要求

因为工况的运行状况是不一样的，因此，船闸对启闭机的各方面的性能要求等方面是比水闸要高很多的。这些比较特殊的状况有以下三种：

1. 船闸启闭机的应用管尾要比水闸的频率高很多的。

2. 水闸的速度是要比船闸的速度低很多的。

3. 船闸是对整个系统进行全面控制的，而且启闭机的现场不完全需要人来进行操作的。

因此，相对于水闸来水，船闸的启闭机要求更加的高，速度更加快，并且比别的更加可靠、更加牢固。就现在而言，大部分已经定型的启闭机都是水闸方面的。因为船闸的数量是比较有限的，并且因为提升机是作为工作闸门的船闸目前在应用中是比较少的，所以，对船闸来使得提升门启闭机并不完全有比较定型的产品在市场流通。当下国内定型的 QPQ 型的卷扬式启闭机大部分都是针对水闸来设计而成的，在 20 世纪 50 年代开始就已经有定型的产品被生产了出来。尽管当下，已经有定型产品开始生产，但是近半个世纪的时间里，其技术方面的改进并不是很大。

（三）液压启闭机管理的措施

1. 启闭机的检查

进行启闭机养护工作的过程中，要采取规范化、制度化、标准化的管理，坚持勤查勤养、预防为主的原则，在养护的过程中，定期、定级、定机、定人的相关规定要严格执行，进行液压系统设备检查记录的过程中，要采用耳听、目视、对比参数等多种方法。同时具体的养护工作要按照保养周期表进行，对液压系统等要定期地进行常规检查，一般来说要保证油箱液的位置处于最低和最高液位之间，对电磁阀的动作切换等要进行及时检查，要保证球阀处于开启状态，要保证系统中各级压力处于正常的状态，对整个系统的漏油情况要进行及时分析和检查。

2. 闸门启闭机的设计方案

一般来说，在原设计的前提下，新坝船闸的启闭机要进行重新的设计，关于卷扬机，对其平衡重要进行增加，这样卷扬机的总功率才能有效的减小，电动机的功率也能有效减小，目前新型的中硬齿面减速器，对减速器的传动比进行了增加，这样保养起来比较方便，钢丝绳和卷筒的直径也能有效增加，开度传感器和负荷的可靠性就能明显增加。

3. 闸门启闭机的改型方案选择

对船闸启闭机进行改型时一般要进行设计方案的完善，对启闭机的速度、启闭力、行程等技术参数要进行提供，这样才能保证改型工作更好地进行，相关的组合数据才能科学合理；其次可以通过对施工图进行设计和论证，然后进行订货或招标，这样船闸运行的具体要求就能被很好地满足。

（四）建立启闭机养护机制

1. 对阀组的活塞和活塞孔进行定期的检查

在处理油泵机组的故障时，应该灵活地对活塞中的空气进行清理，但是，如果人为地将活塞转到某个方向的时候会产生卡塞的情况，要对活塞进行研磨措施之后，才能在一定程度上对油泵的电机组进行正常的启动。如果在运行时有磨损或者卡阻的情况出现，就要在研磨的过程中，使活塞孔和活塞相匹配，确保活塞在活塞孔中能进行灵活的转动，不会出现卡塞等现象。如果研磨的程度过大就会导致阀组的泄漏量增大，会频繁地启动油泵电机组，从而会缩短油泵电机组的使用时间。

2. 传动部分的维护

通常可将启闭机的传动部分分为两种，即液压传动与机械传动。在这里主要讲述我们日常常用的机械传动部分的启闭机维护情况。启闭机主要是由蜗杆、蜗轮、变速箱、滚动轴承、变速齿轮、轴与轴瓦、联轴器、油泵、阀门及管道等多个传动部件组合而成。在日常的工作中，必须要做好这些部件的润滑措施及其他的一些防护工作，从而减少各个部件之间的磨损情况，从而保证传动部分可以正常有效地运转。对机械的传动装置进行维护的时候要注意以下四点：

（1）保证润滑油料的充足性，严禁在缺油情况下运行。

（2）应该定期地用煤油对于启闭机的摩擦部位继续清洗，对于润滑油进行重新的换入，但是同时也要注意不能用已经过期的润滑油来进行清洗。尤其在灰尘比较多的地方，应该增加检修的次数，而且同时可以通过架起那个增设防尘罩和防尘套。

（3）在使用润滑油之前应该加强对于新油的质量进行保证，要检查其中是不是存有一些如水分、杂质以及油块等东西，坚决杜绝采用不合格的油料。

（4）在完成新油的时候应该加强对加油的设施进行清洗，对油孔、油道、油槽等进行清理，在将一切清理完成之后，才能加入一些新油。

3. 重视管理人员的业务培训

人是管理工作决定的关键的因素，因此，加强素质人员的培训是非常有必要的，而且应该加强队伍的素质以及比较高的技术以及思想方面的问题。加强船闸岗位方面的工作必须要保证其技术合格之后才能上岗，与此同时应该注意各个年龄段的人员之间的搭配，这样就可以加强工作人员的培训和继续教育，从而在一定程度上使青年人成为其工作的接班人，这样就可以最大程度地让多数的职工具备比较高的水平，也从而保证了船闸的安全运行。

4. 附属设备的维护

加强闸门开度指示器的改进以及调整。闸门指示器通常可以将其分为圆盘式以及标尺式两种类型，而且其刻度是比较粗的，闸门启闭机的指示器最小刻度表示的是10cm，在对其进行控制运行的过程中，经常可能引起比较大的流量误差。要想使得这种情况得到改善，就必须加强对指示器的改善，保证读数的精准化。

第七节　升船机

一、升船机的类型及其工作原理

（一）升船机的特点

升船机和船闸一样，都是用来克服航道上的集中落差，以便船舶顺利通过的通航建筑物。升船机和船闸的根本不同点是：船闸是直接借闸室的水面升降，使停泊在闸室内约船舶完成垂直运动；升船机则是用机械的方法，升降装载船舶的承船厢，以克服集中落差。因此。两者在结构及设备方面，均有所不同。这首先表现在建筑物的躯体结构上。船闸和升船机的躯体，都是用来完成船舶升降克服集中落差的。船闸的躯体结构是固定的闸室，而升船机的躯体结构，则由运动部分和固定部分（承船厢的支承导向结构）所组成。

为了实现承船厢的升降，保证运行的安全，在升船机的躯体结构上设置有下列设备：驱动承船厢升降的驱动装置；在事故状态下，阻止承船厢运动并支承船厢的事故装置；减少驱动功率的平衡装置；实现承船厢与闸首衔接的拉紧、密封、充、泄水等设备；保证承船厢在运行过程中平稳的支承导向设备等。此外，还没有相应的输、配电及控制系统等电气设备。

升船机的闸首，和船闸一样，也是把躯体与上下游航道隔开的挡水建筑物，衔接承船厢与航道，保证船舶在两者之间安全可靠地进出。不同的是，在升船机的闸首上没有复杂的输水系统，同时闸首的工作条件，只受上游或下游水位的影响。至于升船机的引航道和前港，则与船闸几乎是完全相同的。

与船闸相比，升船机有以下特点：

1. 在运转时基本上不耗水，在水量不充沛的河流和运河上，建造升船机较为有利。

2. 升船视的升降速度远较船闸闸室灌泄水速度快，船舶通过升船机所需的时间较船船通过船闸的时间要短。

3. 在高水头的通航建筑物中升船机的造价一般较小。

4. 机电设备是保证升船机安全运行的一个重要部分，升船机的建造与安装要求有较高的设计与工艺水平。

各国建设和科研工作经验表明：当水头在70m以上，宜建造升船机；水头在40~70m之间应进行升船机与船闸的比选；在40m以下，采用船闸通常比升船机优越。

升船机的建造已经有200多年的历史，由于整个工业水平的限制，18世纪末和19世纪初建造的升船机，无论提升高度或通过船舶的吨技均较小，一般在100t以下，提升高度大都在15m以下。20世纪30年代德国尼德芬诺垂直升船机建造以来，升船机发展到一个新阶段，提升高度和船舶的吨位显著增大，类型也不断增多。60 年代以来，随着整个工业水平提高，西德、苏联、比利时、法国均相继建造了一些大型的现代化的升船机；通过的船舶吨位可达 1350~2000t，提升高度到百米以上。1949 年以来，我国因地制宜建造了六十余座升船枫，其中绝大多数升船机通过船舶的吨位在 50t 以下。50 年代以来开始进行现代化大型升船机的研究和设计工作。

（二）升船机的类型

升船机的类型很多，大体可分为以下几类：

根据承船厢载运船船的方式，升船机可分为干运和湿运两类。湿运升船机是将承船厢充水，船舶浮载在承船厢内水体上。干运升船机则是船舶支承在承船厢的承台上。干运升船机因不需要浮载水，升船机运动部分总重减小，可以减少升船机的驱动装置的驱动功率，并使升船机闸首，支承导向结构及其相应的设备简化，但对船体结构不利。一般只用于船舶吨位不大的情况，多为小型斜面升船机。湿运升船视运动部分的总重量较大，但不论每次通过船舶吨位大小如何，这个总重量是不变的，便于采用平衡设备，减少驱动功率；同时在运转过程中，船舶浮载在水上，船体的受力状态没有变化。因此，现代建造的通过数百吨以上船舶的升船机均为湿运。

根据装载船船的承船厢的运行方向，升船机可分为垂直升船机和斜面升船机两大类。斜面升船机的承船厢接斜坡道作升降运动，其支承导向结构为倾斜的轨道。垂直升般机的承船厢，则沿垂直方向升降，其支承导向结构是直立的支架。

斜面升船机和垂直升船机相比，在结构施工方面的技术问题较为简单，由于承船厢是在地面上行驶，事故装置比较简单，对地基的要求较低，抗地震能力较好。但其适应水位变化的能力较低；在提升高度大的情况下，线路长，通过能力受到限制；变速行驶影响船舶在承船厢内停泊的平稳。垂直升船机需要建造高大的支架，或开挖很深的竖井，同时还须建筑高大的闸首，其技术问题较复杂，但它易于适应上、下游水位的变化，通过能力较高。

应当指出：升船机的选型，与当地的地形地质、水文条件、枢纽总体布置、航道的客货运量、船舶吨位以及机电、建筑结构的工艺水平等有密切关系，须经技术经济比较分析来决定。

二、斜面升船机

（一）斜面升船机的型式

斜面升船机一般由载运承船厢的承船车，供承船车行驶而铺设的斜坡道，驱动承船车的驱动机构，电气控制系统以及闸首等构成。斜面升船机载运船舶的承船车沿斜坡轨道作升降运动。

按上、下游是否均设置斜坡道可分为一面坡斜面升船机和两面坡斜面升船机。一面坡斜面升船机系指只在挡水闸坝的下游设置斜坡道的升船机。

它一般用上、下闸首将承船车、斜坡道等主体结构与上、下游航道隔开，承船车沿斜坡道上下行驶。也有只在上游端设置闸首，而在下游端不设闸首，承船车沿斜坡道直接驶入下游航道，至承船厢内水面与航道水面齐平时，开启承船厢的厢头门，船舶驶进（出）承船厢。两面坡斜面升船机系在挡水闸坝上、下游均建有斜坡道的升船机，承船车均直接下水。承船车由上（下）游航道进入上（下）游斜坡道，沿斜坡道驶向坝顶并进入转盘，借助转盘旋转将承船车转向，使其沿下（上）游斜坡道下驶，直接驶入下（上）游航道的水中。转盘的作用是承船车过坝时能使载运的船舶保持水平，调换上、下游不同的斜坡道。上下游斜坡道可布置在同一条直线上，也可以相互间有一个角度。

根据升降船舶的方向，斜面升船机可分为纵向斜面升船机与横向斜面升船机。纵向斜面升船机在升降过程中，船体纵轴线与斜坡道的方向一致；横向斜面升船机在升降过程中船体纵轴线则与斜坡道方向垂直。纵向斜面升船机的斜坡道宽度可比横向斜面升船机窄，导引比较简单，适于建造在地形较坦的地区，其坡度一般在1∶10～1∶25之间。横向斜面升船机的斜坡道长度较纵向斜面升船机为短，但斜坡道宽度及轨道数均较纵向式为大。在工程实际中，一般多采用纵向斜面升船机。

斜面升船机的驱动方式有自行式和钢绳卷扬曳引两种。前者是将驱动动力装置设在承船车上；后者是在坡顶设置卷扬机用钢绳曳引承船车升降。为减少驱动功率，有的升船机还设置沿斜坡道升降的平衡重来均衡承船车的运动重量，此时驱动机构只需克服运动系统的阻力。

目前世界上最大的纵向斜面升船机为前苏联 1967 建成的克拉斯诺雅尔斯克升船机，它克服水位差 101m，最大升程 115m，该升船机为两面坡式，上、下游斜坡道坡度均为 1∶10，上游坡道长度为 306m，下游为 1196m。上、下游斜坡道交会处设有直径 105m、坡度为 1∶10 的转盘。根据地形条件，两斜面坡道布置在夹角 140°的折线上。承船厢尺寸为 90m×18m×2.5m，可通过 1500t 船舶，当厢中水深 3.3m 时，可供 2000t 船舶通过，承厢加水重为 6700t。

由于上下游水位变幅分别为 13m 和 6.3m，因而采用能直接下水的承船车。承船车利用齿轮沿齿轨滚动的方式运行，4 排齿轨固定在斜坡道上的钢筋混凝土轨道梁上，相应地在承船车上设置了 4 排 156 个齿轮，由 18 部高压油泵和 156 部 75kW 的电动机驱动，在电动机的转动轴上设有制动器，以便事故时刹车制动固定承船车。斜坡轨道的轨道梁上设有滑线，作为供给自行式承船车电源用，当承船车下滑时，可以反馈部分电能。承船车起动与停止阶段的加速度为 0.008m/s2，上行速度为 1.0m/s，下行速度为 1.38m/s。船舶通过升船机的时间是 98min。

目前世界上最大的横向斜面升船机为1967年建成的法国阿尔兹维累升船机。该升船机为一面斜坡式，上、下闸首之间的斜坡道的长度为108.45m，坡度为41%，克服水头差44.55m。承船厢的有效尺寸为长40.4m，宽5.22m，水深2.52~3.2m，船厢加水总重约900t，船厢自重240t，可承运350t级船舶。船厢有主承台车8组；共有32个车轮在2条双轨斜坡轨道上运行，轨距为25.72m。平衡重在承船厢下面运行，平衡重车有2个，每个重约440t，其支承机构与船厢相同，其轨距为10.40m。船厢与平衡重由24根直径28mm的钢丝绳相连，钢丝绳的一端通过液压平衡系统与船厢相连，为一端绕过卷扬机构的摩擦卷筒后与平衡重车相连。卷扬机构为两台双摩擦卷筒，直径3.3m，由两台直流电动机（100HP）驱动。承船厢运行速度0.6m/s，加速度为0.02m/s2，往返一次历时40min。传动机构高速轴上设有电磁闸瓦制动器，卷筒上装有重锤式空气制动器为安全制动器。

1973年法国在加龙支运河的蒙特西地区建造的水坡升船机，是世界上第一座水坡升船机。它没有承船厢，而是利用一块宽6米、高4.35米的活动挡板，推动一段长125米，高3.75米的三角形水体，沿着坡度为3度的矩形钢筋混凝土水槽向上、下游运行，推动楔形水体上升或下降，从而使浮在楔形水体上的船舶作升降运动。克服水头为13.3米。能通航38.5×5.5×5.5米的350吨的船舶。活动挡板由设在矩形槽两侧的柴油—电力机车驱动。两台机车有电气同步系统使之同步运转。坡长443米，全程约需6分钟。活动挡板两侧和底部设有止水设备，以防止与矩形槽之间的间隙漏水。图8-5为水坡式升船机的运行原理图。水坡式升船机不需要承船厢，建造费用较省，在运行过程中水面波动较小，运行速度快，但运转费较高，适宜建在水位变幅小，过坝船型以自航驳为主的航道上。我国根据水坡升船机的原理，于70年代后期先后在安徽的龙湾、江苏的沭阳建造了水坡升船机。

（二）斜面升船机设计

斜面升船机的基本尺度主要是指斜面坡度、承船厢尺寸、闸首尺寸等。

1. 斜面坡度

斜面坡度直接影响着工程造价、营运费用及运转条件。在选择时应考虑以下一些因素：首先应考虑承船厢的驱动方式，当为自行方式时，采用较缓的坡度，一般为1：10~1：20；当采用齿轨爬升时可用较陡的坡度；当依靠行轮与轨道之间摩擦力运行时，应取较缓的坡度；当采用钢绳曳引时，坡度可以较陡，一般为1：5~1：10，其最小坡度要保证靠重力的分力能使承船厢自动下滑。其次，对于纵向斜面升船机和横向斜面升船机，采用的坡度也不同，横向斜面升船机的坡度，一般在1：2~1：8的范围以内，其坡度的大小应根据斜坡的稳定来决定。第三，要考虑升船机载运船舶的大小，一般通过船舶的吨位较大时，采用的坡度较缓，通过的船舶吨位较小时，采用的坡度可以较陡。第四，应考虑地形条件，避免过大的挖方与填方。不难理解在一定条件下，若选用的坡度较陡，虽可减少开挖土方的数量，缩短坡道长度从而减少轨道部分的投资，但将使承船厢及闸首结构的工程量加大，并将增大驱动功率，从而增加运转费用。反之，采用的坡度较缓，虽可减少运转费用，降低承船厢及闸首结构的投资，但又将增加轨道部分的工程量。因此合理的坡度，只有在考虑到上述有关因素，对土建投资和运转费用进行综合比较后，才能确定。

2. 承船厢的结构

斜面升船机承船厢的构造方式，根据运船方式和承船厢与斜架车的关系而定。

斜面升船机的承船厢一般是一个连续的刚性结构，支承行走设备采用轮系系统。这种支承行走机构构造简单，常用 4 台平衡小车的轮系系统。当承船厢尺寸较大时，可采用等距多支点的平衡小车。但由于铺轨不平整、轮系制造和安装的误差、轮轴机构的弹性变形和轨道基础的不均匀沉陷等，均可能导致轮压不定，引起承船厢结构内力的变化、运行阻力不均以及运行过程中产生的振动等问题。在设计大型斜面升船机时，为使支承行走机构能适应轨道的不平整等情况，并能在运行中将承船厢的荷载和横向摆动力均匀传到每台小车和行轮上，在工程实践中曾提出把承船厢在纵向分段，每段支承在 4 点上，各段刚性的厢体结构与支承行走机构间设置缓冲设备，以调整作用在支承行走机构上的荷载。但该方案段与段之间的连接较复杂，湿运时容易漏水。因此目前的承船厢一般还是采用连续刚性结构，而通过设置轮压平衡系统，用以保证各支点荷载及每一个支点内各轮轮压相等。

3. 承船厢尺寸

承船厢尺寸包括有效尺寸和外轮廓尺寸。湿运时承船厢的有效尺寸，系指充水空间的有效长度 l_k、有效宽度 b_k 和有效水深 h_k 等，它们决定于设计船型的尺寸、船舶进出厢的方式和速度以及经济要求等。承船厢的外轮廓尺寸，在满足所要求的有效尺寸的前提下，根据承船厢的构造、使用要求、强度和刚度条件等决定。当承船厢与斜架车连接成整体结构时，其上游端的厢头高度主要与水位的变化及其适应方式，承船厢厢头闸门的形式以及承船厢的支承行走机构的形式等有关，可按下式确定：

$$h_B = h_k + h_s + h_c + h_o + \Delta h$$

式中 h_k ——承船厢内的有效水深，m；

h_s ——设置厢头闸门门库所需的结构高度，m；其值视门型及门库的设置方式而定；

h_c ——构造要求的高度，m；

h_o ——支承行走系统要求的结构高度，m；其值取决于支承行走系统在厢头附近的结构要求；

Δh ——承船厢的超高，m；当承船厢起船闸的作用，以适应水位变幅时，此超高应根据水位变化情况来定，在一般情况下，Δh 应大于承船厢在刹车过程中可能产生的水面壅高。

根据华西里也夫的研究，当厢中无船时，承船厢突然停止所产生的水面平均壅高值 Δh_1 为：

$$\Delta h_1 = V_x \sqrt{\frac{h_k}{g}}$$

式中：V_x ——承船厢运动的水平分速度，m/s；

g ——重力加速度，m/s2。

当承船厢中有船时，厢头门端的最大水面壅高值 Δh_m，及靠近船首处的水面最大壅高值 Δh_c，分别为：

$$\Delta h_c = m_c \Delta h_1$$

$$\Delta h_m = (2m_c - 1)\Delta h$$

$$m_c = \frac{2 - \dfrac{x}{\omega_k}}{1 + \sqrt{\left(1 - \dfrac{x}{\omega_k}\right)\left(1 - \dfrac{b_c}{b_k}\right)}}$$

式中：b_c ——船宽，m；

x ——船中横断面浸水断面面积，m^2；

b_k ——承船厢的有效宽度，m；

ω_k ——承船厢的充水断面面积，m^2。

当承船厢以等加（减）速度停车，并且制动时间大于或等于半个波动周期时，在承船厢两端的水面最大壅高（降低）值 Δh_N：

$$\Delta h_N = \frac{l \cdot a \cdot \cos\theta}{g + a \cdot \sin\theta}$$

式中：l ——承船厢沿运动方向的水面长度，m；

θ ——斜坡道的坡度，（°）；

a ——承船厢的等加（减）速度，m/s^2。

承船厢下游端的厢头高度 h_H，除取决于与上游端的厢头高度相同的有关因素外，还与船厢沿运动方向的长度 l_1 及坡道的坡度 $\tan\theta$ 有关，可按下式计算：

$$h_H = h_B + l_1 \tan\theta$$

如果承船厢与其下的斜架车不连在一起，或者采用干运时，按上述方法也不难定出承船厢和承船车的高度。

关于上下闸首尺度、闸首与承船厢衔接处的尺度，以及承船厢下水时坡度末端的高程等，在已知承船厢尺寸后，可根据闸首布置及构造要求及修造船滑道等有关的类似方法加以确定。

三、垂直升船机

（一）垂直升船机的类型

垂直升船机承船厢沿垂直方向升降要克服重力作功。当采用湿运方式时，承船厢的运动重量力（包括厢体自重力和厢内水重力）很大，驱动功率也大。因此，垂直升船机多采用平衡承船厢运动重量力的平衡装置。不同平衡系统构成了不同型式的垂直升船机。根据平衡方式，主要可分为均衡重式垂直升船机、浮筒式垂直升船机以及利用水压来平衡承船厢运动重量力的水压式垂直升船机。

均衡重式垂直升船机，是垂直升船机中最早出现的一种型式。它采用与承船厢运动重量力相等的平衡重作为承船厢的平衡系统。驱动机构仅需克服整个系统的运动阻力，使承船厢垂直升降。平衡重力与承船厢之间多以绕过绳轮的钢缆来连接。

浮筒式垂直升船机，是利用淹没在浮筒井中的浮筒的浮力来平衡升船机承船厢等的运动部分（包括承船厢、浮筒及支撑等）的重量力。承船厢通过支与浮筒连接成一个体，在驱动机构驱动下，作升降运动，驱动机构也仅需克服整个系统的运动阻力。

水压式垂直升降机是利用作用在活塞上的水压力来平衡升船机运动部分的量力。为避免设置专门产生水压力的设备，通常是建双线，两线活塞缸用连接管连通传递水压。在驱动机构的驱动下，一线承船厢上升，另一线承船厢则下降。

（二）垂直升船机的设计

垂直升船机水工建筑物主要由上下闸首、承船厢室及承重塔柱组成。

1. 升船机的闸首

升船机的闸首，是将升船机的承船厢、支承导向结构等躯体结构与上、下游航道隔开的挡水建筑物。根据运转要求，闸首上一般设有闸门、闸首的输水系统、承船厢的充泄水设备、承船厢室的排水系统、闸首与承船厢的连接设备、交通和管理房屋等。

升船机闸首一般设置两道闸门，即工作闸门与检修闸门。上闸首的检修闸门通常兼作事故闸门，工作闸门一般与承船厢直接衔接。下闸首检修门设在工作门的下游侧，供工作门检修时使用，当发生洪水时检修门还可阻挡下游洪水，使其不至淹没承船厢室。

闸首上的工作闸门的形式很多，一般分为单一的整体式闸门和由过船小门与挡水门组合的组合门两类。工作闸门门型选择与上、下游河段的水文条件，闸首与承船厢的连接方式有关。当上、下游水位变幅较小时，多用单一的整体式闸门，常用的门型有提升式平面闸门和卧倒闸门等。当上、下游水位变幅较大时，若采用单一的整体式闸门，则会加大经常启闭运转的门体的尺寸，增加承船厢厢头的高度，因此多采用由过船小门与挡水门组合的组合门，在工作门下部增设叠梁门来调整工作门的高度，以便适应变化后的上游水位，使承船厢能与调整后的工作门及变化后的上游水位实现对接过船。工作门的起吊和叠梁门的增减，一般用设在闸首的桥式启闭机进行操作。

根据承船厢与闸首的相互关系，组合门又可分为两种体系：当承船厢伸进闸首时，工作闸门采用过船小门和挡水门构成的组合门（图8-9a）；当承船厢不伸进闸首时，工作闸门采用过船小门、挡水门和渡槽构成的组合门（图8-9b）。挡水闸门可看作是一活动闸首，主要起挡水作用。当为前一种形式时，在挡水门上部设有由过船小门控制启闭的通航孔口。过船小门是工作闸门中经常运转部分，挡水门仅在水位变化超过过船小门所能适应的幅度时才调整升降，以保证通航孔口有足够的通航水深。当为后一种形式时，过船小门与渡槽组成过船部分，此时通航孔口设在渡槽上。渡槽也可看成是一段特殊形状的挡水门，跨在挡水门上，其迎水面与挡水门具有同一止水轮廓，位于同一平面，其背水面伸至闸首端，以便与承船厢衔接，过船小门即设在这一端。

过船小门通常采用提升式平面闸门或卧倒闸门。过船小门的高度除满足通航水深的要求外，尚应有一定的调节富余高度。此富余高度不宜过小，以免需要经常调整升降挡水门，但又不宜过大，否则将增加运转费用。一般根据上、下游水位情况和运转方面的要求而定，通常在1.5m左右。

承船厢伸进闸首的连接方式，可以简化工作闸门的构造，节省渡槽结构。但将增加工作闸门的跨度，对平衡重沿承船厢长度均匀布置的均衡重式垂直升船机，可能影响承船厢正常运转时的受力条件。因此，承船厢是否伸进闸首，工作闸门采用哪种形式，应视升船机的形式与支架的布置，上、下游的水位情况以及过船小门的形式等条件而定。

组合式工作闸门，通常是在无压下启闭，并采用机械止水，以减少启闭力和保证止水密封。当需要调整升降时，先关闭工作闸门前的辅助闸门，泄空工作闸门前的水体，松开工作闸门的止水，使闸门处于无压的情况，然后开始调整升降。待调整完毕，重新将止水压紧在闸门上，进行充水，开启辅助闸门，升船机又重新开始运转。因此，当工作闸门为组合门时，闸首上的检修闸门可以兼作辅助闸门。

闸首的输水系统用来充、泄工作闸门与检修闸门之间的水体，以便进行工作闸门的检修工作和在无压情况下启闭工作闸门，一般采用自流的输水管道。

为了保证承船厢的正常运转，便于向承船厢补水，一般在上闸首上还设有泵站和充水管道。承船厢室的排水系统包括水泵站、管道及明渠等。

闸门与承船厢的连接设备是指承船厢的拉紧装置、充泄水装置、密封装置等，它们是否设置在闸首上以及如何设置均视这些设备的形式及其与闸首的关系确定。

上闸首与引航道之间的连接方式主要决定于地质条件。由于升船机克服的水位差常很大，因此上闸首顶至升船机室底面的高度也就很大。在软土地基上，一般多用渡槽结构把闸首与引航道连结起来；在岩基上，可建衬砌墙，闸首就建在衬砌墙上，与衬砌墙连成一体，也可采用渡槽来连接。

当升船机位于水利枢纽时，若升船机轴线经过大坝，且坝底高程与升船机室底的高程基本一致，则可采用上闸首与坝结合的方式，两者共同组成挡水线，将设置上闸首的坝段的下游面作成垂直面，以实现与承船厢衔接。若坝底高程与升船机室底高程相差较大，则可用渡槽衔接。

2. 承重塔柱

承重塔柱是升船机的承重设施，升船机的机房、提升设备、承船厢、平衡重等巨大重量均由它承担。它对称布置在上、下闸首中轴线的两侧，是连接上、下闸首的水工建筑物。塔柱顶部设机房，机房底板将两侧塔柱顶部连成一体，机房内安装升船机的提升设备，平衡设备以及供升船机设备检修用的起重设备等。

承重塔柱底部为嵌于基岩的实体混凝土，中部为钢筋混凝土整体浇筑的空腹柱体，升船机的平衡重悬吊在塔柱的空腹中。

3. 承船厢

承船厢室是由上、下闸首（包括工作门）和两侧承重塔柱围成的空间，升船机运行时，承船厢便在承船厢室内作垂直升降运动。承船厢是升船机的重要组成部分，是升船机的容船设施。它由主纵梁、主横梁、小纵梁及U形面板焊成，为一凹槽形薄壁钢结构体。承船厢两端各设一扇卧倒门（或弧形门），卧倒门底部与承船厢凹槽底部铰接，卧倒门两侧设有液压启闭装置，承担卧倒门的开启和关闭操作。两端卧倒门关闭时，承船厢便成为四周封闭的水容器。与上、下游对接时，上游侧或下游侧卧倒门开启，船舶便可驶出承船厢。为保证承船厢与上、下游闸首对接时接触紧密不漏水，须在承船厢两端布置对接密封装置，该装置呈U形将卧倒门围在其中。它由U形密封框、导向轮、伸缩式U形橡胶止水密封圈、液压油缸、液压装置等组成。承船厢与上、下游闸首对接时，压力油充入对接侧密封装置的液压油缸，推出U形密封框，使伸缩式U形橡胶止水密封圈与上或下游闸首工作门接触顶紧，沿卧倒门外围封闭了承船厢与上或下游闸首工作门端面之间的间隙，使其不漏水。然后充水装置向被围困的间隙充水，当间隙里的水位与承船厢及上或下游航道水位持平时，便可开启承船厢对接侧卧倒门和上或下游闸首工作门上的卧倒门，实现承船厢与上或下游航道的连通，船舶便可出入承船厢。退出对接时，先关闭承船厢对接侧卧倒门及上或下闸首卧倒门，然后排掉被U形密封围住的承船厢对接侧卧倒门与上或下闸首工作门上的卧倒门之间的水，在液压装置的作用下，U形密封框缩回，升船机方可升降。

（1）承船厢基本尺度

承船厢为升船机中用于装载船舶的运载工具。湿运时，承船厢为一上部开口的槽形厢体，两端设有闸门（称厢头门），厢内盛水，船舶浮载在厢内的水体上。干运时，承船厢为一具有弹性支垫的承台。

承船厢的有效尺寸，即厢体的有效长度、有效宽度和有效水深决定于设计船型的尺寸，船舶进出承船厢的方式和速度等。为了减小升船机运动重量，船队一般都重新编解队。在确定设计船型后，承船厢的有效长度根据船长和安全制动所需的距离而定，有效宽度和有效水深，等于船舶宽度和船舶吃水分别加上一定的富裕量。

（2）承船厢的构造

承船厢的总体布置，应考虑支承和平衡设备、驱动及事故装置、纵横向导向设备、承船厢与闸首衔接的拉紧、密封等连接设备的布置要求。根据上述设备是否布置在承船厢上，承船厢的总体布置可分为3类：

驱动及事故装置、承船厢与闸首的连接设备等，均不设在承船厢上。此时承船厢的构造最简单。

上述各种类型的设备均设在承船厢上，此时承船厢的构造比较复杂。

介于上述两类之间，部分设备设在闸首，另一部分设备设在承船厢上。如尼德芬诺升船机的承船厢属于这一类型，它的密封、充水和泄水设备设在闸首上，拉紧装置设在支承排架上，而在承船厢上设有驱动及事故装置。

承船厢结构多采用桥梁构造体系或船舶构造体系。在进行承船厢结构的具体布置时，应使厢体结构受力明确，保证厢体整体和局部强度与刚度的要求，以及设备的布置要求。

桥梁构造体系的承船厢结构，按传力顺序，其基本构件一般有：铺板、横梁、纵梁、主横梁、主纵梁。作用在承船厢上的荷载，最后均传至主纵梁。上述构件，在一定的垂直面和水平面内，用支撑联系起来，以保证厢体的整体刚度。承船厢的铺板，一般都用平钢板。纵、横次梁多用型钢。承重结构可用实腹式板梁，也可用桁架。桁架式主横梁的简单形式为三角形。当主纵梁间距较大，主横梁较高时，为减小上弦的节点间距，以适应纵横梁的布置，改善受压弦杆的工作，则可采用再分式。三角形桁架也用于主纵梁（如尼德芬诺升船机）。由于均衡重式升船机承船厢主纵梁的上弦杆是固定钢丝绳的吊梁（构造上也可以把吊梁与上弦分开），下弦有时又处于受压状态。为减小节点长度，改善弦杆以至整个主纵梁的工作条件，也可设计成菱形、再分式。总之，具体用何种形式的主承重结构，应根据升船机的形式，考虑其受力特点，在满足刚度要求和机械布置的前提下，通过技术经济比较确定。

（3）承船厢的设计计算

作用在承船厢的荷载，除本身的自重力外，有机械设备的重量力、水重力、平衡设备的平衡力、事故装置在事故状态下的支承力、水压力、风压力、惯性力、冲击力及温度作用等。在这些荷载中，有的不随时间和承船厢的工作状态变化，有的则是变化的，因而有不同的计算情况。

通常在设计承船厢时，需要研究 4 种计算情况，即正常运转情况、水满厢的事故情况、水漏空的事故情况以及平衡设备破坏的事故情况。

正常运转情况，指承船厢内保持正常水深、承船厢处于静止状态或以等速升降。此时承船厢的自重力、机械设备重力和水重力（或水与船重力）与平衡设备的平衡力之间是平衡的。当然所谓平衡，并不是绝对的。事实上，由于承船厢在闸首停靠的误差、上、下游水位变动的影响以及船厢内水面波动等，都会破坏这种平衡，但对承船厢结构的影响通常很小，因此一般仅以它作为设计驱动机构的依据。

当承船厢内的水体，由于某种原因增减很大，承船厢全部被水充满，或承船厢内的水全部漏空，严重地破坏了承船厢的正常平衡，使承船厢在超载作用下有猛然下降，或在失重情况下有急剧上升的危险，而出现事故状态。此时不平衡力由升船机的事故装置承受，而承船厢则锁定在事故装置上。在设置事故装置处，受到一个事故力（等于不平衡力）的作用。

承船厢的平衡设备被破坏，也会破坏承船厢的正常平衡，呈事故状态，此时的不平衡力也是由事故装置来承受。承船厢的其他构件，一般只按正常运转情况及水满厢的事故情况设计。与事故装置有关的构件，则尚应计算水泄空的事故情况。至于某些特殊工作条件的构件，则应根据相应的荷载情况进行计算。

为了避免温度作用的影响，承船厢的纵横向导向设备，一般均设计成在温度作用下的承船厢可以自由伸缩。因此温度的作用，一般可以不考虑。

当承船厢在运行中或停靠于闸首时，在纵向力作用下（纵向力有风力、水压力、栓锁装置的拉力、导向反力等），在结构中将产生一定的纵向应力，不过其值较小，通常可不计算，仅作为设计导向及拉紧装置的依据。

关于承船厢起动、停车、事故制动及突然制动刹车等情况的动力作用，除特殊情况外，一般可不计算。

6　航道测量基础

　　航道测图中，航道图又分为长河段航道图、浅滩河段航道图、工程测量图三种，长河段航道图是某一河段全航线连续的航道图，它反映全部河床范围的地形、地物、水深和岸上一定范围的地物标志，反映水下障碍物和岸上与航行或水道变化有关的地物，以及港区水域、陆域的设施，助航设施等，为船舶驾驶人员提供航道的礁石等障碍物的位置及高度，作为航行、航道规划、航运管理的参考图籍资料，或者经过制图综合后，可以编绘成相应长河段航行参考图。

第一节　航道测量概述

一、航道测量的主要内容

航道测量在航道维护和管理中发挥着重要作用，因不同的目的而有不同的工作内容。航道测量与一般的测量有共性又不同于一般的测量。从测量内容看，共性在于两者均包含了一般的地形、地貌测量，均有陆地部分的测绘，不同点在于航道测量还包括了水深测量、水下地形、地貌的测量。在航道测图中，航道图又分为长河段航道图、浅滩河段航道图、工程测量图三种，长河段航道图是某一河段全航线连续的航道图，它反映全部河床范围的地形、地物、水深和岸上一定范围的地物标志，反映水下障碍物和岸上与航行或水道变化有关的地物，以及港区水域、陆域的设施，助航设施等，为船舶驾驶人员提供航道的礁石等障碍物的位置及高度，作为航行、航道规划、航运管理的参考图籍资料，或者经过制图综合后，可以编绘成相应长河段航行参考图。浅滩河段航道图是一个水道或与邻水道的测图，为浅滩（滩险）段的测图，供分析河段或浅滩（滩险）航道演变发展的趋势，以及为航道工程设计、施工提供资料、图籍，需详细测绘河段的水下地形、礁石及障碍物的高程及两岸地形、地物。工程测量图又称为施工测量，用于工程设计，计算工程量和施工定位放线，施工前后的碎部测量。

二、航道测量的精度要求

测量的作用决定测量的精度。从测量的作用看，航道测量对于合理组织航道维护、航道疏浚、质量控制、航道淤积分析等具有重要作用，同时为编制航道施工组织设计、航道维护和疏浚工程量计算、竣工验收以及竣后船舶通航提供依据。航道测量主要通过陆上地形测量和水深测量获取图形，其精度因地形地物不同而有所差别：

（一）陆上地形测量

根据航道工程和维护管理对地形图的要求，对图上的地物点和地形点的平面和高程的精度规定如下：

1. 重要地物点对于邻近图根点的点位中误差为图上 ±0.6mm，高程中误差 ±0.1m。

2. 重点地区的点位中误差为图上 ±0.8mm，高程中误差为 ±0.2m。

3. 一般地区的点位中误差为图上 ±1.0mm，高程中误差为 ±0.2m ~ ±0.4m。

（二）水深测量

水深测量因受水流、风力、船艇摆动等因素的影响，所以水深点的点位中误差图上 ±1.5mm，其深度的误差系根据水的深度而异，小于5m水深的水深中误差为 ±0.1m ~0.2m，大于5m水深的深度中误差为 ±0.2m ~ ±1/50 水深。由此可见水道地形图的陆上与水下的测量精度是不一致的，此种情况是由于陆上与水下的测量手段和自然条件不同所致，但是航道测量发展较快，测图精度也有提高。

（三）测量工作开展

航道测量工作一般按照以下程序开展：

1. 收集资料、进行现场踏勘。

2. 编制测量技术设计书或测量计划。

3. 平面控制测量。

4. 高程控制及水位控制。

5. 水深及航道地形测量。

6. 地形检查。在施工中为检查进度，施工质量及指导下一步施工提供检测图纸。

7. 竣工水深或吹填区地形测量。为竣工验收、工程决算或船舶航行提供竣工图。

8. 资料整理、归档、编写技术报告。为质量考核、办理竣工验收提供必要的资料。

（四）航道地形图基本要求

1. 长河段航道图

长河段航道图是某一河段全航线连续的航道图，它反映全部河床范围的地形、地物、水深和岸上一定范围的地物标志，特别要反映水下障碍物和岸上与航行或水道变化有关的地物，以及港区水域、陆域的设施，助航设施等。为船舶驾驶人员提供航道的礁石等障碍物的位置及高度，作为航行、航道规划、航运管理的参考图籍资料。

长河段航道图的比例尺一般为上游 1：5000，中游 1：10000，下游九江大桥以上 1：10000，下游较宽的河道可采用 1：20000 ~ 1：40000。

长河段航道图经过制图综合后，可以编绘成相应长河段航行参考图。

2. 浅滩河段航道图

浅滩河段航道图是一个水道或与邻水道的测图，为浅滩（滩险）段的测图，供分析河段或浅滩（滩险）航道演变发展的趋势，以及为航道工程设计、施工提供资料、图藉，需详细测绘河段的水下地形、礁石及障碍物的高程及两岸地形、地物。这类测图比例尺基本为：上游 1：2000，中游 1：10000，下游芜湖以上 1：10000，下游芜湖—江阴 1：20000，江阴以下 1：40000。

3. 工程测量图

工程测量图又称为施工测量，用于工程设计，计算工程量和施工定位放线，施工前后的碎部测量。

三、航道水深测量方法

水深测量是指测定水面上某一点至水底的垂直距离及该点平面位置的工作。水深测量是水道测量和水底地形测量的重要环节，目的是为了分析河流演变趋势，为港口、码头、桥梁建设提供可靠的依据；为船舶航行提供航道深度和确定河流浅滩的位置、深度。因此，水深测量也是维护航道安全通畅的主要途径。

（一）水深测量的内容

水深测量的内容包括两方面：一方面是测深点的深度测量，测量水深所使用的工具和仪器一般有测深杆、测深锤和测深仪等。为连续测得水深，必须选择适当的测深线间隔和方向。测深线间隔一般取为图上 1 ~ 1.5 cm，测点间距一般为图 0.5 ~ 0.7 cm。

测得水深后，必须进行水位改正。就是把在瞬时水面上测得的深度归算到由深度基准面起算的深度。

另一方面是测深点的定位：在水深测量工作中，还要精确地测定深度点的平面位置，这项工作简称为定位。用测深仪测深时，深度点的平面位置是换能器的平面位置；用测深杆、水砣测深时，深度点的平面位置是测深杆、测深杆或水砣绳与水面垂直相交时的平面位置。

（二）水深测量的误差

仪器误差，声速误差，水位观测误差。

仪器误差，主要是测深仪本身的测量误差，以及调节测深仪输入吃水，声速值等误差，测深仪老化导致误差，在施测过程中，声波遇到汽泡，水中悬浮物，河底水草等杂物等，出现假水深从而影响测深精度。在换能器不垂直的情况下使用，造成倾角，带来系统误差使所测水深值偏大，由于船在转弯、流速变化不均匀的地段航行时，动力吃水也在不断变化，影响测深精度测深仪工作原理是从水面的换能器向水底发射声波，声波遇到不同介质反射，被换能器接收，所经历的时间与声速乘积的一半为点到水底的垂直距离，即该点的水深。声速值的大小与水的温度、盐度，含沙量，水压等有关。在不同的水域，不同的时间声速值相差很大。要想在不同时间不同地点或相同地点所测水深值具有可比性，必须确定一个统一的深度基准面。水深测量工作中进行同步水位观测，才能保证实测深度正确地归算到统一的深度基准面。

（三）水深测量方法改进

在回声测深仪出现以前，用测深杆施测水深，用前方交会、后方交会，极坐标法进行平面定位。这样的方法太深的区域无法施测，借助于测深锤，易受水流冲击，使得所测水深与真值之间误差较大。模拟回声测深仪的出现使测深精度有所提高，解决了测深问题，但由于与经纬仪等定位仪器不同步以及观测者对目标点的选取存在误差，导致水深点与定位点不在同一位置，因此误差也是很大的。近年来随着数字测深仪的发展，GPS 的不断更新，在水深测量中，通过回声测深仪连接 GPS。二者能通过测量软件及传输线连接起来，这样在外业工作时，只需要在软件中根据工作要求设置按距离或按时间定位，保证了测深与定位同时进行，消减了因测深与定位不同步产生的误差。

松花江某区段，线长点稀在施测水深前，先进行平面控制测量，用 GPS 静态方式，测定所选控制点平面位置，解算出平面坐标，再用水准测量的方法测出各个控制点的高程。遵循先整体后局部，先控制后碎部的测量原则。在已知控制点上架设 HDV30GPS 基准站，将移动站与测深仪连接，在 HD310 测深仪中建立新的任务，输入测区中央子午线经度，参考已知点坐标确定图幅左下角坐标，更改参数，按测区 1：5000 比例尺要求，测点间距为 35 米，即每隔 35 米采集一个水深定位点。

高频图框中显示的是调整吃水 60 ㎝后的当前水深值，测船吃水值分为静吃水和动力吃水，静吃水是旨测量船艇在静止不动时水面到换能器底部的垂直距离，动力吃水简称动吃水是指水深测量船舶在航行时，水面到换能器底部距离，由于受推进器的作用，动吃水要大于静吃水，精确计算动吃水是一个非常复杂的过程，它受船速、航向等多种因素的影响，在工作中可将动吃水取一个均值进行调整。在水深测量工作中可以用三种方法消减动吃水的影响，一是在外业工作前将静吃水加上动吃水作为测深仪吃水；二是在用测深改正软件改正水深时加上动吃水值；三是在水深上图后用内业成图软件将所有水深值统一平移。可用温度和盐度（在江河中盐度值一般为 0）的设定，配合浅区杆测水深与测深仪所测水深进行比对，来减小声速带来的影响。测量外业工作结束后，结合图 1～1、图 1～2 剔除汽泡，悬浮物等干扰出现的假水深，提高测量精度。用设计水位减去工作水位，推算水深改正数，最后编辑成图。这里所说的设计水位是指在航运经营和航道整治维护中，需要确定的最低通航水位和最高通航水位，分别称为设计最低通航水位和设计最高通航水位，统称为设计水位。

结束语随着测绘技术的不断发展，测量仪器的不断更新，水深测量的方法也在不断增多，以适应我国江河水上、水下工程建设及海洋开发和利用的要求。

四、航道工程测量技术应用

（一）GPS 技术在航道测量工程中的应用

1. 建立区域 GPS 控制网

航道测量工作人员应根据测量工作要求与实际情况合理布设 GPS 控制网点，以此确保 GPS 控制网点均匀分布于整个测区。对 GPS 中实时动态与实时差分等测量技术有充分了解，并能够在后续的测绘工作中熟练使用。GPS 控制网点之间的密度确定方式应是按照实时动态与实时差分测量技术所使用的 GPS 接收机的作用半径进行确定，且 GPS 控制网点之间的密度大约为 7.5 千米。为了计算出 GPS 控制网点在地面的精确坐标，应考虑在在地面坐标系中选定起算数据和联测原有地方控制点若干个，以此为转换坐标提供方便和保障。GPS 控制网点的精度要求决定着布网形式、接收机类型、观测时段和观测时间等。

在使用 GPS 静态定位技术进行航道工程测量时，采取的相关测量设备也应具有静态功能，例如单频或是双频的 GPS 接收机、平差软件等。采用具有静态功能的双频

GPS 接收机，不仅测量精度高，而且测量所耗费时间较少，所以，在测量航道工程时选择这种仪器设备可谓非常有必要。

2. 实施

（1）收集数据、传输。在实际进行航道测量时，首先应架设相关仪器设备，通常我们选择位置在已知的平高点和 GPS 控制网点处，仪器设备架设完成后正式进行数据收集。在收集数据过程中还应安装相关规范要求设置 GPS 接收机数量并确定观测时限。同时，还应做好观测记录并确保记录是详细、清楚、完整。此外，数据收集完成后应利用读卡器或者相关软件将数据传输至计算机中。

（2）平差。平差所采用的方法为三维无约束平差，平差所需的起算依据应利用软件自动选取，而后根据控制网点坐标、基线向和精度信息等计算输出成果。平差结束后应做好平差报告，同时对平差报告进行仔细检查，一旦发现有粗差情况应在平差时利用软件及时进行剔除。通过无约束平差我们能够得出可靠观测量与以知点坐标、高程等信息，而后再利用三维无约束平差将各点坐标进行转换，这时计算出的输出成果能够为各点坐标转换提供依据。

3. 水下地形测量

岸边地形测量与水下地形测量都是分别进行的，在完成各自任务后需要在测绘软件内合并生成航道测量的成果文件。对水下地形测量一般采用的模式是"RTK + 测深仪"。当测深仪的换能器在水中发出声波，声波遇到障碍物而反射回到换能器。根据声波往返的时间及传播的速度，可以求得障碍物与测深仪之间的距离。因此，与岸边地形测量类似，水下地形施测首先要设置基准站，并将基准站架设于所布设的 GPS 控制网的静态控制点上，输入该点坐标，在设置好发射频率后发射信号；其次流动站安箕存船上，同步测定水深以及定位，并将相关数据记录存储；运用成图软件将移动站采集的水深数据及定位数据调入并编辑成图。

4. 仪器配备

在使用 GPS 静态定位技术进行航道工程测量时，采取的相关测量设备也应具有静态功能，例如单频或是双频的 GPS 接收机、平差软件等。采用具有静态功能的双频 GPS 接收机，不仅测量精度高，而且测量所耗费时间较少，所以，在测量航道工程时选择这种仪器设备可谓非常有必要。

（1）收集数据、传输。在实际进行航道测量时，首先应架设相关仪器设备，通常我们选择位置在已知的平高点和 GPS 控制网点处，仪器设备架设完成后正式进行数据收集。在收集数据过程中还应安装相关规范要求设置 GPS 接收机数量并确定观测时限。同时，还应做好观测记录并确保记录是详细、清楚、完整。此外，数据收集完成后应利用读卡器或者相关软件将数据传输至计算机中。

（2）解算基线。利用相关软件解算基线，并对基线闭合差报告进行严格仔细的检查，一旦发现基线存在超限情况必须及时处理观测数据，只有确保基线闭合差报告经检查合格才能进行后面的工作。

（3）平差。平差所采用的方法为三维无约束平差，平差所需的起算依据应利用软件自动选取，而后根据控制网点坐标、基线向和精度信息等计算输出成果。平差结束后应做好平差报告，同时对平差报告进行仔细检查，一旦发现有粗差情况应在平差时利用软件及时进行剔除。通过无约束平差我们能够得出可靠观测量与以知点坐标、高程等信息，而后再利用三维无约束平差将各点坐标进行转换，这时计算出的输出成果能够为各点坐标转换提供依据。

（二）利用实时动态技术进行测量

1. 实时动态技术测量特点

GPS 中的实时动态技术具有省时省力、作业效率高、测量精度高、能够全天候测量以及无须通视的特点。利用实时动态技术对航道工程进行测量，一个移动站只需配备一个操作人员便可，即便情况要相对复杂一些，也只需再增加一个绘图人员便可，进行测量观察时一个测点的观测工作只需几秒便可，且能够全天候进行。利用实时动态技术进行测量，测量精准度高且均匀，即便存在点位误差也不会出现传播、积累情况。实时动态技术的通信半径范围较长一般在 13km 左右，在通信半径范围内点与点之间无须通视，不仅为测量工作提供了便利，还降低了测量费用。此外，实时动态技术也存在一定的不足之处，主要表现为基准站与移动站之间必须存在通信数据链，不然测量工作就无法正常进行。因此，针对这一情况，在利用实时动态技术进行测量时，应采取缩短基准站与移动站两者间的距离的措施来解决问题。

2. 实时动态技术测量实施

（1）基准站设置。通常我们将基准站设置在 GPS 控制点上，设置完成后应将坐标点的相关信息输入计算机中，而后根据实际情况设置发射频率，最后对基准站进行检查，确保能够正常发射信号。

（2）移动站设置。完成移动站设置并确保能够正常接收信号后进行初始化形成固定解，然后对碎部进行测量，将测量所得数据记录并存储在电子手簿中，最后将存储在电子手簿中的测量数据传入微机，利用相关图像软件将测量数据编辑成图。

3. 利用实时差分技术测量

当前，我们在进行水下地形测量时主要采用利用实时差分技术进行测量。实时差分技术与实时动态技术的测量特点大致相同，只是两者在基准站设置上所采用的模式不同，且利用实时差分技术测量得出的定位精度没有实时动态技术高。在实时差分技术测量中通常将移动站设于船上，除了配备 GPS 接收机、天线等设备，还应配备数字化测深仪、换能器等设备。

第二节　测量学的任务及其作用

一、测量学的定义与分类

测量学是研究地球的形状和大小以及确定地面（包括空中、地下和海底）点位的科学，是研究对地球整体及其表面和外层空间中的各种自然和人造物体上与地理空间分布有关的信息进行采集处理、管理、更新和利用的科学和技术。就是确定空间点的位置及其属性关系。

（一）定义

测量学是研究对地球整体及其表面和外层空间中的各种自然和人造物体上与地理空间分布有关的信息进行采集处理、管理、更新和利用的科学和技术。

它的主要任务有三个方面：

1. 研究确定地球的形状和大小，为地球科学提供必要的数据和资料。

2. 将地球表面的地物地貌测绘成图。

3. 将图纸上的设计成果测设至现场。

（二）分类

测量学是研究如何测定地面点的平面位置和高程，将地球表面上的地形及其他信息测绘成图，以及确定地球的形状和大小等的科学。内容包括：普通测量学、大地测量学、大地天文学、重力测量学、地形测量学、摄影测量学、工程测量学和海洋测量等学科。

1. 普通测量学

普通测量学是研究地球表面小范围测绘的基本理论、技术和方法，不顾及地球曲率的影响，把地球局部表面当做平面看待，是测量学的基础。

2. 大地测量学

大地测量学是研究和确定地球形状、大小、重力场、整体与局部运动和地表面点的几何位置以及它们的变化的理论和技术的学科。其基本任务是建立国家大地控制网，测定地球的形状、大小和重力场，为地形测图和各种工程测量提供基础起算数据；为空间科学、军事科学及研究地壳变形、地震预报等提供重要资料。按照测量手段的不同，大地测量学又分为常规大地测量学、卫星大地测量学及物理大地测量学等。

3. 海洋测绘学

海洋测绘学是以海洋和陆地水域为对象所进行的测量和海图编绘工作，属于海洋测绘学的范畴。

4. 地图制图学

地图制图学是研究模拟和数字地图的基础理论、设计、编绘、复制的技术、方法以及应用的学科。它的基本任务是利用各种测量成果编制各类地图，其内容一般包括地图投影、地图编制、地图整饰和地图制印等分支。

5. 摄影测量（Photogrammetry and remote sensing）

摄影测量是研究利用电磁波传感器获取目标物的影像数据，从中提取语义和非语义信息，并用图形、图像和数字形式表达的学科。其基本任务是通过对摄影像片或遥感图像进行处理、量测、解译，以测定物体的形状、大小和位置进而制作成图。根据获得影像的方式及遥感距离的不同，本学科又分为地面摄影测量学，航空摄影测量学和航天遥感测量等。

6. 工程测量学

（1）工程测量学是研究各项工程在规划设计、施工建设和运营管理阶段所进行的各种测量工作的学科。

各项工程包括：工业建设、铁路、公路、桥梁、隧道、水利工程、地下工程、管线（输电线、输油管）工程、矿山和城市建设等。一般的工程建设分为规划设计、施工建设和运营管理三个阶段。工程测量学是研究这三阶段所进行的各种测量工作。

（2）工程测量学主要研究在工程、工业和城市建设以及资源开发各个阶段所进行的地形和有关信息的采集和处理，施工放样、设备安装、变形监测分析和预报等的理论、方法和技术，以及研究对测量和工程有关的信息进行管理和使用的学科，它是测绘学在国民经济和国防建设中的直接应用。

（3）工程测量学是研究地球空间（包括地面、地下、水下、空中）中具体几何实体的测量描绘和抽象几何实体的测设实现的理论、方法和技术的一门应用性学科。它主要以建筑工程、机器和设备为研究服务对象。

7. 测量仪器学

研究测量仪器的制造、改进和创新的学科。

8. 地形测量学

地形测量是研究如何将地球表面局部区域内的地物、地貌及其他有关信息测绘成地形图的理论、方法和技术的学科。按成图方式的不同地形测图可分为模拟化测图和数字化测图。

二、测量学的产生

（一）生产生活

生产、生活的需要以及建筑、农田、水利建设等。

公元前二十七世纪建设的埃及大金字塔，其形状与方向都很准确，说明当时已有放样的工具和方法。

中国二千多年前的夏商时代，为了治水开始了水利工程测量工作。司马迁在《史记》中对夏禹治水有这样的描述："陆行乘车，水行乘船，泥行乘撬，山行乘檋，左准绳，右规矩、载四时，以开九州，通九道，陂九泽，度九山。"所记录的是当时的工程勘测情景，准绳和规矩就是当时所用的测量工具，准是可揆平的水准器，绳是丈量距离的工具，规是画圆的器具，矩则是一种可定平、测长度、高度、深度和画圆画矩形的通用测量仪器。早期的水利工程多为河道的疏导，以利防洪和灌溉，其主要的测量工作是确定水位和堤坝的高度。秦代李冰父子领导修建的都江堰水利枢纽工程，曾用一个石头人来标定水位，当水位超过石头人的肩时，下游将受到洪水的威胁；当水位低于石头人的脚背时，下游将出现干旱。这种标定水位的办法与现代水位测量的原理完全一样。北宋时沈括为了治理汴渠，测得"京师之地比泗州凡高十九丈四尺八寸六分"，是水准测量的结果。1973年从长沙马王堆汉墓出土的地图包括了地形图、驻军图和城邑图三种，不仅所表示的内容相当丰富，绘制技术也非常熟练，在颜色使用、符号设计、内容分类和简化等方面都达到了很高水平，是目前世界上发现的最早的地图，这与当时测绘术的发达分不开。

公元前十四世纪，在幼发拉底河与尼罗河流域曾进行过土地边界的划分测量。中国的地籍管理和土地测量最早出现在殷周时期，秦、汉过渡到私田制。隋唐实行均田制，建立户籍册。宋朝按乡登记和清丈土地，出现地块图。到了明朝洪武四年，全国进行土地大清查和勘丈，编制的鱼鳞图册，是世界最早的地籍图册。

（二）交通运输

军事、交通运输的需要——旅行、航海等。

工程测量学的发展也受到了战争的促进。中国战国时期修筑的午道，公元前210年秦始皇修建的"堑山堙谷，千八百里"直道，古罗马构筑的兵道，以及公元前218年欧洲修建的通向意大利的"汉尼拨通道"等，都是著名的军用道路。修建中应用了测量工具进行地形勘测、定线测量和隧道定向开挖测量。

唐代李筌指出"以水佐攻者强，……，先设水平测其高下，可以漂城，灌军，浸营，败将也"，说明了测量地势高低对军事成败的作用。中华民族伟大象征的万里长城修建于秦汉时期，这一规模巨大的防御工程，从整体布局到修筑，都进行了详细的勘察测量和施工放样工作。

中国的采矿业是世界上发展最早的国家，在公元前二千多年的黄帝时代就已开始应用金属如铜器、铁器等，到了周代金属工具已普遍应用。据《周礼》记载，在周朝已建立了专门的采矿部门，开采时很重视矿体形状，并使用矿产地质图来辨别矿产的分布。

中国四大发明之一的指南针，从司南、指南鱼算起，有二千多年的历史，对矿山测量和其他工程勘测有很大的贡献。在国外，意大利都灵保存有公元前十五世纪的金矿巷道图。公元前十三世纪埃及也有按比例缩小的巷道图。公元前一世纪，希腊学者格罗·亚里山德里斯基对地下测量和定向进行了叙述。德国在矿山测量方面有很大贡献，1556 年格·阿格里柯拉出版的《采矿与冶金》一书，专门论述了开采中用罗盘测量井下巷道的一些问题。

三、发展作用

这是人类长期探索的问题。早在公元前 6 世纪古希腊的毕达哥拉斯（Pythagoras）就提出了地球的形状的概念。

两世纪后，亚里士多德（Aristotle）作了进一步论证，支持这一学说。

又一世纪后，埃拉托斯特尼（Eratosthenes）用在南北两地同时观测日影的办法首次推算出地球子午圈的周长。其想法很简单，先测量地面上一段（子午线）的弧长 l，再测量该弧长所对的中心角 θ。则地球的半径 R 就可求得：$R = l/\theta$；地球子午线的周长 $L = 2\pi R$，这里关键在于如何求 θ。为此要同时在南北两点测量竖杆影子的长度。凭影长和杆高就可以求得两个杆子与阳光的夹角 $\varphi1$ 和 $\varphi2$。设在同一时刻两地的阳光相互平行，则 $\theta = \varphi2 - \varphi1$。

在人类认识地测球形状和大小的过程中，测量学获得了飞速的发展。

例如：三角测量和天文测量的理论和技术、高精度经纬仪制作的技术、距离丈量的技术及有关理论、测量数据处理的理论以及误差理论等。

在测量学发展的过程中很多数学家、物理学家作出了巨大的贡献，如托勒密、墨卡托等。

（一）军事

"天时，地利，人和"是打胜仗的三大要素。要有地利就要了解和利用地利。

地图上详细表示着山脉、河流、道路、居民点等地形和地物，具有确定位置、辨识方向的作用。

地图一直在军事活动中起着重要的作用，这对于行军、布防以及了解敌情等军事活动都是十分重要的。因此，早就成为军事上不可缺少的工具，获得广泛的应用。

人造卫星定位技术早期用于军事部门，后逐步解密才在测绘及其他众多部门中获得应用、海洋测量技术首先是由航海的需要而产生，但其高速发展的动力主要来自军事部门的需要……等。至今军事测绘部门仍在测绘领域科技前沿对重大课题进行探索和研究。

传统上各国测绘部门隶属于军事部门。至今相当多国家的测绘部门仍然隶属于军事部门。随着测绘技术在各方面的应用愈来愈广泛，测绘科技国际间的交流日益频繁，不少国家终于建立了民用的测绘机构。

（二）其他作用

测量学的起源和土地界线的划定紧密联系着。非洲尼罗河每年泛滥会把土地的界线冲刷掉，为了每年恢复土地的界线很早就采用了测量技术。

早期亦称"土地测量""土地清丈"等。用以测定地块的边界和坐落，求算地块的面积，在农业为主的社会里，国家为了征税而开展地籍测量，同时记录业主姓名和土地用途等。

在中国，地籍测量是国家管理土地的基础。地籍测量的成果不仅用于征税，还用于管理土地的权属以保障用地的秩序，为了提高土地利用的效益、合理和节约利用十分珍贵和有限的土地。

测量学还服务于国家领土的管理。《战国策·燕策》中关于荆轲刺秦王，"图穷而匕首见"的记述，表明在战国时期地图在政治上象征着国家的领土和主权。当代，在一些国家间的领土争执中，也常以对方出版的地图上对国境线的表示作为有利于己方的证据或者用测量技术为手段标定国界

（三）工程建设中的作用

现代的测量学作为一门能采集和表示各种地物和地貌的形状、大小、位置等几何信息，以及能把设计的建筑物、设备等按设计的形状、大小和位置准确地在实地标定出来的技术，在各种工程建设中的应用愈来愈广泛。

例如，粒子加速器的磁块必须以 0.1mm 的精度安放在设计的位置上。某些飞行器的助飞轨道要求其准直度的偏差小于长度的 10～6。建筑物建成后（甚至在施工期间）会因地基承载力弱或因自重和外力的作用而产生变形。如大坝可能位移、高层建筑物可能倾斜等。

为了保障建筑物的安全运行，往往需要测量工作者以技术上可行的最高精度监测建筑物的变形量和变形速度的发展情况。有时还要求在一段时间内进行连续监测，为此要使用自动化的监测和记录的仪器。

认识地球是人类探索的目标之一，也是测量学的任务之一。

绝大多数测量工作是在地球上进行，或作为参考系。

四、国际航道测量组织

为统一国际海图及其他航海方面的文件而建立的咨询性政府间国际机构。其宗旨是协调各国航道测量部门之间的活动，统一海图和航海文件；鼓励各国采用统一的有效的航道测量方法；促进航道测量技术和海洋科学的发展。它的前身是国际航道测量局。国际航道测量局于 1921 年正式开始活动，当时仅有 19 个成员国，总部设在摩纳哥。1967 年在摩纳哥召开的第九届国际航道测量大会上制订了《国际航道测量组织公

约》。公约于 1970 年 9 月 22 日正式生效。按公约成立了国际航道测量组织。原国际航道测量局成为国际航道测量组织总部负责秘书处工作的机构，同时也是世界海洋测量资料中心。国际航道测量组织的日常活动主要是通过书信与会员国或其他国际组织进行联系，召开会议就本组织所研究的问题进行讨论，编辑出版《航道测量评论》《航道测量简报》等刊物以进行技术交流。截至 1985 年 3 月 31 日，国际航道测量组织有 50 个成员国。中国于 1979 年参加这一组织。

国际航道测量组织对各成员国政府的航道测量机构没有支配权。它所通过的技术决议均为建议性质，无强制性的约束力，但希望各成员国都能够执行，以利航行安全。成员国的主要任务是自愿向国际航道测量局提供海图和航海通告，并与其他成员国直接交换这方面的资料。此外，每年缴纳一定数额的会费。国际航道测量组织大会是最高权力机构，由成员国代表组成，每 5 年召开一次。国际航道测量局设有指导委员会。指导委员会根据公约和总则的要求，以及大会的指示管理国际航道测量局。

第三节　水准仪和水准测量

一、水准仪

水准仪是建立水平视线测定地面两点间高差的仪器。原理为根据水准测量原理测量地面点间高差。主要部件有望远镜、管水准器（或补偿器）、垂直轴、基座、脚螺旋。按结构分为微倾水准仪、自动安平水准仪、激光水准仪和数字水准仪（又称电子水准仪）。按精度分为精密水准仪和普通水准仪。

水准仪是在 17～18 世纪发明了望远镜和水准器后出现的。20 世纪初，在制出内调焦望远镜和符合水准器的基础上生产出微倾水准仪。20 世纪 50 年代初出现了自动安平水准仪；60 年代研制出激光水准仪；90 年代出现电子水准仪或数字水准仪。

（一）仪器原理

1. 微倾水准仪

借助于微倾螺旋获得水平视线的一种常用水准仪。作业时先用圆水准器将仪器粗略整平，每次读数前再借助微倾螺旋，使符合水准器在竖直面内俯仰，直到符合水准气泡精确居中，使视线水平。微倾的精密水准仪同普通水准仪比较，前者管水准器的分划值小、灵敏度高，望远镜的放大倍率大、明亮度强，仪器结构坚固，特别是望远镜与管水准器之间的联接牢固，装有光学测微器，并配有精密水准标尺，以提高读数精度。中国生产的微倾式精密水准仪，其望远镜放大倍率为 40 倍，管水准器分划值为 $10''/2mm$，光学测微器最小读数为 0.05mm，望远镜照准部分、管水准器和光学测微器都共同安装在防热罩内。

2. 自动安平

借助于自动安平补偿器获得水平视线的一种水准仪。它的特点主要是当望远镜视线有微量倾斜时，补偿器在重力作用下对望远镜作相对移动，从而能自动而迅速地获得视线水平时的标尺读数。补偿的基本原理是：当望远镜视线水平时，与物镜主点同高的水准标尺上物点 P 构成的像点 Z0 应落在十字丝交点 Z 上。当望远镜对水平线倾斜一小角 α 后，十字丝交点 Z 向上移动，但像点 Z0 仍在原处，这样即产生一读数差 Z0Z。当很小时可以认为 Z0Z 的间距为 $α × f'$（f'为物镜焦距），这时可在光路中 K 点装一补偿器，使光线产生屈折角 β，在满足 $α × f' = β × S0$（S0 为补偿器至十字丝中心的距离，即 KZ）的条件下，像 Z0 就落在 Z 点上；或使十字丝自动对仪器作反方向摆动，十字丝交点 Z 落在 Z0 点上。

如光路中不采用光线屈折而采用平移时，只要平移量等于 Z0Z，则十字丝交点 Z 落在像点 Z0 上，也同样能达到 Z0 和 Z 重合的目的。自动安平补偿器按结构可分为活动物镜、活动十字丝和悬挂棱镜等多种。补偿装置都有一个"摆"，当望远镜视线略有倾斜时，补偿元件将产生摆动，为使"摆"的摆动能尽快地得到稳定，必须装一空气阻尼器或磁力阻尼器。这种仪器较微倾水准仪工效高、精度稳定，尤其在多风和气温变化大的地区作业更为显著。

3. 激光水准仪

利用激光束代替人工读数的一种水准仪。将激光器发出的激光束导入望远镜筒内，使其沿视准轴方向射出水平激光束。

利用激光的单色性和相干性，可在望远镜物镜前装配一块具有一定遮光图案的玻璃片或金属片，即波带板，使之所生衍射干涉。经过望远镜调焦，在波带板的调焦范围内，获得一明亮而精细的十字型或圆形的激光光斑，从而更精确地照准目标。如在前、后水准标尺上配备能自动跟踪的光电接收靶，即可进行水准测量。在施工测量和大型构件装配中，常用激光水准仪建立水平面或水平线。

数字水准仪是目前最先进的水准仪，配合专门的条码水准尺，通过仪器中内置的数字成像系统，自动获取水准尺的条码读数，不再需要人工读数。这种仪器可大大降低测绘作业劳动强度，避免人为的主观读数误差，提高测量精度和效率。

4. 电子水准仪

电子水准仪又称数字水准仪，它是在自动安平水准仪的基础上发展起来的。它采用条码标尺，各厂家标尺编码的条码图案不相同，不能互换使用。2013 年前照准标尺和调焦仍需目视进行。人工完成照准和调焦之后，标尺条码一方面被成像在望远镜分化板上，供目视观测，另一方面通过望远镜的分光镜，标尺条码又被成像在光电传感器（又称探测器）上，即线阵 CCD 器件上，供电子读数。因此，如果使用传统水准标尺，电子水准仪又可以像普通自动安平水准仪一样使用。不过这时的测量精度低于电子测量的精度。特别是精密电子水准仪，由于没有光学测微器，当成普通自动安平水准仪使用时，其精度更低。

（二）分类

1. 微倾水准仪

借助微倾螺旋获得水平视线。其管水准器分划值小、灵敏度高。望远镜与管水准器联结成一体。凭借微倾螺旋使管水准器在竖直面内微作俯仰，符合水准器居中，视线水平。

2. 自动安平

借助自动安平补偿器获得水平视线。当望远镜视线有微量倾斜时，补偿器在重力作用下对望远镜作相对移动，从而迅速获得视线水平时的标尺读数。这种仪器较微倾水准仪工效高、精度稳定。

3. 激光水准仪

利用激光束代替人工读数。将激光器发出的激光束导入望远镜筒内使其沿视准轴方向射出水平激光束。在水准标尺上配备能自动跟踪的光电接收靶，即可进行水准测量

4. 数字水准仪

这是 20 世纪 90 年代发展的水准仪，集光机电、计算机和图像处理等高新技术为一体，是现代科技最新发展的结晶。

（三）使用方法

水准仪的使用包括：水准仪的安置、粗平、瞄准、精平、读数五个步骤。

1. 安置

安置是将仪器安装在可以伸缩的三脚架上并置于两观测点之间。首先打开三脚架并使高度适中，用目估法使架头大致水平并检查脚架是否牢固，然后打开仪器箱，用连接螺旋将水准仪器连接在三脚架上。

2. 粗平

粗平是使仪器的视线粗略水平，利用脚螺旋置圆水准气泡居于圆指标圈之中。具体方法：用仪器练习。在整平过程中，气泡移动的方向与大拇指运动的方向一致。

3. 瞄准

瞄准是用望远镜准确地瞄准目标。首先是把望远镜对向远处明亮的背景，转动目镜调焦螺旋，使十字丝最清晰。再松开固定螺旋，旋转望远镜，使照门和准星的连接对准水准尺，拧紧固定螺旋。最后转动物镜对光螺旋，使水准尺的清晰地落在十字丝平面上，再转动微动螺旋，使水准尺的像靠于十字竖丝的一侧。

4. 精平

精平是使望远镜的视线精确水平。微倾水准仪，在水准管上部装有一组棱镜，可将水准管气泡两端，折射到镜管旁的符合水准观察窗内，若气泡居中时，气泡两端的像将符合成一抛物线型，说明视线水平。若气泡两端的像不相符合，说明视线不水平。这时可用右手转动微倾螺旋使气泡两端的像完全符合，仪器便可提供一条水平视线，以满足水准测量基本原理的要求。注意：气泡左半部分的移动方向，总与右手大拇指的方向不一致。

5. 读数

用十字丝，截读水准尺上的读数。水准仪多是倒像望远镜，读数时应由上而下进行。先估读毫米级读数，后报出全部读数。注意，水准仪使用步骤一定要按上面顺序进行，不能颠倒，特别是读数前的符合水泡调整，一定要在读数前进行。

（四）共同特点

电子水准仪是以自动安平水准仪为基础，在望远镜光路中增加了分光镜和探测器（CCD），并采用条码标尺和图象处理电子系统二构成的光机电测一体化的高科技产品。采用普通标尺时，又可象一般自动安平水准仪一样使用。它与传统仪器相比有以下共同特点：

1. 读数客观。不存在误差、误记问题，没有人为读数误差。

2. 精度高。视线高和视距读数都是采用大量条码分划图象经处理后取平均得出来的，因此削弱了标尺分划误差的影响。多数仪器都有进行多次读数取平均的功能，可以削弱外界条件影响。不熟练的作业人员业也能进行高精度测量。

3. 速度快。由于省去了报数、听记、现场计算的时间以及人为出错的重测数量，测量时间与传统仪器相比可以节省1/3左右。

4. 效率高。只需调焦和按键就可以自动读数，减轻了劳动强度。视距还能自动记录，检核，处理并能输入电子计算机进行后处理，可实线内外业一体化。

（五）使用须知

1. 操作要点

在未知两点间，摆开三脚架，从仪器箱取出水准仪安放在三脚架上，利用三个机座螺丝调平，使圆气泡居中，跟着调平管水准器。水平制动手轮是调平的，在水平镜内通过三角棱镜反射，水平重合，就是水平。将望远镜对准未知点上的塔尺，再次调平管水平器重合，读出塔尺的读数（后视），把望远镜旋转到未知点。

计算公式：两点高差 = 后视 - 前视。

2. 校正方法

将仪器摆在两固定点中间，标出两点的水平线，称为 a、b 线，移动仪器到固定点一端，标出两点的水平线，称为 a'、b'。计算如果 a−b≠a'−b' 时，将望远镜横丝对准偏差一半的数值。用校针将水准仪的上下螺钉调整，使管水平泡吻合为止。重复以上做法，直到相等为止。

3. 保养与维修

（1）水准仪是精密的光学仪器，正确合理使用和保管对仪器精度和寿命有很大的作用

（2）避免阳光直晒，不许可证随便拆卸仪器

（3）仪器有故障，由熟悉仪器结构者或修理部修理

（4）每个微调都应轻轻转动，不要用力过大。镜片、光学片不准用手触片

（5）每次使用完后，应对仪器擦干净，保持干燥。

二、水准测量

水准测量又名"几何水准测量"，是用水准仪和水准尺测定地面上两点间高差的方法。在地面两点间安置水准仪，观测竖立在两点上的水准标尺，按尺上读数推算两点间的高差。通常由水准原点或任一已知高程点出发，沿选定的水准路线逐站测定各点的高程。由于不同高程的水准面不平行，沿不同路线测得的两点间高差将有差异，所以在整理国家水准测量成果时，须按所采用的正常高系统加以必要的改正，以求得正确的高程。

（一）原理

水准测量是利用一条水平视线，并借助水准尺，来测定地面两点间的高差，这样就可由已知点的高程推算出未知点的高程。

（二）结构

根据水准测量的原理，水准仪的主要作用是提供一条水平视线，并能照准水准尺进行读数。因此，水准仪构成主要有望远镜、水准器及基座三部分。

1. 望远镜

DS3 水准仪望远镜主要由物镜、目镜、对光透镜和十字丝分划板所组成。物镜和目镜多采用复合透镜组，十字丝划板上刻有两条互相垂直的长线，竖直的一条称竖丝，横的一条称为中丝，是为了瞄准目标和读取读数用的。在中丝的上下还对称地刻有两条与中丝平行的短横线，是用来测定距离的，称为视距丝。十字丝分划板是由平板玻璃圆片制成的，平板玻璃片装在分划板座上，分划板座固定在望远镜筒上。

十字丝交点与物镜光心的连线，称为视准轴或视线。水准测量是在视准轴水平时，用十字丝的中丝截取水准尺上的读数。

对光凹透镜可使不同距离的目标均能成像在十字丝平面上。再通过目镜，便可看清同时放大了的十字丝和目标影像。从望远镜内所看到的目标影像的视角与肉眼直接

观察该目标的视角之比，称为望远镜的放大率。DS3 级水准仪望远镜的放大率一般为 28 倍。

2. 水准器：分为管水准器和圆水准器。

水准器是用来指示视准轴是否水平或仪器竖轴是否竖直的装置。有管水准器和圆水准器两种。管水准器用来指示视准轴是否水平；圆水准器用来指示竖轴是否竖直。

（1）管水准器

又称水准管，是一纵向内壁磨成圆弧形的玻璃管，管内装酒精和乙醚的混合液，加热融封冷却后留有一个气泡。由于气泡较轻，故恒处于管内最高位置。

水准管上一般刻有间隔为 2mm 的分划线，分划线的中点 0，称为水准管零点。通过零点作水准管圆弧的切线，称为水准管轴。当水准管的气泡中点与水准管零点重合时，称为气泡居中；这时水准管轴工人处于水平位置。水准管圆弧 2mm 所对的圆心角称为水准管分划值。安装在 DS3 级水准仪上的水准管，其分划值不大于 $20''/2m$。

微倾式水准仪在水准管的上方安装一组符合棱镜，通过符合棱镜的反射作用，使气泡两端的像反映在望远镜旁的符合气泡观察窗中。若气泡两端的半像吻合时，就表示气泡居中。若气泡的半像错开，则表示气泡不居中，这时，应转动微倾螺旋，使气泡的半像吻合。

（2）圆水准器

圆水准器顶面的内壁是球面，其中有圆分划圈，圆圈的中心为水准器的零点。通过零点的球面法线为圆水准器轴线，当圆水准器气泡居中时，该轴线处于竖直位置。当气泡不居中时，气泡中心偏移零点 2mm，轴线所倾斜的角值，称为圆水准器的分划值，由于它的精度较低，故只用于仪器的概略整平。

（3）基座

基座的作用是支承仪器的上部并与三脚架连接。它主要由轴座、脚螺旋、底板和三角压板构成。

（三）水准尺和尺垫

水准尺是水准测量时使用的标尺。其质量好坏直接影响水准测量的精度。因此，准尺需用不易变形且干燥的优质木材制成；要求尺长稳定，分划准确。常用的水准尺有塔尺和双面尺两种。塔尺多用于等外水准测量，其长度有 2m 和 5m 两种，用两节或三节套接在一起。尺的底部为零点，尺上黑白格相间，每格宽度为 1cm，有的为 0.5cm，每一米和分米处均有注记。双面水准尺多用于三、四等水准测量。其长度有 2m 和 3m 两种，且两根尺为一对。尺的两面均有刻划，一面为红白相间称红面尺；另一面为黑白相间，称黑面尺（也称主尺），两面的刻划均为 1cm，并在分米处注字。两根尺的黑面均由零开始；而红面，一根尺由 4.687m 开始至 6.687m 或 7.687m，另一根由 4.787m 开始至 6.787m 或 7.787m。

尺垫是在转点放置水准尺用的，它用生铁铸成，一般为三角形，中央有一突起的半球体，下方有三个支脚。用时将支脚牢固地插入土中，以防下沉，上方突起的半球形顶点作为竖立水准尺和标志转点之用。

（四）外业工作

1. 水准点布设

为了统一全国的高程系统和满足各种测量的需要，测绘部门在全国各地埋设并测定了很多高程点，这些点称为水准点（Bench Mark），简记为 BM。水准测量通常是从水准点引测其他点的高程。水准点有永久性和临时性两种。国家等级水准点一般用石料或钢筋混凝土制成，深埋到地面冻结线以下。在标石的顶面设有用不锈钢或其他不易锈蚀材料制成的半球状标志。有些水准点也可设置在稳定的墙脚上，称为墙上水准点。

建筑工地上的永久性水准点一般用混凝土或钢筋混凝土制成，临时性的水准点可用地面上突出的坚硬岩石或用大木桩打入地下，校顶钉以半球形铁钉。

埋设水准点后，应绘出水准点与附近固定建筑物或其他地物的关系图，在图上还要写明水准点的编号和高程，称为点之记，以便于日后寻找水准点位置之用。水准点编号前通常加 BM 字样，作为水准点的代号。

2. 路线形式

水准测量路线形式主要有：闭合水准路线、附合水准路线和支水准路线。

3. 测量过程

当预测的高程点距水准点较远或高差很大时，就需要连续多次安置仪器以测出两点的高差。为测 A、B 点高差，在 AB 线路上增加 1、2、3、4、……等中间点，将 AB 高差分成若干个水准测站。其中间点仅起传递高程的作用，称为转点（Turning Point），简写为 TP 或者 ZD。转点无固定标志，无需算出高程。显然，每安置一次仪器，便可测得一个高差。

（五）检核

1. 计算检核

B 点对 A 点的高差等于各转点之间高差的代数和，也等于后视读数之和减去前视读数之和，因此，此式可用来作为计算的检核。但计算检核只能检查计算是否正确，不能检核观测和记录时是否产生错误。

2. 测站检核

B 点的高程是根据 A 点的已知高程和转点之间的高差计算出来。若其中测错任何一个高差，B 点高程就不会正确。因此，对每一站的高差，都必须采取措施进行检核测量。

（1）变动仪器高法：同一测站用两次不同的仪器高度，测得两次高差以相互比较进行检核。

（2）双面尺法：仪器高度不变，立在前视点和后视点上的水准尺分别用黑面和红面各进行一次读数，测得两次高差，相互进行检核。

3. 路线检核

测站检核只能检核一个测站上是否存在错误或误差超限。由于温度、风力、大气折光、尺垫下沉和仪器下沉等到外界条件引起的误差，尺子倾斜和估读的误差，以及水准仪本身的误差等，虽然在一个测站上反映不很明显，但随着测站数的增多使误差积累，有时也会超过规定的限差。

（1）附合水准路线检核。

（2）闭合水准路线检核。

（3）支水准路线检核。

（六）内业工作

水准测量外业式作结束后，要检查手簿，再计算各点间的高差。经检核无误后，才能进行计算和调整高差闭合差。最后计算各点的高程。

1. 附合水准路线闭合差的计算和调整，附合水准路线成果计算。

（1）高差闭合差的计算高差闭合差可用来衡量测量成果的精度，等外水准测量的高差闭合差容许值。

（2）闭合差的调整

在同一条水准路线上，假设观测条件是相同的，可认为各站产生的误差机会是相同的，故闭合差的调整按与测站数（或距离）成正比反符号分配的原则进行。

（3）高程计算。

2. 闭合水准路线闭合差的计算与调整

闭合水准路线各段高差的代数和应等于零，即由于存在着测量误差，必然产生高差闭合差，闭合水准路线高差闭合差的调整方法、容许值的计算，均与附合水准路线相同。

对于 DS3 级微倾水准仪，I 值不得大于 $20''$。

校正转动微倾螺旋使中丝对准 A 点尺上正确读数 c2，此时视准轴处于水平位置，但管水准气泡必然偏离中心。用拨针拨动水准管一端的上、下两个校正螺丝，使气泡的两个半象符合。

（七）误差校正

1. 仪器误差

（1）仪器校正后的残余误差

在水准实验前虽然仪器经过了严格的检验校正，但仍然存在残余的角残差。理论上水准管轴应与视准轴平行，若两者不平等，虽经校正但仍然残存误差。即两轴线不平行形成角，这种误差的影响与仪器至水准尺的距离成正比，属于系统误差。可以在测量中采取一定的方法加以减弱或消除。若观测时使前、后视距相等，可消除或减弱此项误差的影响。

（2）水准尺误差

由于水准尺刻划不准确、尺长发生变化、尺身弯曲等原因，会对水准测量造成影响，因此水准尺在使用之前必须进行检验。此外，由于水准尺长期使用导致尺底端零点磨损，或者是水准尺的底端粘上泥土改变了水准尺的零点位置，则可以在一水准测段中把两支水准尺交替作为前后视读数，或者测量偶数站来消除。

2. 观测误差

（1）水准管气泡居中误差

设水准管分划值为 τ''，居中误差一般为 $\pm 0.15\tau''$，采用符合式水准器时，气泡居中精度可提高一倍。

（2）读数误差

在水准尺上估读毫米数的误差，与人眼的分辨能力、望远镜的放大倍率以及视线长度有关。

（3）视差影响

当视差存在时，十字丝平面与水准尺影像不重合，若眼睛观察的位置不同，便读出不同的读数，因而也会产生读数误差。

（4）水准尺倾斜影响

水准尺倾斜将使尺上读数增大。

3. 外界条件的影响

（1）仪器下沉

由于仪器下沉，使视线降低，从而引起高差误差。采用"后、前、前、后"的观测程序，可减弱其影响。

（2）尺垫下沉

如果在转点发生尺垫下沉，将使下一站后视读数增大。采用往返观测，取平均值的方法可以减弱其影响。

（3）地球曲率及大气折光影响

由于大气折光，视线并非是水平，而是一条曲线，标准折射曲线的曲率半径为地球半径的 4 倍。

如果前视水准尺和后视水准尺到测站的距离相等，则在前视读数和后视读数中含有相同的。这样在高差中就没有这误差的影响了。因此，放测站时要争取"前后视相等"

接近地面的空气温度不均匀，所以空气的密度也不均匀。光线在密度不匀的介质中沿曲线传布。这称为"大气折光"。总体上说，白天近地面的空气温度高，密度低，弯曲的光线凹面向上；晚上近地面的空气温度低，密度高，弯曲的光线凹面向下。接近地面的温度梯度大大气折光的曲率大，由于空气的温度不同时刻不同的地方一直处于变动之中。所以很难描述折光的规律。对策是避免用接近地面的视线工作，尽量抬高视线，用前后视等距的方法进行水准测量

除了规律性的大气折光以外，还有不规律的部分：白天近地面的空气受热膨胀而上升，较冷的空气下降补充。因此，这里的空气处于频繁的运动之中，形成不规则的湍流。湍流会使视线抖动，从而增加读数误差。对策是夏天中午一般不做水准测量。在沙地，水泥地……湍流强的地区，一般只在上午10点之前作水准测量。高精度的水准测量也只在上午10点之前进行。

4. 温度对仪器的影响

温度会引起仪器的部件涨缩，从而可能引起视准轴的构件（物镜，十字丝和调焦镜）相对位置的变化，或者引起视准轴相对与水准管轴位置的变化。由于光学测量仪器是精密仪器，不大的位移量可能使轴线产生几秒偏差，从而使测量结果的误差增大。

不均匀的温度对仪器的性能影响尤其大。例如从前方或后方日光照射水准管，就能使气泡"趋向太阳"——水准管轴的零位置改变了。

温度的变化不仅引起大气折光的变化，而且当烈日照射水准管时，由于水准管本身和管内液体温度升高，气泡向着温度高的方向移动，影响仪器水平，产生气泡居中误差，观测时应注意撑伞遮阳。

第四节　经纬仪和角度测量

一、经纬仪

经纬仪是一种根据测角原理设计的测量水平角和竖直角的测量仪器，分为光学经纬仪和电子经纬仪两种，目前最常用的是电子经纬仪。

经纬仪是望远镜的机械部分，使望远镜能指向不同方向。经纬仪具有两条互相垂直的转轴，以调校望远镜的方位角及水平高度。经纬仪是一种测角仪器，它配备望远镜、水平度盘和读数的指标、竖直度盘和读数的指标。

（一）历史

经纬仪最初的发明与航海有着密切的关系。在十五十六世纪，英国、法国等一些发达国家，因为航海和战争的原因，需要绘制各种地图、海图。最早绘制地图使用的是三角测量法，就是根据两个已知点上的观测结果，求出远处第三点的位置，但由于没有合适的仪器，导致角度测量手段有限，精度不高，由此绘制出的地形图精度也不高。而经纬仪的发明，提高了角度的观测精度，同时简化了测量和计算的过程，也为绘制地图提供了更精确的数据。后来经纬仪被广泛地使用于各项工程建设的测量上。

经纬仪是由英国机械师西森（Sisson）约于 1730 年首先研制的，后经改进成型，正式用于英国大地测量中。1904 年，德国开始生产玻璃度盘经纬仪。随着电子技术的发展，60 年代出现了电子经纬仪。在此基础上，70 年代制成电子速测仪。

（二）构造

经纬仪的主要常用部件有望远镜制动螺旋、望远镜、望远镜微动螺旋、水平制动、水平微动螺旋、脚螺旋、光学瞄准器、物镜调焦、目镜调焦、度盘读数显微镜调焦、竖盘指标管水准器微动螺旋、光学对中器、基座圆水准器、仪器基座、竖直度盘、垂直度盘照明镜、照准部管水准器以及水平度盘位置变换手轮。

望远镜与竖盘固连，安装在仪器的支架上，这一部分称为仪器的照准部，属于仪器的上部。望远镜连同竖盘可绕横轴在垂直面内转动，望远镜的视准轴应与横轴正交，横轴应通过水盘的刻画中心。照准部的数轴（照准部旋转轴）插入仪器基座的轴套内，照准部可以作水平转动。

（三）分类

经纬仪根据度盘刻度和读数方式的不同，分为电子经纬仪和光学经纬仪。目前我国主要使用光学经纬仪和电子经纬仪，游标经纬仪早已淘汰。

光学经纬的水平度盘和竖直度盘用玻璃制成，在度盘平面的周围边缘刻有等间隔的分划线，两相邻分划线间距所对的圆心角称为度盘的格值，又称度盘的最小分格值。一般以格值的大小确定精度，分为：DJ6 度盘格值为 1° DJ2 度盘格值为 20′ DJ1（T3）度盘格值为 4′。

按精度从高精度到低精度分：DJ0.7，DJ1，DJ2，DJ6，DJ30 等（D，J 分别为大地和经纬仪的首字母）。

经纬仪是测量任务中用于测量角度的精密测量仪器，可以用于测量角度、工程放样以及粗略的距离测取。整套仪器由仪器、脚架部两部分组成。

（四）作用

测量时，将经纬仪安置在三脚架上，用垂球或光学对点器将仪器中心对准地面测站点上，用水准器将仪器定平，用望远镜瞄准测量目标，用水平度盘和竖直度盘测定水平角和竖直角。按精度分为精密经纬仪和普通经纬仪；按读数设备可分为光学经纬仪和游标经纬仪；按轴系构造分为复测经纬仪和方向经纬仪。此外，有可自动按编码穿孔记录度盘读数的编码度盘经纬仪；可连续自动瞄准空中目标的自动跟踪经纬仪；利用陀螺定向原理迅速独立测定地面点方位的陀螺经纬仪和激光经纬仪；具有经纬仪、子午仪和天顶仪三种作用的供天文观测的全能经纬仪；将摄影机与经纬仪结合一起供地面摄影测量用的摄影经纬仪等。

（五）应用

此类架台结构简单，成本较低，主要配合地面望远镜（大地测量、观鸟等用途）使用，若用来观察天体，由于天体的日周运动方向通常不与地平线垂直或平行，因此需要同时转动两轴并随时间变换转速才能追踪天体，不过视场中其他天体会相对于目标天体旋转，除非加上抵消视场旋转的机构，否则不适合用于长时间曝光的天文摄影。

二、角度测量

角度测量为测定水平角或竖直角的工作。水平角是一点到两个目标的方向线垂直投影在水平面上所成的夹角。竖直角是一点到目标的方向线和一特定方向之间在同一竖直面内的夹角。通常以水平方向或天顶方向作为特定方向。水平方向和目标间的夹角称为高度角。天顶方向和目标方向间的夹角称为天顶距。角度的度量常用 60 分制和弧度制。60 分制即一周为 360°、1°为 60′、1′为 60″。弧度制采用圆周角的 2π 分之一为 1 弧度。1 弧度约等于 57°17′45″。此外，军事上常用密位作量角的单位。为使 1 密位所对的弧长约略等于半径的 1/1000，取圆周角的 1/6000 为 1 密位。角度测量主要使用经纬仪。测角时安置经纬仪，使仪器中心与测站标志中心在同一铅垂线上，利用照准部上的水准器整平仪器后，进行水平角或竖直角观测。

（一）方向观测法

观测两个方向之间的水平夹角采用测回法，对 3 个以上的方向采取方向观测法或全组合测角法。

测回法即用盘左（竖直度盘位于望远镜左侧）、盘右（竖直度盘位于望远镜右侧）两个位置进行观测。用盘左观测时，分别照准左、右目标得到两个读数，两数之差为上半测回角值。为了消除部分仪器误差，倒转望远镜再用盘右观测，得到下半测回角值。取上、下两个半测回角值的平均值为一测回的角值。按精度要求可观测若干测回，取其平均值为最终的观测角值。

方向观测法是当有 3 个以上方向时，在上、下各半测回中依次对各方向进行观测，以求得各方向值，上、下两个半测回合为一测回，这种方法称为全圆测回法。按精度需要测若干测回，可得各方向观测值的平均值，所需角度值由相应方向值相减即得。

（二）全组合测角法

全组合测角法，每次取两个方向组成单角，将所有可能组成的单角分别采取测回法进行观测。各测站的测回数与方向数的乘积应近似地等于一常数。由于每次只观测两个方向间的单角，可以克服各目标成像不能同时清晰稳定的困难，缩短一测回的观测时间，减少外界条件的影响，易于获得高精度的测角成果。适用于高精度三角测量。

观测竖直角以望远镜十字丝的水平丝分别按盘左和盘右照准目标，读取竖直度盘读数为一测回。如测站上有几个观测目标，先在盘左依次观测各目标，再在盘右依相反顺序进行观测。读数前，必须使竖盘指标水准气泡严格居中。

第五节　距离测量与直线定向

一、距离测量

距离测量是指测量地面上两点连线长度的工作。通常需要测定的是水平距离，即两点连线投影在某水准面上的长度。它是确定地面点的平面位置的要素之一。是测量工作中最基本的任务之一。通常需要测定的是水平距离，即两点连线投影在某水准面上的长度。

在三角测量、导线测量、地形测量和工程测量等工作中都需要进行距离测量。距离测量的精度用相对误差（相对精度）表示。即距离测量的误差同该距离长度的比值，用分子为1的公式 $1/n$ 表示。比值越小，距离测量的精度越高。距离测量常用的方法有量尺量距、视距测量、视差法测距和电磁波测距等。

（一）方式

1. 量尺量距

用量尺直接测定两点间距离，分为钢尺量距和因瓦基线尺量距。钢尺是用薄钢带制成，长20m、30m或50m。所量距离大于尺长时，需先标定直线再分段测量。钢尺量距的精度一般高于1/1000。因瓦基线尺是用温度膨胀系数很小的因瓦合金钢制造的线状尺或带状尺。常用的线状尺长24m，钢丝直径1.65mm，线尺两端各连接一个有毫米刻划的分划尺，分划尺刻度为80mm。量距时用10千克重锤通过滑轮引张，使尺子成悬链线形状，线尺两端分划尺上同名刻划线间的直线距离，即悬链线的弦长，是线尺的工作长度。因瓦基线尺受温度变化影响极小，量距精度高达1/1000000，主要用于丈量三角网的基线和其他高精度的边长。

2. 视距测量

用有视距装置的测量仪器，按光学和三角学原理测定两点间距离的方法。常用经纬仪、平板仪、水准仪和有刻划的标尺施测。通过望远镜的两条视距丝，观测其在垂直竖立的标尺上的位置，视距丝在标尺上的间隔称为尺间隔或视距读数，仪器到标尺间的距离是尺间隔的函数，对于大多数仪器来说，在设计时使距离和尺间隔之比为100。视距测量的精度可达 $1/300 \sim 1/400$。

3. 视差法测距

用经纬仪测量定长基线横尺所对的水平角，利用三角公式计算仪器至基线间的水平距离。此水平角称视差角。基线横尺两端固定标志间的距离一般为 2 米。尺上装有水准器和瞄准器，以便将横尺安置水平并使尺面与测线垂直。视差法测距的精度较低。

4. 电磁波测距

f20 世纪 40 年代出现了电磁波测距仪，用它测量距离，测程较长，测距精度高，工作效率高，所以电磁波测距已成为理想的测量距离的方法。

（二）测量装置

1. 双像视距装置

双像视距装置是精度较高的一种视距测量装置。可用于低等级的导线测量。用光学方法使标尺在望远镜视场中构成双像，这两个像错动的距离就是尺间隔。由于尺间隔两端刻划靠在一起，加上测微装置就可以较精确地测量尺间隔。为了减少大气折光的影响，标尺多由竖放改为横放。用双像视距仪测量距离的精度较高，可达 1/2000。有专用的双像视距仪，但更多的是作为其他测量仪器的附加视距装置。光楔双像视距装置是一块光楔，可装在其他测量仪器望远镜物镜前，遮住物镜的一部分。在测线另一端安置水平或竖直的标尺。在望远镜视场中可以同时看到标尺通过光楔经物镜的构像和不通过光楔直接经物镜的构像。光楔使光线偏转一个角度喂，从而测得尺上一段长度 l。设计时根据视距乘常数等于 100 或 200 等整数的要求来决定喂值。有些双像视距仪有自动归算性能，可以直接测得水平距离。有些双像视距仪使用定长的标尺，而光线偏转的角度喂是变值，用光学方法测量随距离而变化的喂角，再按三角公式求得距离。

2. 无标尺视距仪

在待定点上不必安置标尺就能测量距离的一种视距仪。测算距离所必需的角值喂和基线长 l 都在仪器上获得。一些无标尺视距仪中喂角是固定值，基线长度随待测距离而变化。这种无标尺视距仪主要由基线尺、固定五角棱镜、光楔、带指标线的活动五角棱镜及望远镜组成。测量距离时在待定点上选定一个目标，经光楔折射喂角后进入物镜成像，同时又有不经光楔折射进入物镜成像。移动活动的五角棱镜可以使目标的两个像在望远镜视场中重合。这时指标线在基线尺上截取长度 l，乘上视距乘常数即可算得距离。另一些仪器中基线长 l 固定不变，喂角随距离而变化。用无标尺视距仪测量距离的精度较差，但用它测量从测站到山顶和悬崖等难以攀登处的距离很方便，可用于起伏较大地区的地形测图。

二、直线定向

确定地面上两点之间的相对位置，仅知道两点之间的水平距离是不够的，还必须确定此直线与标准方向之间的水平夹角。确定直线与标准方向之间的水平角度积为直线定向。

（一）标准方向的种类

1. 真子午线方向

通过地球表面某点的真子午线的切线方向，称为该点的真子午线方向，真子午线方向是用天文测量方法或用陀螺经纬仪测定的。

2. 磁子午线方向

磁子午线方向是磁针在地球磁场的作用下，磁针自由静止时其轴线所指的方向。磁子午线方向可用罗盘仪测定。

3. 坐标纵轴方向

我国采用高斯平面直角坐标系，每一6°带或3°带内都以该带的中央子午线为坐标纵轴，因此，该带内直线定向，就用该带的坐标纵轴方向作为标准方向。如假定坐标系，则用假定的坐标纵轴（X轴）作为标准方向。

（二）表示直线方向的方法

测量工作中，常采用方位角来表示直线的方向。

由标准方向的北端起，顺时针方向量到某直线的夹角，称为该直线的方位角。

（三）几种方位角之间的关系

1. 真方位角与磁方位角之间的关系

由于地磁南北极与地球的南北极并不重合，因此，过地面上某点的真子午线方向与磁子午线方向常不重合，两者之间的夹角称为磁偏角δ，磁针北端偏于其子午线以东称东偏，偏于其子午线以西称西偏。直线的真方位角与磁方位角之间可用下式进行换算：

$$A = A_m + \delta$$

δ东偏取正值，西偏取负值。我国磁偏角的变化大约在十6°到一10°之间。

2. 真方位角与坐标方位角之间的关系。

中央子午线在高斯平面上是一条直线，作为该带的坐标纵轴，而其他子午线投影后为收敛于两极的曲线，地面点 M、N 等点的真子午线方向与中央子午线之间的夹角，称为子午线收敛角γ，γ角有正有负。在中央子午线以东地区，各点的坐标纵轴偏在真子午线的东边，γ为正值；在中央子午线以西地区，γ为负值。

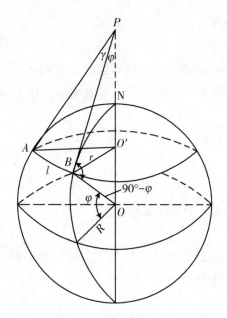

图6-5-1 子午线收敛角

真方位角与坐标方位角之间的关系，可用下式进行换算：

$$A_{12} = \alpha_{12} + \gamma$$

3. 坐标方位角与磁方位角的关系

若已知某点的磁偏角 δ 与子午线收敛角 γ，则坐标方位角与磁方位角之间的换算式为：

$$A = A_m + \delta - \gamma$$

（四）正、反坐标方位角

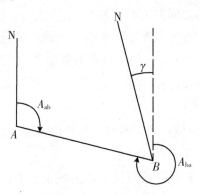

图6-5-2 正、反方位角

测量工作中的直线都是具有一定方向的。直线1—2的点1是起点，点2是终点；通过起点1的坐标纵轴方向与直线1—2所夹的坐标方位角 $\alpha12$，称为直线1—2的正坐标方位角。过终点2的坐标纵轴方向与直线2—1所夹的坐标方位角，称为直线1—2的反坐标方位角（是直线2—1的正坐标方位角）。正、反坐标方位角相差180°，即

由于地面各点的真（或磁）于午线收敛于两极，并不互相平行，致使直线的反真（或磁）方位角不与正真（或磁）方位角差180°，给测量计算带来不便，故测量工作中均采用坐标方位角进行直线定向。

（五）坐标方位角的推算

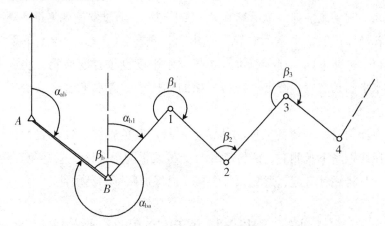

图 6－5－3　方位角计算

为了整个测区坐标系统的统一，测量工作中并不直接测定每条边的方向，而是通过与已知点（其坐标为已知）的连测，以推算出各边的坐标方位角。A、B 为已知点，AB 边的坐标方位角 αAB 为已知，通过连测求得 A—B 边与 B—1 边的连接角为 β，测出了各点的右（或左）角，现在要推算 B1、1—2、2—3 和 3—4 边的坐标方位角。所谓右（或左）角是指位于以编号顺序为前进方向的右（或左）边的角度。

三、用罗盘仪测定磁方位角

（一）罗盘仪的构造

罗盘仪的种类很多，其构造大同小异，主要部件有磁针、刻度盘和瞄准设备等。

1. 磁针

磁针用人造磁铁制成，其中心装有镶着玛瑙的圆形球窝，在刻度盘的中心装有顶针，磁针球窝支在顶点上。为了减轻顶针尖的磨损，装置了杠杆和螺旋 P，磁针不用时，用杠杆将磁针升起，使它与顶针分离，把磁针压在玻璃盖下。

2. 刻度盘

刻度盘为铜或铝的圆环，最小分划为1°或30"，按逆时针方向从0°注记到360°。

3. 瞄准设备

罗盘仪的瞄准设备，现在大都采用望远镜，老式仪器采用觇板）。

（二）用罗盘仪测量定直线的磁方位角

观测时，光将罗盘仪安置在直线的起点，对中，整平（罗盘盒内一般均设有水准器，指示仪器是否水平），旋松螺旋 P，放下磁针，然后转动仪器，通过瞄准设备去瞄准直线另一端的标杆。待磁针静止后，读出磁针北瑞所指的读数，即为该直线的磁方位角。

目前，有很多经纬仪配有罗针，用来测定磁方位角。罗针的构造与罗盘仪相似。观测时，先安置经纬仪于直线起点上，然后将罗针安置在经纬仪支架上。旋转经纬仪大致指向磁北，制动照准部。揿下螺旋P，放下磁针，通过罗针观测量孔观看磁针两端的象，并旋转经纬仪的水平微动螺旋，使其象上下重合。磁针的象上下重合说明望远镜视准轴平行于碰北方向，已经指北。再拨动水平度盘位置变换轮，使水平度盘读数为零，松开水平制动螺旋，瞄准直线另一端的标杆，所得水平度盘读数，即为该直线的磁方位角。

罗盘仪在使用时，不要使铁质物体接近罗盘，以免影响磁针位置的正确性。在铁路附近及高压线铁塔下观测时，磁针读数会受很大影陶，应该注意避免。测量结束后，必须旋经螺旋只将磁针升起，避免顶针磨损，以保护磁针的灵敏性。

第六节　测量误差理论的基本知识

一、测量误差的概述

（一）测量误差分类

测量工作中，尽管观测者按照规定的操作要求认真进行观测，但在同一量的各观测值之间，或在各观测值与其理论值之间仍存在差异。例如，对某一三角形的三个内角进行观测，其和不等于180°；又如所测闭合水准路线的高差闭合差不等于零等，这说明观测值中包含有观测误差。研究观测误差的来源及其规律，采取各种措施消除或减小其误差影响，是测量工作者的一项主要任务。

（二）观测误差产生的原因

观测误差产生的原因是多种多样的。概括起来可分为下列三个方面：

1. 观测者

由于观测者感觉器官鉴别能力有一定的局限性，在仪器安置、照准、读数等方面都产生误差。同时观测者的技术水平、工作态度及状态都对测量成果的质量有直接影响。

2. 仪器误差

每种仪器有一定限度的精密程度，因而观测值的精确度也必然受到一定的限度。同时仪器本身在设计、制造、安装、校正等方面也存在一定的误差，如钢尺的刻划误差、度盘的偏心等。

3. 外界条件影响造成的误差

观测时所处的外界条件,如温度、湿度、大气折光等因素都会对观测结果产生一定的影响。外界条件发生变化,观测成果将随之变化。

上述三方面的因素是引起观测误差的主要来源,因此把这三方面因素综合起来称为观测条件。观测条件的好坏与观测成果的质量有着密切的联系。

(三)观测误差按其对观测成果的影响

观测误差按其对观测成果的影响性质,可分为系统误差和偶然误差两种。

1. 系统误差

在相同的观测条件下作一系列观测,若误差的大小及符号表现出系统性,或按一定的规律变化,那么这类误差称为系统误差。例如,用一把名义为30m长、而实际长度为30.02m的钢尺丈量距离,每量一尺段就要少量2cm,该2cm误差在数值上和符号上都是固定的,且随着尺段的倍数呈累积性。系统误差对测量成果影响较大,且一般具有累积性,应尽可能消除或限制到最小程度,其常用的处理方法有:

(1)检校仪器,把系统误差降低到最小程度。

(2)加改正数,在观测结果中加入系统误差改正数,如尺长改正等。

(3)采用适当的观测方法,使系统误差相互抵消或减弱,如测水平角时采用盘左、盘右现在每个测回起始方向上改变度盘的配置等。

2. 偶然误差

在相同的观测条件下作一系列观测,若误差的大小及符号都表现出偶然性,即从单个误差来看,该误差的大小及符号没有规律,但从大量误差的总体来看,具有一定的统计规律,这类误差称为偶然误差或随机误差。例如用经纬仪测角时,测角误差实际上是许多微小误差项的总和,而每项微小误差随着偶然因素影响不断变化,因而测角误差也表现出偶然性。对同一角度的若干次观测,其值不尽相同,观测结果中不可避免地存在着偶然误差的影响。

除上述两类误差之外,还可能发生错误,也称粗差,如读错、记错等。这主要是由于粗心大意而引起。一般粗差值大大超过系统误差或偶然误差。粗差不属于误差范畴,不仅大大影内测量成果的可靠性,甚至造成返工。因此必须采取适当的方法和措施,杜绝错误发生。

(四)偶然误差的特性

偶然误差是由多种因素综合影响产生的,观测结果中不可避免地存在偶然误差,因而偶然误差是误差理论主要研究的对象。就单个偶然误差而言,其大小和符号都没有规律性,呈现出随机性,但就其总体而言却呈现出一定的统计规律性,并且是服从正态分布的随机变量。即在相同观测条件下,大量偶然误差分布表现出一定的统计规律性。

1. 在一定的观测条件下，偶然误差的绝对值不会超过一定的限值。

2. 绝对值较小的误差比绝对值大的误差出现的概率大。

3. 绝对值相等的正、负误差出现的概率相同。

4. 同一量的等精度观测，其偶然误差的算术平均值，随着观测次数的无限增加而趋近于零，即

$$\lim_{n \to \infty} \frac{[\Delta]}{n} = 0$$

式中 [Δ] —观测值真误差之和；n—观测次数。

二、算术平均值

对某一个量进行多次同精度观测，设其观测值为 L_1、$L_2 \cdots\cdots L_n$，则该量的各次观测值的算术平均值 $\bar{x}$ 为：

$$\bar{x} = \frac{L_1 + L_2 + \cdots\cdots + L_n}{n} = \frac{[L]}{n}$$

式中 L_n 为所有观测值之和；n 为观测值的个数。

通常，对某一未知量进行多次观测时，总是取各次观测值的算术平均值作为观测值的最后结果。其根据如下：

设被观测量的真值为 x，各观测值的真误差（真值减去观测值之差为真误差）为：

$$\Delta_1 = x - L_1$$
$$\Delta_2 = x - L_2$$
$$\cdots\cdots \cdots\cdots$$
$$\cdots\cdots \cdots\cdots$$
$$\Delta_n = x - L_n$$

若将上述等式两端相加，则得：

$$\frac{[\Delta]}{n} = x - \frac{[L]}{n}$$

代入上式就有：

$$\frac{[\Delta]}{n} = x - \bar{x}$$

实际上，对任何一个未知量都不可能做无穷多次的观测。因此，它的真值也不可能获得。在实际作业中，对未知量的观测次数总是有限的，只能根据有限个观测值求出该量的算术平均值。

由于被观测量的算术平均值与其真值 x 之差是一个很小的量，所以算术平均值很接近于真值，是被观测量的最可靠值。在数学上称它为"最或然值"。

三、观测精度的衡量

(一) 精度的含义

观测精度就是指误差的密集或离散的程度。假如两组观测成果的分布相同，便是指观测成果的精度相同；反之，若误差分布不同，则精度也就不同。

(二) 衡量精度的指标

为了衡量观测值的精度高低，可用组成误差分布表或绘制误差分布图的方法来比较。但在实际工作中，这样做不够方便，而且对精度得不到一个具体数字概念。为此，可采用能反映误差分布的密集或离散程度的具体数字来衡量精度的标准，这个标准称为衡量精度得指标。

1. 中误差（均方误差）

在一定的观测条件下，各个真误差平方的平均数的平方根，称为中误差。中误差用 m 表示，即：$m = \pm\sqrt{\dfrac{\Delta_1^2 + \Delta_2^2 + \cdots\cdots + \Delta_n^2}{n}} = \pm\sqrt{\dfrac{[\Delta\Delta]}{n}}$

真误差是由真值减去观测值求得，在一般情况下，一个量的真值是不知道的，因此，真误差也常不能求得。在实用中，通常是根据改正数来确定中误差的。

设对真值为 x 的某一量进行了 n 次同精度的观测，求观测值分别为：为 L_1、L_2 ……L_n，相应的真误差为：Δ_1、Δ_2……Δ_n。故有：

$\Delta_1 = x - L_1$

$\Delta_2 = x - L_2$

…… ……

…… ……

$\Delta_n = x - L_n$

我们把算术平均值与观测值之差，称观测值的改正书，以 v 表示。于是又：

$v_1 = \bar{x} - L_1$

$v_2 = \bar{x} - L_2$

…… ……

…… ……

$v_n = \bar{x} - L_n$

以上两式相减得：

$\Delta_1 = v_1 + (x - \bar{x})$

$\Delta_2 = v_2 + (x - \bar{x})$

…… ……

…… ……

$$\Delta_n = v_n + (x - \bar{x})$$

将上式分别自乘后相加得：

$$[\Delta\Delta] = [vv] + n(x - \bar{x})^2 + 2(x - \bar{x})[v]$$

若将算术平均值与观测值之差相加，有：

$$[v] = n\bar{x} - [L]$$

根据算术平均值的定义，则上式可写成：

$$\bar{x} = \frac{[L]}{n}$$

再将结果代入 $[v] = n\bar{x} - [L]$，有：

$$[\Delta\Delta] = [vv] + n(x - \bar{x})^2$$

再将 $\Delta_n = v_n + (x - \bar{x})$ 之各式相加得：

$$[\Delta] = [v] + n(x - \bar{x})$$

由于 $[v] = 0$，所以 $[\Delta] = n(x - \bar{x})$，将此式自乘之，有：

$$(x - \bar{x})^2 = \frac{[\Delta]^2}{n^2}$$

将上式代入 $[\Delta\Delta] = [vv] + n(x - \bar{x})^2$，可得

$$[\Delta\Delta] = [vv] + \frac{[\Delta]^2}{n}$$

即

$$[\Delta\Delta] = [vv] + \frac{[\Delta\Delta]}{n} + \frac{2(\Delta_1\Delta_2 + \Delta_1\Delta_3 + \cdots\cdots\Delta_{n-1}\Delta_n)}{n}$$

上式中，Δ_1、Δ_2……Δ_n 为偶然误差，在相当多的观测次数情况下，一部分显示为正，另一部分为负，这样 $\Delta_1\Delta_2 + \Delta_1\Delta_3 + \cdots\cdots\Delta_{n-1}\Delta_n$ 中之值有正也有负，其中大部分互相抵消，在除以观测次数 n，其值更小，可忽略不计。于是上式可写成：

$$[\Delta\Delta] = [vv] + \frac{[\Delta\Delta]}{n}$$

即

$$\frac{[\Delta\Delta]}{n} = \frac{[vv]}{n-1}$$

将 $\dfrac{[\Delta\Delta]}{n} = \dfrac{[vv]}{n-1}$ 代入 $m = \pm\sqrt{\dfrac{\Delta_1^2 + \Delta_2^2 + \cdots\cdots + \Delta_n^2}{n}} = \pm\sqrt{\dfrac{[\Delta\Delta]}{n}}$，则得到以改正数求观测值中误差的公式：

$$m = \pm\sqrt{\frac{[vv]}{n-1}}$$

2. 相对误差

相对误差 K 是中误差的绝对值与相应观测值之比。

$$K = \frac{|m|}{D} = \frac{1}{\dfrac{D}{|m|}}$$

3. 极限误差

偶然误差的第一个性质指出：在一定的观测条件下，偶然误差的绝对值不会超过一定限值。因此，如果能在观测之前确定出这个限值，那么便能使观测值达到预先所规定的精度。问题是如何确定这个限值？根据对大量观测数据的统计分析，并且参考误差理论得占总数的 5%；大于三倍中误差的偶然误差，仅占总数的 0.3%。

在实际工作中，观测的次数总是不会太多的，因此，通常认为大于三倍中误差的偶然误差，实际上是不可能的。故一般取三倍中误差作为误差的限值，称为极限误差。表示为：

$$\Delta_m = 3m$$

由于国家等级控制测量对观测精度要求比较高，故而规定两倍中误差为极限误差，表示为：

$$\Delta_m = 2m$$

上述两式中，m 为观测值的中误差，是一个具体的数字。当中误差确定后，所取极限误差也被确定。所以，在测量工作中，如果发现超过此限值，则该测量结果不能采用，必须予以重测。

四、误差传播定律

在实际工作中，某些未知量不可能或不便于直接进行观测，而需要由另一些直接观测量根据一定的函数关系间接计算出来，即所求量是观测值的函数。这类例子很多的。例如：多边形的内角和为各个独立观测角的函数。又如：从地图上量得的距离 S 来计算实地距离 D 时，由于图上长度比实地缩小了 M 倍，则 D = MxS，即所求量于观测值之间是倍乘的函数关系。

由于各独立观测值均含有误差，观测值的函数必受其影响而产生误差。函数误差的大小随观测误差的大小而定，这种关系称为误差的传播。

根据观测值的中误差，采用数学公式来表达其函数的中误差，这种表达式称为误差传播定律。

设有一般函数

$$Z = F(x_1, x_2, \cdots\cdots, x_n)$$

其分微式为

$$dZ = \frac{\partial F}{\partial x_1}dx_1 + \frac{\partial F}{\partial x_2}dx_2, \cdots\cdots + \frac{\partial F}{\partial x_n}dx_n$$

$$\Delta Z = \frac{\partial F}{\partial x_1}\Delta x_1 + \frac{\partial F}{\partial x_2}\Delta x_2, \cdots\cdots + \frac{\partial F}{\partial x_n}\Delta x_n$$

可写成

$$\Delta Z = f_1\Delta x_1 + f_2\Delta x_2, \cdots\cdots + f_n\Delta x_n$$

其相应的函数中误差式为

$$m_Z^2 = f_1^2 m_1^2 + f_2^2 m_2^2 + \cdots\cdots + f_n^2 m_n^2$$

即

$$m_Z = \pm\sqrt{\left(\frac{\partial F}{\partial x_1}\right)^2 m_1^2 + \left(\frac{\partial F}{\partial x_2}\right)^2 m_2^2 + \cdots\cdots + \left(\frac{\partial F}{\partial x_n}\right)^2 m_n^2}$$

将以上的通式简化为常用的倍数函数、和差函数、线性函数其中误差传播的公式为：

$$m = k \cdot m_x$$

第七节　水位观测

一、水位观测的目的和要求

水位是指：河流或其他水体的自由水面相对于某一基面的高程，其单位以米（m）表示。

水位是反映水体、水流变化的重要标志，是水文测验中最基本的观测要素，是水文测站常规的观测项目。水位观测资料可以直接应用于堤防、水库、电站、堰闸、浇灌、排涝、航道、桥梁等工程的规划、设计、施工等过程中。水位是防汛抗旱斗争中的主要依据，水位资料是水库、堤防等防汛的重要资料，是防汛抢险的主要依据，是掌握水文情况和进行水文预报的依据。同时水位也是推算其他水文要素并掌握其变化过程的间接资料。在水文测验中，常用水位直接或间接的推算其他水文要素，如由水位通过水位流量关系，推求流量；通过流量推算输沙率；由水位计算水面比降等，从而确定其他水文要素的变化特征。

由此可见，在水位的观测中，要认真贯彻《规范》，发现问题及时排除，使观测数据准确可靠。同时还要保证水位资料的连续性，不漏测洪峰和洪峰的起涨点，对于暴涨暴落的洪水，应更加注意。

二、影响水位变化的因素

水位的变化主要取决于水体自身水量的变化，约束水体条件的改变，以及水体受干扰的影响等因素。在水体自身水量的变化方面，江河、渠道来水量的变化，水库、湖泊引入、引出水量的变化和蒸发、渗漏等使总水量发生变化，使水位发生相应的涨落变化。

在约束水体条件的改变方面，河道的冲淤和水库、湖泊的淤积，改变了河、湖、水库底部的平均高程；闸门的开启与关闭引起水位的变化；河道内水生植物生长、死亡是河道糙率发生变化导致水位变化。另处，有些特殊情况，如堤防的溃决，洪水的分洪，以及北方河流结冰、冰塞、冰坝的产生与消亡，河流的封冻与开河等，都会导致水位的急剧变化。

水体的相互干扰影响也会使水位发生变化，如河口汇流处的水流之间会发生相互顶托，水库蓄水产生回水影响，使水库末端的水位抬升，潮汐、风浪的干扰同样影响水位的变化。

三、基面与水准点

水位是水体（如河流、湖泊、水库、沼泽等）的自由水面相对于某一基面的高程。，一般都以一个基本水准面为起始面，这个基本水准面又称为基面。由于基本水准面的选择不同，其高程也不同，在测量工作中一般均以大地水准面作为高程基准面。大地水准面是平均海水面及其在全球延伸的水准面，在理论上讲，它是一个连续闭合曲面。但在实际中无法获得这样一个全球统一的大地水准面，各国只能以某一海滨地点的特征海水位为准。这样的基准面也称绝对基面，另外，水文测验中除使用绝对基本面外还涉有假定基本，测站基面，冻结基面等。

（一）绝对基面

一般是以某一海滨地点的特征海水面为准，这个特征海水面的高程定为 0.000 米，目前我国使用的有大连、大沽、黄海、废黄河口、吴淞、珠江等基面。若将水文测站的基本水准点与国家水准网所设的水准点接测后，则该站的水准点高程就可以根据引据水准点用某一绝对基面以上的高程数来表示。

（二）假定基面

若水文测站附近没有国家水准网，其水准点高程暂时无法与全流域统一引据的某一绝对基面高程相连接，可以暂时假定一个水准基面，作为本站水位或高程起算的基准面。如：暂时假定该水准点高程为 100.000 米，则该站的假定基面就在该基本水准点垂直向下 100 米处的水准面上。

（三）测站基面

测站基面是假定基面的一种，它适用于通航的河道上，一般将其确定在测站河库最低点以下 0.5 ~ 1.0 米的水面上，对水深较大的河流，可选在历年最低水位以下 0.5 ~ 1.0 米的水面作为测站基面。

同样，当与国家水准点接测后，即可算出测站基面与绝对基面的高差，从而可将测站基面表示的水位换算成以绝对基面表示的水位。

用测站基面表示的水位，可直接反映航道水深，但在冲淤河流，测站基面位置很难确定，而且不便于同一河流上下游站的水位进行比较，这也是使用测站基面时应注意的问题。

（四）冻结基面

冻结基面也是水文测站专用的一种固定基面。一般是将测站第一次使用的基面固定下来，作为冻结基面。

使用测站基面的优点是水位数字比较简单（一般不超过 10 米）；使用冻结基面的优点是使测站的水位资料与历史资料相连续。有条件的测站应使用同样的基面，以便水位资料在防汛和水利建设、工程管理中使用。

水位的观测设备可分为直接观测设备和间接观测设备两种，直接观测设备是传统式的水尺，人工直接读取水尺读数加水尺零点高程即得水位。它设备简单，使用方便；但工作量大，需人值守。间接观测设备是利用电子、机械、压力等感应作用，间接反映水位变化，设备构造复杂，技术要求高；不须人值守，工作量小，可以实现自记，是实现水位观测自动化的重要条件。

四、水位的直接观测设备

（一）水尺的种类

水尺分直立式、倾斜式、矮桩式和悬锤式四种。其中直立式水尺应用最普遍，其他三种，则根据地形和需要选定。

1. 直立式水尺

直立式水尺由水尺靠桩和水尺板组成。一般沿水位观测断面设置一组水尺桩，同一组的各支水尺设置在同一断面线上。使用时将水尺板固定在水尺靠桩上，构成直立水尺。水尺靠桩可采用木桩、钢管、钢筋混凝土等材料制成，水尺靠桩要求牢固，打入河底，避免发生下沉。水尺靠桩布设范围应高于测站历年最高水位、低于测站历年最低水位 0.5m。水尺板通常是长 1m，宽 8~10 cm 的搪瓷板、木板或合成材料制成。水尺的刻度必须清晰，数字清楚，且数字的下边缘应放在靠近相应的刻度处。水尺的刻度一般是 1 cm，误差不大于 0.5mm。相邻两水尺之间的水位要有一定的重合，重合范围一般要求在 0.1~0.2m，当风浪大时，重合部分应增大，以保证水位连续观读。

水尺板安装后，需用四等以上水准测量的方法测定每支水尺的零点高程。在读得水尺板上的水位数值后加上该水尺的零点高程就是要观测的水位值。

2. 倾斜式水尺

当测验河段内，岸边有规则平整的斜坡时，可采用此种水尺。此时，可以平整的斜坡上（在岩石或水工建筑物的斜面上），直接涂绘水尺刻度。设 △Z 代表直立水尺最小刻划的长度，代表边坡系数为 m 的斜坡水尺最小刻划长度，则。

同直立式水尺相比，倾斜式水尺具有耐久、不易冲毁、水尺零点高程不易变动等优点，缺点是要求条件比较严格，多沙河流上，水尺刻度容易被淤泥遮盖。

3. 矮桩式水尺

当受航运、流冰、浮运影响严重，不宜设立直立式水尺和倾斜式水尺的测站，可改用矮桩式水尺。矮桩式水尺由矮桩及测尺组成。矮桩的入土深度与直立式水尺的靠桩相同，桩顶一般高出河床线 5 ~ 20cm，桩顶加直径为 2 ~ 3cm 的金属园钉，以便放置测尺。两相邻桩顶高差宜在 0.4 ~ 0.8m 之间，平坦岸坡宜在 0.2 ~ 0.4m 之间，测尺一般用硬质木料做成。为减少壅水，测尺截面可做成菱形。观测水位时，将测尺垂直放于桩顶，读取测尺读数，加桩顶高程即得水位。

4. 悬锤式水尺

悬锤式水尺通常设置在坚固的陡岸、桥梁或水工建筑物上。它也大量被用于地下水位和大坝渗流水位的测量。由一条带有重锤的测绳或链所构成的水尺。它用于从水面以上某一已知高程的固定点测量离水面的竖直高差来计算水位。悬锤的重量应能拉直悬索，悬索的伸缩性应当很小，在使用过程中，应定期检查测索引出的有效长度与计数器或刻度盘的一致性，其误差不超过 ±1cm。

（二）水尺的布置和零点高程的测量

水尺设置的位置必须便于观测人员接近，直接观读水位，并应避开涡流、回流、漂浮物等影响。在风浪较大的地区必要时应采用静水设施。

水尺布设范围，应高于测站历年最高、低于测站历年最低水位 0.5m。

同一组的各支基本水尺，应设置在同一断面线上。当因地形限制或其他原因必须离开同一断面线时，其最上游与最下游一支水尺之间的同时水位差不应超过 1cm。

同一组的各支比降水尺，当不能设置在同一断面线上时，偏离断面线的距离不能超过 5m，同时任何两支水尺的顺流向距离不得超过上、下比降断面距离的 1/200。

水尺设立后，立即测定其零点高程，以便即时观测水位。使用期间水尺零点高程的校测次数，以能完全掌握水尺的变动情况，准确取得水位资料为原则：一般情况下，汛前应将所有水尺校测一次，汛后校测汛期中使用过水尺，汛期及平时发现水尺有变动迹象时，应随时校测；河流结冰的测站，应在冰期前后，校测使用过的水尺；受航运、浮运、漂浮物影响的测站，在受影响期间，应增加对使用水尺的校测次数，如水尺被撞，应立即校测；冲淤变化测站，应在河床每次发生显著变化后，校测影响范围内水尺。

在校测水尺时，用单程仪器站数 n 作为计算往返测量不符值的控制指标，往返测量同一支水尺，零点高程允许不符值（平坦地区用，不平坦地区用），或虽超过允许不符值,但对一般水尺小于 10mm 或对比降水尺小于 5mm 时,可采用校测前的高程。否则,采用校测后的高程,并应及时查明水尺变动的原因及日期,以确定水位的改正方法。

五、水位的间接观测设备

间接观测设备主要由感应器、传感器与记录装置三部分组成。感应水位的方式有浮筒式、水压式、超声波式等多种类型。按传感距离可分为:就地自记式与远传、遥测自记式两种。按水位记录形式可分为记录纸曲线式,打字记录式、固态模块记录等。以下按感应分类,简介如下:

(一)浮子式水位计

用浮子跟踪水位升降,以机械方式直接传动记录。用浮子式水位计需有测井设备(包括进水管),适合岸坡稳定、河床冲淤不大的低含沙河段。浮子式水位计在中国应用较广。

1. 用途

水位计适用于长期测量水库、河流、湖泊、坝体测压管等的水位,是监测水位变化的有效监测设备。水位计采用磁光编码原理进行测量,其测量精度高、稳定性好、没有温漂和时漂的影响,信号可接入 MCU - 32 型分布式模块化自动测量单元或直接接入计算机,实现水位变化的自动监测。

2. 工作原理

仪器以浮子感测水位变化,工作状态下,浮子、平衡锤与悬索连接牢固,悬索悬挂在水位轮的"V"形槽中。平衡锤起拉紧悬索和平衡作用,调整浮子的配重可以使浮子工作于正常吃水线上。在水位不变的情况下,浮子与平衡锤两边的力是平衡的。当水位上升时,浮子产生向上浮力,使平衡锤拉动悬索带动水位轮作顺时针方向旋转,水位编码器的显示读数增加;水位下降时,则浮子下沉,并拉动悬索带动水位轮逆时针方向旋转,水位编码器的显示器读数减小。本仪器的水位轮测量圆周长为 32 cm,且水位轮与编码器为同轴联接,水位轮每转一圈,编码器也转一圈,输出对应的 32 组数字编码。当水位上升或下降,编码器的轴就旋转一定的角度,编码器同步输出一组对应的数字编码(二进制循环码,又称格雷码)。不同量程的仪器使用不同长度的悬索能够输出 1024 至 4096 组不同的编码,可以用于测量 10 至 40m 水位变幅。

通过与仪器插座相联接的多芯电缆线可将编码信号传输给观察室内的电显示器或计算机,用作观测、记录或进行数据处理;安装有 RS485 数字通信接口(或 4 ~ 20mA)的水位计,可以直接与通信机、计算机或相应仪表相联接,组成为水文自动测报系统。

仪器的内置式 RS485 数字通信接口(选装),具备选址、选通功能,能以二线制方式远距离传输信息,在一对双绞线信号线上可以驱动或接收多台水位(或闸位)传感器，实现遥测组网。

（二）水压式水位计

通过测量水体的静水压力，实现水位测量的仪器称为压力式水位计。压力式水位计又分为气泡式压力水位计和压阻式两种。通过气管向水下的固定测点通气，使通气管内的气体压力和测点的静水压力平衡，从而实现了通过测量通气管内气体压力来实现水位测量，这种装置通常称之为气泡式水位计。

20 世纪 70 年代，一种新型压力传感器迅速发展，该传感器是直接将压力传感器严格密封后置于水下测点，将其静水压力转换成电信号，用防水电缆传至岸上，再用专用仪表将电信号转换成水位值，这种水位计被称为"水下直接感压式压力水位计"又称为"压阻式压力水位计"。

压阻式压力水位计简称压力式水位计，是将扩散硅集成压阻式半导体压力传感器或压力变换器直接投入水下测点感应静水压力的水位测量装置。能用在江河、湖泊、水库及其他密度比较稳定的天然水体中，无需建造水位测井，实现水位测量和存贮记录。

1. 压力水位计的组成

压阻式压力水位计是以压力变换器作为传感器，无需恒流单元，只需增加一只低温漂移高精度的取样电阻，其他组成单元则完全相同。整个装置中的编码输出可分为并行 BCD 码或标准的 RS232 或 RS485 串行口输出。其各单元的功能如下：

（1）稳压电源

将交流或直流供电电源转变成压力水位计工作所需要的直流电压，并使之稳定。

（2）恒流源

将输入电压变换成不随负载和输入电压变化的恒定电流输出，从而使压力水位计测量值与导线长短无关，且又能减小压力传感器的温度漂移影响。

（3）压力传感器

其等效电路相当于一惠斯登电桥，它将静水压力值转换成与之对应的电压信号输出或电流信号输出。

（4）信号转换器

将压力传感器送来的电压信号或电流信号经过严格的取样、放大或衰减，使信号变成 A/D 电路所需要的电压信号。

（5）A/D 单元

即模拟量到数字的转换单元，它是将静水压力对应的电压模拟量信号转换成与静水压力值对应的数字信号。

（6）显示及编码

根据需要将水压力对应的数字信号转换成相应的并行 BCD 码或 RS232、RS485 串行输出

2. 压力式水位工作原理

相对于某一个测点而言，测相对于该点处的高程，加上本测点实际水深即为水位。

即：水位 = 测点高程 + 测点处的水深

测点处的水深为：$H = p/r$

式中：p—测点的静水压强，g/cm；

H—测点水深，即测点至水面距离，cm；

r—水体容重 g，$/cm^3$。

当水体容重已知时，只要用压力传感器或压力变换器精确测量出测点的静水压强值，就可推算出对应的水位值。

常用的压力传感器多为固态压阻式压力传感器。它是采用集成电路的工艺，由于硅晶体的压阻效应，当硅应变体受到静水压力作用后，其中两个应变电阻变大，另两个应变电阻变小。

气泡水位计工作原理与压阻式压力水位计相同。

（三）超声波水位计

超声波水位计是一种把声学和电子技术相结合的水位测量仪器。按照声波传播介质的区别可分为液介式和气介式两大类。

声波是机械波，其频率在 20 ~ 20000Hz 范围内。可以引起人类听觉的为可闻声波；更低频率的声波叫做次声波；更高频率的声波叫做超声波。超声波水位计通过超声换能器，将具有一定频率、功能和宽度的电脉冲信号转换成同频率的声脉冲波，定向朝水面发射；此声波束到达水面后被反射回来，其中部分超声能量被换能器接收又将其转换成微弱的电信号。这组发射与接收脉冲经专门电路放大处理后，可形成一组与声波传播时间直接关联的发、收信号，根据需要，经后续处理可转换成水位数据，并进行显示或存贮。

换能器安装在水中的称之为液介式超声波水位计，而换能器安装在空气中的称之为气介式超声水位计，后者为非接触式测量。

1. 超声波水位计的结构与组成

超声波水位计一般由换能器、超声发收控制部分、数据显示记录部分和电源组成。对于液介式仪器，一般把后三部分组合在一起；对于气介式仪器一般把超声发收控制部分和数据处理部分的一部分与换能器组合在一起形成超声传感器，而把其余部分组合在一起形成显示记录仪。

（1）换能器。液介式超声波水位计一般采用压电陶瓷型超声换能器，其频率一般

在 40~200Hz 之间。功能均是作为水位感应器件，完成声能和电能之间的相转换。为了简化机械结构设计和电路设计并减小换能器部件的体积，通常发射与接收公用一只超声换能器。

（2）超声收发控制部分

超声发收控制部分与换能器相结合，发射并接收超声波，从而形成一组与水位直接并联的发收信号。

该部分可以采用分立元件、专用超声发、收集成电路或专用超声发收模块组成。其发射部分主要功能应包括：产生一定脉宽的发射脉冲从而控制超声频率信号发生器输出信号。经放大器、升压变压后，实现将一定频率、一定持续时间的大能量正弦波信号加至换能器。接收部分主要功能应包括：从换能器两端获取回波信号，将微弱的回波信号放大再进行检波、滤波，从而实现把回波信号处理成一定幅度的脉冲信号。由于发收公用一只换能器，因此发射信号也进入接收电路，为此接收电路的输入端需要加安全措施以保护接收电路。

高性能的超声发收控制部分应具备自动增益控制电路（AGC），使近、远程回波信号经处理后能取得较为一致的幅度

（3）超声传感器

超声传感器是将换能、超声发收控制部分和数据处理部分组合在一起的部件。它既可以作为超声波水位计的传感器部件，与该水位计的显示记录相连；又可以作为一种传感器与通用型数传（有线或无线）设备相连。

3. HW—1000C 非接触超声波水位计简介

HW—1000C 非接触超声波水位计是黄河水利委员会水文局郑州市音达新技术研究开发中心研制的新型水位计。经水利部部级鉴定，并列为全国水利系统重点推广产品。

（1）原理：

当超声波在空气中传播遇到水面后被反射，仪器测得声波往返于传感器到水面之间的时间，根据超声波在空气中传播速度计算距离，再用传感器安装高度减去所测至水面距离即得水位。

由于超声波在空气中的传播速度是温度的函数，正确的修正波速是保证测量精度的关键，为此 HW—1000C 非接触超声波水位计，采用温度实时修正方法实现声波校准，以使测量精度达到规范要求。

（2）功能：

①根据测量时间间隔，自动进行水位测量、数据传输。

②室内设备具有汉字功能提示、显示水位数据、固态存贮、历史水位查询、各种参数设置。

③备有 RS232、RS485、TTL 电平、电流环、420mA 模拟量等多路输出接口。

④兼容国内多家数传设备，可以方便的组成水情自动测报网。

（3）用途：

①河流、明渠水位自动监测。

②水库坝前、坝下尾水水位监测拦物栅压差监测。

③调压塔水位监测。

④潮水位自动监测系统。

⑤城市供水、排污水位监测系统。

（4）主要特点：

①在水位测量过程中没有任何部件接触水体，实现非接触测量。

②不受高速水流冲击，不受水面漂浮物的缠绕、堵塞或撞击以及水质电化反应的影响。

③设备按装不需建造水位计台，基建投资小。

④设备无运动部件，不会因部件磨损锈蚀而产生故障，寿命长可靠性好。采用实时温度自动校准技术，精度高。

7 航道的施工测量

测量工作必须遵循"从整体到局部，先控制后碎部"的原则，先建立控制网，然后根据控制网进行碎部测量和测设。控制网分为平面控制网和高程控制网两种。测定控制点平面位置的工作，称为平面控制测量。测定控制点高程的工作，称为高程控制测量。

……

在全国范围内建立的控制网，称为国家控制网。它是全国各种比例尺测图的基本控制，并为确定地球的形状和大小提供研究资料。

第一节　小区域控制测量

一、控制测量概述

测量工作必须遵循"从整体到局部，先控制后碎部"的原则，先建立控制网，然后根据控制网进行碎部测量和测设。控制网分为平面控制网和高程控制网两种。测定控制点平面位置的工作，称为平面控制测量。测定控制点高程的工作，称为高程控制测量。

在全国范围内建立的控制网，称为国家控制网。它是全国各种比例尺测图的基本控制，并为确定地球的形状和大小提供研究资料。国家控制网是用精密测量仪器和方法依照施测精度按一、二、三、四等四个等级建立的，它的低级点受高级点逐级控制。一等三角锁是国家平面控制网的骨干。二等三角网布设于一等三角锁环内，是国家平面控制网的全面基础。三、四等三角网为二等三角网的进一步加密。建立国家平面控制网，主要采用三角测量的方法。国家一等水准网是国家高程控制网的骨干。二等水准网布设于一等水准环内，是国家高程控制网的全面基础。三、四等水准网为国家高程控制网的进一步加密，建立国家高程控制网，采用精密水准测量的方法。

在城市或厂矿等地区，一般应在上述国家控制点的基础上，根据测区的大小、城市规划和施工测量的要求，布设不同等级的城市平面控制网，以供地形测图和施工放样使用。直接供地形测图使用的控制点，称为图根控制点，简称图根点。测定图根点位置的工作，称为图根控制测量。图根点的密度（包括高级点），取决于测图比例尺和地物、地貌的复杂程度。至于布设哪一级控制作为首级控制，应根据城市或厂矿的规模。中小城市一般以四等网作为首级控制网。面积在15km以内的小城镇，可用小三角网或一级导线网作为首级控制。面积在0.5km以下的测区，图根控制网可作为首级控制。厂区可布设建筑方格网。

城市或厂矿地区的高程控制分为二、三、四等水准测量和图根水准测量等几个等级，它是城市大比例尺测图及工程测量的高程控制。同样，应根据城市或厂矿的规模确定城市首级水准网的等级，然后再根据等级水准点测定图根点的高程。水准点间的距离，一般地区为2—3km，城市建筑区为1—2km，工业区小于1km。一个测区至少设立三个水准点。

这里主要讨论小地区（10km'以下）控制网建立的有关问题。下面将分别介绍用导线测量建立小地区平面控制网的方法，用三、四等水准测量和三角高程测量建立小地区高程控制网的方法。

二、导线测量

导线测量是平面控制测量的一种方法。所谓导线就是由测区内选定的控制点组成的连续折线。折线的转折点 A、B、C、E、F 称为导线点；转折边 DAB、DBC、DCE、DEF 称为导线边；水平角，，称为转折角，其中、在导线前进方向的左侧，叫做左角，在导线前进方向的右侧，叫做右角；称为起始边 DAB 的坐标方位角。导线测量主要是测定导线边长及其转折角，然后根据起始点的已知坐标和起始边的坐标方位角，计算各导线点的坐标。

（一）导线的形式

根据测区的情况和要求，导线可以布设成以下几种常用形式：

1. 闭合导线。

由某一高级控制点出发最后又回到该点，组成一个闭合多边形。它适用于面积较宽阔的独立地区作测图控制。

2. 附合导线。

自某一高级控制点出发最后附合到另一高级控制点上的导线，它适用于带状地区的测图控制，此外也广泛用于公路、铁路、管道、河道等工程的勘测与施工控制点的建立。

3. 支导线。

从一控制点出发，即不闭合也不附合于另一控制点上的单一导线，这种导线没有已知点进行校核，错误不易发现，所以导线的点数不得超过 2～3 个。

（二）导线的等级

除国家精密导线外，在公路工程测量中，限据测区范围和精度要求，导线测量可分为三等、四等、一级、二级和三级导线五个等级。

（三）导线测量的外业工作

导线测量的工作分外业和内业。外业工作一般包括选点、测角和量边；内业工作是根据外业的观测成果经过计算，最后求得各导线点的平面直角坐标。本节要介绍的是外业中的几项工作。

1. 选点

导线点位置的选择，除了满足导线的等级、用途及工程的特殊要求外，选点前应进行实地踏勘，根据地形情况和已有控制点的分布等确定布点方案，并在实地选定位置。在实地选点时应注意下列几点：

（1）导线点应选在地势较高、视野开阔的地点，便于施测周围地形；

（2）相邻两导线点间要互相通视，便于测量水平角；

（3）导线应沿着平坦、土质坚实的地面设置，以便于丈量距离；

（4）导线边长要选得大致相等，相邻边长不应悬殊过大；

（5）导线点位置须能安置仪器，便于保存。

（6）导线点应尽量靠近路线位置。

导线点位置选好后要在地面上标定下来，一般方法是打一木桩并在桩顶中心钉一小铁钉。对于需要长期保存的导线点，则应埋入石桩或混凝土桩，桩顶刻凿十字或浇入锯有十字的钢筋作标志。

为了便于日后寻找使用，最好将重要的导线点及其附近的地物绘成草图，注明尺寸。

3. 测角

导线的水平角即转折角，是用经纬仪按测回法进行观测的。在导线点上可以测量导线前进方向的左角或右角。一般在附合导线中，测量导线的左角，在闭合导线中均测内角。当导线与高级点连接时，需测出各连接角。如果是在没有高级点的独立地区布设导线时，测出起始边的方位角以确定导线的方向，或假定起始边方位角。

（3）量距

导线采用普通钢尺丈量导线边长或用全站仪进行导线边长测量。请参阅第四章的有关内容。

（四）导线测量的内业计算

导线测量的最终目的是要获得各导线点的平面直角坐标，因此外业工作结束后就要进行内业计算，以求得导线点的坐标。

1. 坐标计算的基本公式

（1）根据已知点的坐标及已知边长和坐标方位角计算未知点的坐标，即坐标的正算。

设 A 为已知点，B 为未知点，当 A 点的坐标 X_A、Y_A 和边长 D_{AB}、坐标方位角 α_{AB} AB 均为已知时，则可求得 B 点的坐标 X_B、Y_B。由图可知：

$$\left.\begin{aligned}X_B &= X_A + \Delta X_{AB}\\ Y_B &= Y_A + \Delta Y_{AB}\end{aligned}\right\}$$

其中，坐标增量的计算公式为：

$$\left.\begin{aligned}\Delta X_{AB} &= D_{AB} \cdot \cos\alpha_{AB}\\ \Delta Y_{AB} &= D_{AB} \cdot \sin\alpha_{AB}\end{aligned}\right\}$$

式中 X，Y 的正负号应根据 cos、sin 的正负号决定，所以上式又可写成：

$$\left.\begin{aligned}X_B &= X_A + D_{AB} \cdot \cos\alpha_{AB}\\ Y_B &= Y_A + D_{AB} \cdot \sin\alpha_{AB}\end{aligned}\right\}$$

（2）由两个已知点的坐标反算其坐标方位角和边长，即坐标的反算若设 A、B 为两已知点，其坐标分别为 XA、YA 和 XB、YB 则可得：

$$\tan\alpha_{AB} = \frac{\Delta Y_{AB}}{\Delta X_{AB}}$$

$$D_{AB} = \frac{\Delta Y_{AB}}{\sin\alpha_{AB}} = \frac{\Delta X_{AB}}{\cos\alpha_{AB}}\ 或$$

$$D_{AB} = \sqrt{(\Delta X_{AB})^2 + (\Delta Y_{AB})^2}$$

上式中 $\Delta X_{AB} = X_B = X_A$，$\Delta Y_{AB} = Y_B - Y_A$。

由式 $\tan\alpha_{AB} = \frac{\Delta Y_{AB}}{\Delta X_{AB}}$ 可求得 α_{AB}。α_{AB} 求得后，又可由 $D_{AB} = \frac{\Delta Y_{AB}}{\sin\alpha_{AB}} = \frac{\Delta X_{AB}}{\cos\alpha_{AB}}$ 和 $D_{AB} = \sqrt{(\Delta X_{AB})^2 + (\Delta Y_{AB})^2}$ 算出两个 D_{AB}，并作相互校核。如果仅尾数略有差异，就取中数作为最后的结果。

需要指出的是：按 $\tan\alpha_{AB} = \frac{\Delta Y_{AB}}{\Delta X_{AB}}$ 计算出来的坐标方位角是有正负号的，因此，还应按坐标增量 X 和 Y 的正负号最后确定 AB 边的坐标方位角。即：若按 $\tan\alpha_{AB} = \frac{\Delta Y_{AB}}{\Delta X_{AB}}$ 计算的坐标方位角为：$\alpha' = \tan^{-1}\frac{\Delta Y}{\Delta X}$。

则 AB 边的坐标方位角 α_{AB} 应为：

在第 I 象限，即当 ($X>0$，($Y>0$ 时，$\alpha_{AB} = \alpha'$。

在第 II 象限，即当 ($X<0$，($Y>0$ 时，$\alpha_{AB} = 180° - \alpha'$。

在第 III 象限，即当 ($X<0$，($Y<0$ 时，$\alpha_{AB} = 180° + \alpha'$。

在第 IV 象限，即当 ($X>0$，($Y<0$ 时，$\alpha_{AB} = 360° - \alpha'$。

也就是当 ($X>0$ 时，应给 α' 加 360°；当 ($X<0$ 时，应给 α' 加 180°才是所求 AB 边的坐标方位角。

2. 坐标方位角的推算

为了计算导线点的坐标，首先应推算出导线各边的坐标方位角（以下简称方位角）。如果导线和国家控制点或测区的高级点进行了连接，则导线各边的方位角是由已知边的方位角来推算；如果测区附近没有高级控制点可以连接，称为独立测区，则须测量起始边的方位角，再以此观测方位角来推算导线各边的方位角。

3. 坐标增量闭合差的计算与调整

（1）坐标增量闭合差的计算

如图 6－12 所示，导线边的坐标增量可以看成是在坐标轴上的投影线段。从理论上讲，闭合多边形各边在 X 轴上的投影，其 +X 的总和与 -X 的总和应相等，即各边纵坐标增量的代数和应等于零。同样在 Y 轴上的投影，其 +Y 的总和与 -Y 的总和也应相等，即各边横坐标量的代数和也应等于零。

（2）导线精度的衡量

导线全长闭合差 fD 的产生，是由于测角和量距中有误差存在的缘故，所以一般用它来衡量导线的观测精度。可是导线全长闭合差是一个绝对闭合差，且导线愈长，所量的边数与所测的转折角数就愈多，影响全长闭合差的值也就愈大，因此，须采用相对闭合差来衡量导线的精度。

（3）坐标增量闭合差的调整

如果导线的精度符合要求，即可将增量闭合差进行调整，使改正后的坐标增量满足理论上的要求。由于是等精度观测，所以增量闭合差的调整原则是将它们以相反的符号按与边长成正比例分配在各边的坐标增量中。

4. 坐标推算

用改正后的坐标增量，就可以从导线起点的已知坐标依次推算其他导线点的坐标，即：

$$\left.\begin{array}{l} X_i = X_{i-1} + \Delta X_{i-1,i} \\ Y_i = Y_{i-1} + \Delta Y_{i-1,i} \end{array}\right\}$$

三、CAD 在小地区控制测量交会法中的应用

计算机辅助设计是 20 世纪 80 年代初发展起来的一门新兴技术型应用软件。如今在各个领域均得到了普遍的应用。它大大提高了工程技术人员的工作效率。CAD 主要在工程图纸设计阶段有着广泛的应用，但在测量中也可以得到很好的应用。在小地区控制测量中，交会法是一种经常采用的加密控制点的方法。常用的几种方法有：前方交会、侧方交会、后方交会。

（一）在前方测角交会中的应用

在两个已知点以上分别对待定点相互进行水平角观测，并根据已知点的坐标及观测角值计算出待定点坐标的方法称为前方交会。

已知条件：A、B 两点坐标分别为（x_A，y_A）、（x_B，y_B），求 p 点的坐标。

从上面的计算可以看出，如果运用数学公式来计算，非常烦琐，而且不易检查错误。相反，如果利用 AutoCAD 来绘图计算，就简单多了。首先用直线命令绘制出直线 AB，然后用旋转命令，点取直线 AB，使 AB 旋转∠A 并复制，得射线 AP，同样方法可得射线 BP，求得两射线的交点 P，这样就绘出了三角形 ABP。求 P 点的坐标，可以用 CAD 中的 ID 命令，然后点取 P 点，就能在命令行显示出 P 点坐标。

（二）在侧方交会法中的应用

仍以上图为例，在一个已知点和一个待测点上分别对另一个已知点相互进行水平角观测，并根据已知点的坐标及观测角值计算出待测点坐标的方法称为侧方交会。若

观测∠A 和∠P 或∠B 和∠P，就可以测定未知点 P 的平面坐标。P 点坐标的计算仍可以沿用前方交会的计算公式，只是要先算出∠B，∠B = 180 - ∠A - ∠P。当然计算烦琐，仍可用 CAD 画图，方法同上面讲的绘图法一样，只是要先算出∠B，∠B = 180 - ∠A - ∠P。

（三）在后方测绘法中的应用

若在未知点 P 上瞄准 A、B、C 三个已知点，测得∠α 和∠β，也可确定未知点 P 的平面坐标，这种方法称为后方交会。

但后方交会法会出现危险圆问题。

当未知点 P 正好落在通过 ABC 三点的外接圆周上时，则无解。因为无论 P 点在弧 AC 的哪一点，其两角角度均不变。这时后方交会的点就无法解出，因此把通过已知点 ABC 的圆称作危险圆。因此，在做后方交会定点测量时，首先应确定未知点是否在危险圆上，或在危险圆附近。

1. 选取 P 点使之不在危险圆上

A、B、C 坐标已知，在 CAD 中画出三角形 ABC，可用 CAD 中的角度标注命令求出∠B 的值。为避免待测点不在危险圆或在危险圆附近，根据经验，后方交会的交会角与固定角 B 之和不应在 160 - 200 之间。因此，在实际测量中，在测出交会角后，与在 CAD 中求出的∠B 值相加，看是否在 160 ~ 200 之间，如果是，则应重新选择 P 点位置。

2. 画图求出 P 点位置

第一步：绘出以 AB 为底边、顶角为 α 的等腰三角形，设顶点为 P1。再绘出以 BC 为底边，顶角为 β 的等腰三角形，设顶点为 P2

第二步：绘出过 ABP1 三点的外接圆。P 点必在此外接圆上。

第三步：绘出过 ABP2 三点的外接圆。P 点必在此外接圆上。

第四步：两个外接圆有两个交点，正确选取位于实际观测者一方的交点，此交点即为所求的 P 点。

画出 P 点位置后，就可用 CAD 的 ID 命令求出 P 点的坐标。

第二节　地形测量及地形图的应用

一、地形图的比例尺

（一）什么是比例尺

就是图上某一线段的长度与实地相应水平距离之比（即图上长与实地长之比），就叫做地图比例尺。比如，图上甲、乙两点间长一厘米，该两点间在实地的水平距离为五万厘米，地图比例尺就是五万分之一；实地为十万厘米，就是十万分之一。

地形图上比例尺的表示形式，常见的有三种：数字表示、直线比例尺、经纬线比例尺。

用数字表示时，也有两种。一是分式，用分子"1"表示图上长，分母表示实地相应水平距离，如1/5000、1/100000；另一种是比式，如1∶5万、1∶10万。也有用文字表示的，如五万分之一，十万分之一。

直线比例尺：为便于直接在地图上量测距离，免除计算的麻烦，地图上都绘有图解式的比例尺。因为这种比例尺是用直线表示，所以称为直线比例尺。直线比例尺的制作方法，是在一直线上，以1 cm或2 cm为基本单位，作为尺头；截取若干与尺头相等的线段做为尺身；再将尺头等分十小格，然后以尺头与尺身的接合点为零，分别注记相应实地的水平距离，即成直线比例尺。

1∶2.5万

1∶5万

1∶10万

比例尺小于百万分之一的地图，在图例中都绘有经纬线比例尺。同时还注有数字比例尺。数字比例尺也叫主比例尺，它是表示没有变形地方的比例尺，也就是标准纬线上的比例尺。

(二) 大小不同的比例尺有什么作用

地图比例尺的大小，是按比值的大小来衡量的，而比值的大小则是依比例尺分母（后项）确定的。分母越大，则比值越小，比例尺就越小；分母越小，则比值越大，比例尺也就越大。就象两个人分一个苹果就比四个人分一个苹果分的多的道理一样。

地图比例尺大小不同有什么作用？

1. 地图比例尺的大小决定着实地范围在地图上缩小的程度。例如一平方千米面积的居民地，在1∶5万地形图上为四平方厘米，可以表示出居民地的轮廓和细貌；在1∶10万图上为一平方厘米，有些细貌就表示不出来了；在1∶20万图上，只有0.25平方厘米，仅能表示出一个小点。这就说明，当地图幅面大小一样时，对不同比例尺来说，表示的实地范围是不同的。比例尺大，所包括的实地范围就小，反之，比例尺小，所包括的实地范围就大。

2. 地图比例尺的大小，决定着图上量测的精度和表示地形的详略程度。由于正常人的眼睛只能分辨出图上大于0.1mm的距离，图上0.1mm的长度，在不同比例尺地图上的实地距离是不一样的，如1∶5万图为五米，1∶10万图为十米，1∶20万图为二十米，1∶50万图为五十米。由此可见，比例尺越大，图上量测的精度越高。表示的地形情况就越详细。反之，比例尺越小，图上量测的精度越低，表示的地形情况就越简略。

比例尺。是图上进行长度和面积量算的依据。怎样进行图上量算距离呢？下面介绍几种量算距离的方法。

依直线比例尺量取距离：用直线比例尺量取距离时，先用两脚规（或纸条、草棍等）量出两点间的长度，并保持此长度，再到直线比例尺上比量；使两脚规的一端对准一个整 km 数，另一端放在尺头部分，即可读出两点间的实地距离。

依数字比例尺计算距离：根据比例尺的意义，我们可以得出图上长、相应实地水平距离和比例尺三者之间的关系式：

实地距离＝图上长×比例尺分母。这是我们计算距离的基本公式。具体计算时，先用直尺在图上量取两点间的厘米数，然后将该厘米数代入公式，就得出两点间实地距离。如在 1∶5 万图上量得甲、乙两点为 3.4 cm，则实地距离为：

3.4 cm × 50000 ÷ 100 cm = 1700 （m）

为了计算方便，可先把比例尺分母消去两个零，然后再乘厘米数，即可口算出实地的米数。

从图上量得的距离，不论是直线距离还是弯曲距离，都是两点间的水平距离。但是，实地地形是起伏不平的，道路的弯曲情况，在图上表示得也是很概略的，从图上量得的距离总是要比实地距离小一些，所以，对图上量得的距离要加个改正数。究竟要加多大的改正数？由于实地地形情况比较复杂，很难提出一个最准确的改正数，只能根据实验的结果，提供一个改正参考数据，这个数据是：坡度为 0°～5°时，加改正数 3%；坡度为 5°～10°时，加改正数 10%；坡度为 10°～15°时，加 20%；坡度为 15°～20°时，加 30%；坡度为 20°～25°时，加 40%；坡度为 25°～30°时，加 50%。这只是个实验平均数，有的地方可能大于这个数，有的地方可能小于这个数，使用是要加以注意。

二、地形测量

地形测量指的是测绘地形图的作业。即对地球表面的地物、地形在水平面上的投影位置和高程进行测定，并按一定比例缩小，用符号和注记绘制成地形图的工作。地形图的测绘基本上采用航空摄影测量方法，利用航空像片主要在室内测图。但面积较小的或者工程建设需要的地形图，采用平板仪测量方法，在野外进行测图。

（一）主要类型

地形测量包括控制测量和碎部测量。

1. 控制测量

控制测量是测定一定数量的平面和高程控制点，为地形测图的依据。平板仪测图的控制测量通常分首级控制测量和图根控制测量。首级控制以大地控制点为基础，用三角测量或导线测量方法在整个测区内测定一些精度较高、分布均匀的控制点。图根控制测量是在首级控制下，用小三角测量、交会定点方法等加密满足测图需要的控制点。图根控制点的高程通常用三角高程测量或水准测量方法测定。

2. 碎部测量

碎部测量是测绘地物地形的作业。地物特征点、地形特征点统称为碎部点。碎部点的平面位置常用极坐标法测定，碎部点的高程通常用视距测量法测定。按所用仪器不同，有平板仪测图法、经纬仪和小平板仪联合测图法、经纬仪（配合轻便展点工具）测图法等。它们的作业过程基本相同。测图前将绘图纸或聚酯薄膜固定在测图板上，在图纸上绘出坐标格网，展绘出图廓点和所有控制点，经检核确认点位正确后进行测图。测图时，用测图板上已展绘的控制点或临时测定的点作为测站，在测站上安置整平平板仪并定向，通过测站点的直尺边即为指向碎部点的方向线，再用视距测量方法测定测站至碎部点的水平距离和高程，按测图比例尺沿直尺边沿自测站截取相应长，即碎部点在图上的平面位置，并在点旁注记高程。这样逐站边测边绘，即可测绘出地形图。

（二）测量方法

按所用仪器的不同，碎部测量主要有平板仪测图法、小平板仪和经纬仪联合测图法、经纬仪测绘法等。

1. 平板仪测图法

平板仪由平板和照准仪组成。平板又由测图板、基座和三脚架组成；照准仪由望远镜、竖直度盘、支柱和直尺构成。其作用同经纬仪的照准部相似，所不同的是沿直尺边在测图板上画方向线，以代替经纬仪的水平度盘读数。平板仪还有对中用的对点器，用以整平的水准器和定向用的长盒罗盘等附件。测图时，应用测图板上已展绘出的相应于地面控制点 A、B 的 a、b，在 B 点安置平板仪，以 b 为极点，按 BA 方向将平板仪定向，然后用望远镜照准碎部点 C，通过 b 点的直尺边即为指向 C 点的方向线。再用视距测量的方法测定 B 点到 C 点的水平距离和 C 点的高程，按测图比例尺沿直尺边自 b 点截取相应长度，即得 C 点在图上的平面位置 c，并在点旁记其高程，随后逐点逐站边测边绘，即可测绘出地形图。

2. 经纬仪测绘法

将经纬仪安置在控制点上，选一已知方向作为零方向，测定零方向至碎部点方向之间的水平角，同时用视距测量的方法测定水平距离和高程。在经纬仪旁安置测图板，用量角器和比例尺按极坐标法在测图板上定出碎部点的位置并注记高程。在现场边测边绘。如将观测数据带回室内绘图则称为经纬仪测记法。

在碎部测量过程中，控制点的密度一般不能完全满足施测碎部的需要，因此还要增设一定数量的测站点以施测碎部。

3. 联合测图法

小平板仪与平板仪不同之处，主要在于照准设备。小平板仪的照准器由直尺和前、后觇板构成，直尺上附有水准器。测图时，将小平板仪安置在控制点上以确定控制点至碎部点的方向。在旁边安置经纬仪，用视距测量的方法测定至碎部点的水平距离和碎部点的高程，定出碎部点在图上的位置，并注记高程，边测边绘。若在平坦地区，可用水准仪代替经纬仪，碎部点的高程用水准测量的方法测定。

（三）测量步骤

地形测量工作主要步骤为：

1. 制订工作计划，确定实施方案。

2. 收集测区已有资料，并根据实际情况编制地形测量技术设计书。

3. 组织人员，成立项目部，设立技术组及质量检查组。

4. 准备各类测绘仪器及器材，制作测量标志等。

5. 进行控制测量。

6. 进行地形图野外数据采集，包括各地物点、地形点的平面位置和高程数据。

7. 内业计算机数据处理，成图及各种资料整理。

8. 质量检查及验收工作。

（四）卫星地形测量和航空地形测量

在 21 世纪，和卫星大地测量的技术发展相似，由于导航技术、全球定位系统技术和遥感技术的发展，国家基础测绘的地形测量工作可以主要利用卫星和机载的地形测绘系统进行。所说的卫星和机载的地形测绘系统是由星载或机载传感器平台和 GPS/恒星/惯性组合导航系统的集成。当传感器记录地球表面的地形、地物的影像信息时，GPS/恒星/惯性组合导航系统能同时以地形测量所要求的精度，记录该影像每个像素的时间、位置和姿态等七个自由度（维）。因此，称星载传感器平台和 GPS/恒星/惯性组合导航系统的系统集成为"卫星地形测绘系统"，机载传感器平台和 GPS/惯性组合导航系统的系统集成为"航空地形测绘系统"。

三、GPS、RTK 与全站仪在地形图测绘中的应用

（一）GPS 与 RTK 技术

众所周知，GPS 实时动态测量技术，简称 RTK。其具体作业方法是在已知的一个点上面设置一台 GPS 接收机作为基准站。并将一些必须的数据，例如基准站的高程等输入 GPS 的控制手簿，设置一台到多台不等的 GPS 接收机装置作为流动站。基准站和流动站可以同时接收卫星信号。由此可见，采用 RTK 技术进行地形图测绘，不像以往那样，要求点之间严格进行通视，只要一个人挟着 GPS 流动接收机在等待测量的地物

地貌碎部点进行数据的采集，并且通视输入地物编码，再通过控制器手簿，便可以实时测定碎部点的三维坐标，获得准确数据。最后再通过专用的测绘软件接口下载数据，利用成图软件对地形图进行编辑即可。

GPS RTK 的测量方式按照基准站的假设方式可以分为两种。第一种是基准站架设在已知点上，然而这种方法比较麻烦，需要手动启动基准站的接收机才可以，架设的地点也十分受限制。因为因此这种方法不是我们提倡的。第二种方式，是把基准站架设在高处，任意位置均可，这种方法比较方便。便于我们接受和发射信号。因此我们提倡这种方法。

另外，必须要提及野外作业的部分。采用 GPS RTK 协同全站仪进行数字化测图的作业流程包括几个步骤，分别是控制测量，图跟点测量，碎部点测量和数字化成图。但是在这其中，最大的便利是利用 RTK 技术不但可以测量图跟点，还可以测量碎部点，为工作节省了时间。

（二）RTK 测量的误差及技术问题

如上文提到，GPS 技术与 RTK 技术的联合是一种最新的便捷技术，但是目前仍存在很多技术上的潜在问题。例如，虽然 GPS RTK 作为应用熟练的技术，但是在地形图的测绘中仍然不可避免的存在误差。误差，是影响此项技术应用的一个重要问题。究其误差源，涉及到一些技术问题。

产生 RTK 测量误差的问题主要包括 GPS 卫星，RTK 设备，测量环境，用户专业水平，和测量方法五个因素。第一，GPS 卫星的误差源包括大气状况等因素。大量资料证明，RTK 测量的基线长度值与同轨道误差和大气影响密切相关。由此可见，大气等非可抗力因素是影响测量的一个主要原因。而 RTK 设备的产生误差的原因则是因为，国内目前品牌众多，其设备质量优劣程度影响测量精度。其次，测量环境对于精确性与可靠性的影响与静态 GPS 的影响因素相似。再次，用户的专业水平，作为一个随机的，不确定的因素对测量精度也有很大影响。可见，观测过程中，观测者必须十分谨慎，认真。最后，测量方法作为产生误差的一个原因，要求我们必须选择合理准确的技术方案。因为只有一个合理切当的方案对于提高测量的精确性才是基本的保证。

（三）全站仪原理及应用

全站仪是电子全站仪的简称。他的优点是兼有自动测距，测角度，计算一级数据自动记录传输的功能。因为仅仅应用 GPS RTK 在测量中会不可避免存在错误，全站仪被作为联合应用的设备广泛应用。在地形测量，控制测量中起到十分重要的作用。此处不做过多分析。

在此仅仅说一下全站仪测量碎部点的过程。在测量站上架设起全站仪，经过定向，观测碎部点上面放置好的棱镜。我们得到方向，竖直角，距离等观测值。这样，记录在电子手簿或者全站仪的内存内部。野外数据采集观测碎部点的时候，绘制工作草图，这也是保证数字成图质量的一个重要措施。

另外，在所有的外业和内业都完成以后，要到测区进行实地检查。在这个过程全站仪的作用不可小觑。首先要检查点位精度，需要用全站仪测量出相邻已知点的距离，并且与早先的已知资料进行比对，要求误差应该小于规定。其次要进行地物，地形的检查，对于疏漏应该及时补测。

（四）联合应用分析

GPS 与 RTK 联合应用主要是利用联合应用工作效率高的特点，进行工作。二者联合应用，可以避免受卫星状况限制，天气环境的影响和数据传输受到干扰等问题。联合应用普遍来说包括以下几个步骤。

要布设控制点。这个步骤是以后所有步骤的基础。在 GPS 与 RTK 有效作业半径的三分之二之内进行制高点基准站设置。而控制点的需在你则要尽量避开无线电干扰较大的路径。在 RTK 基准站设置完成后，便可以开始观测坐标点。如果找不到已知的坐标点，便可以在基准站的附近测量出固定解，并利用全站仪反复验证结果的准确性和可靠性。另外，在测试区，应该均匀布置控制点的位置，一般的边长取为一千米左右，这样有利于数据采集和基准点重置。

图根点和碎部点的数据采集。在第一步完成后，GPS 和 RTK 便可以联合全站仪进行地形地物的数据采集了。要强调的是在每次作业之前都要设置 GPS 与 RTK 的基准站。再联合测试处三个控制点的坐标，坐标必须是三维的。将其中一个坐标作为全站仪的测站点，另外两个则作为定向点和检查点。这样联合作业的好处就在于，对于全站仪不便测的数据，可以用 GPS 和 RTK 进行测绘。对于 GPS 与 RTK 不便测出的数据，可以用全站仪进行测量。在数据全部采集完成后可以用计算机进行分离。对于图根点的有关数据要单独提炼出，用原始测量的数据形式进行平差，计算出图根点坐标以后，对碎部点进行处理。以上两步是无论什么形式的联合作业都要经历的两个基础步骤。此外，根据地形和环境的不同，不同的作业可以应用不同的特殊方案。

例如，很多文献表明，在全站仪利用 GPS 和 RTK 进行所谓的图根点设站时，要进行必要的检查。因为在有些地方，由于信号遮挡等原因，会造成作业的误差，反复检查可以保证测图的精度。同时，如果控制点距离测区很远，为促进测图进度，RTK 测试控制点时，全站仪可以在测区内部利用假设的坐标系统进行测图。在外业结束以后只要参照 RTK 测出的控制点坐标就可以进行坐标转换。在这一步骤中，数字成图软件的坐标转换功能起到很大作用。针对上述情况，利用二者联合的作业方法克服了作业过程中工序步骤较多的弊端，也节省了人力和物力，保证了作业成果和效率。

第三节　施工测量的基本工作

一、测量程序与准备

（一）三测量工作程序

1. 由主管工程技术人员提供测量所需的资料、图纸。

2. 测量员负责现场测量及内业计算。

3. 主管工程技术人员负责审核现场测量成果及内业计算结果。

4. 对重要项目，工程项目主管工程师必须复核测量内业计算结果。

5. 对须经业主代表、监理工程师复测确认的测量工作，如施工平面控制网、高程控制网以及打桩控制应按规范要求将有关资料报监理工程师审核批准。

6. 所有的原始测量、中间测量和最终测量均要按监理工程师认可的测量方法实施。各项验收测量工作均要有现场监理工程师在场。

每次测量结束后应于规定时间内将所有测量数据交给监理工程师审查。

（二）施工测量准备

1. 技术数据描述

2. 由项目测量工程师向测量人员及相关技术人员、工长进行技术交底。人员组织：根据本标段的工程特点及工程量，安排现场测量组长一名：沈学亮，负责测量工作的安排、仪器的管理、测量质量的管理、测量工作进度的控制及测量工作的指导及一般性问题的解决。再设测量副组长：马国柱，配合测量组长工作。另安排测量工 2 名，负责具体工作的实施，均有上岗证。

3. 起始坐标依据的校测：对起始依据点：连云港港疏港航道测控中心提供的首级控制点进行校测，一经发现问题及时向主管部门反映（校核工作在项目部进场人员进场后现场施工人员进场前前已完成，并已根据首级控制桩建立了加密平面控制网，并通过监理复核）。

二、主要工序施工测量

（一）平面控制网布设

业主通过监理工程师向我们提供测量基准点、基准线和水准点及其书面资料。项目部测量人员根据国家测绘基准、测绘系统和工程测量技术规范，按上述基准点（线）以及合同工程精度要求，测设施工控制网，利用这些点进行施工控制网的布设。本工程采用附合导线法对全场布控。布设施工控制网遵照下列原则：

1. 导线尽量布置成直伸型。

2. 相邻两点必须通视。

3. 将控制点选在地质条件好，不容易受到破坏的地方。

4. 点位周围地势开阔，便于施测碎部点或进行施工放样。

5. 导线点的密度合理，满足测量或施工的需要。

在施工过程中，为了防止测点误差的累积，保证测量和放样的精度，就应遵守"由整体到局部，高精度控制低精度，先控制后定位放线"的原则。

施工加密控制点、水准点由业主提供的基点直接引测至施工现场。基点用混凝土墩做成，点位用钢十字标示，并设明显的保护标志。

（二）高程控制网布设

四等水准测量依据测绘部门在地面测设的高程控制点向施工现场测设水准点网的测量工作。在通视良好，成像清晰稳定的情况下进行观测。水准测量路线应选择在土质坚实的地面上，所用仪器一般为 DSZ3 型水准仪和双面尺。如果没有双面尺，只有单面尺，用两次仪器高法观测即往、返各观测一次。测量中的每个转点要安置尺垫，尺垫应放稳踩实，在前后两侧站观测中尺垫不能有任何移动，在一个测站上，必须是各项校核无误后才可迁往下一个测点。

当导线控制网和高程控制网布设完之后，进行内业平差计算，精度符合《水运工程测量规范》中有关的技术要求。

（三）引航道纵、横断面复测

引航道横断面设计院以施工图形式已绘制出，施工前对引航道现实地貌进行观测，利用观测的成果绘制出纵、横断面图。复核引航道的开挖量是否与图纸一致。

（四）施工过程中的测量

土方开挖、基坑开挖、主体结构、疏浚工程、砌筑护坡、腰台、截水沟等工程施工过程中监测，采用各自相应的测量方法进行控制，以达到设计图纸的要求。

注意事项：

1. 所有测量工具、仪器在使用前按有关规定进行检验、校正。

2. 对所有的施工测量工作都做到有放必复，分别有专人负责；基线的永久标石埋设必须牢固，施工中严加保护，并及时检查维护，定时核查、校正。

3. 所有的野外测量资料，都用墨水笔填写记录。野外记录的原件交给监理工程师并成为建设单位的资产，副本作为施工单位的档案记录。测量成果须经监理工程师或其代表签字认可。

（五）竣工测量及变形观测

验收与评价本工程是否按图纸设计要求需进行竣工测量，也是对本工程交付使用后进行管理，维修。改建和扩建的依据。为做好竣工测量工作，在施工过程中要收集并妥善管理好各种测量及隐蔽工程的记录。

变形观测的目的是通过精密测量和观测，了解建筑物本身变形情况，为预防和处理变形提供详细适时的数据；另一方面为设计反馈信息积累科学可靠的资料，使今后的设计更加安全合理。

三、建筑物定位放线

（一）土方开挖测量方法

1. 基坑开挖由挖机反铲式开挖，距离高程控制点近的点采取直接后视测量，在距基坑边缘 1～2 米的地段钉木桩，并在木桩上钉铁钉，架设水准仪，随时校核槽底标高。

2. 在靠近基坑边的控制点处架设全站仪，采用坐标法放出基坑投测主控线，隔 30 米在地面钉木桩，在木桩上钉铁钉，确定控制点，并用小白线拉通。然后，根据施工图纸放出基坑上部边缘线和边坡线。当纵横主控线投测交叉后，检查距槽边尺寸，确定槽宽，修整槽边。随挖土进度依次放出各主控线。

（二）底板浇注测量方法

1. 基坑挖完后，进行混凝土底板浇注，在就近控制点采用坐标法放出各块底板的边角，并钉设钢钉，将模板立好后，用水准仪采用普通水准测量对模板进行高程控制，在 −0.2 米位置用钢钉标明位置，并用全站仪再次复合模板的四个大角，查看偏差并进行局部调整。

2. 底板浇注混凝土时当接近 −0.2 米钢钉位置，随时用水准仪对混凝土进行高程测量，将底板的高程控制在 −0.2 米 −2CM 允许值内，并将底板的最终高程测出，底板浇注完成后，将底板的轴线放出，用钢尺量距测出底板的轴线偏差。并形成原始数据记录在案。

（三）灌砌块石挡墙测量方法

1. 在浇注完的底板上采用坐标法放出各块底板上挡墙边缘所在位置，并用墨线弹线，在砌筑好第一层挡墙时采用坐标法放出挡墙的轴线，并用木条定位，调整底部木条的位置，使挡墙的边坡符合设计要求。

2. 在挡墙砌筑的同时，随时测量挡墙的尺寸，和后边坡，同时对挡墙的平整度、缝宽进行测量，在挡墙到距顶部一层位置时，用全站仪再次对挡墙的轴线进行复核，查看挡墙砌筑的轴线偏位情况，并及时进行调整，在砌筑最后一层时，用水准仪控制高程在 3.4M ±4CM，将挡墙的最终高程和轴线偏差测出，形成原始记录。

（四）沉降观测方法

1. 观测要求

在观测之前，应根据施工所划分的阶段，设计与之相对应的观测变形记录总表。表上只反映各阶段的变形值和累计值。各阶段变形的直读值记录在专用的测量手薄上。

2. 基准点定期检测

由于本工程涉及到基坑排水、基坑开挖等，极容易引起岩土变形和震动，造成测量控制点移动，同时施工作业面狭小，容易对测量控制点造成破坏，所以在施工期间，定期对测量控制点进行校核，作好对测量控制点的保护工作。

3. 观测的时间间隔

观测的时间间隔先根据变形基本规律作估计，然后根据变形发展趋势，不断进行调正。正常我部在混凝土底板浇筑后 24 小时内将底板初始值测出来，施工观测初期，观测频次应加密，然后在底板上部发生变化时应及时进行观测，变形速率大时，时间间隔应短；小时，可适当延长。沉降观测必须连续，不能间断。每次监测均形成记录，绘制沉降观测曲线，并定期进行分析以指导施工。并提交监理工程师审核确认，最后汇总存档。

4. 每次观测时，应符合下列要求：

（1）采用相同的路线和观测方法。

（2）使用同一仪器和设备。仪器和设备在使用前进行检定。

（3）在基本相同的环境和条件下，进行观测。

（4）固定观测人员。

（5）及时检查测量手簿、填写记录总表和绘制变形曲线。

（6）如变形有异常情况或超过所规定的限值时，应及时进行反映。

（7）各项观测指标要求：

5. 测量方法

使用苏州—光 DSZ2 精密水准仪进行测量，将基准点的高程用铟瓦水准尺引入底板沉降观测点上，采用普通水准测量方法，测出所有段落沉降观测点上的高程。

6. 数据的记录及处理

及时对观测所得数据和结果进行分析整理并上报监理工程师，在发现数据异常时应及时采取有效的控制措施。所有施工期观察项目的数据收集整理分析，沉降观测记录填写应清晰、整洁，每进行一次观测及时进行数据分析。当出现异常情况时，及时向业主、监理工程师汇报。

7. 设置控制点方法与要求

结合本工程特点布设在下列位置：我部将点布设在伸缩缝两侧，方法为在底板伸缩缝两侧采用钢钉凿设标志。

四、施工测量管理

（一）质量保证措施及仪器使用制度

1. 测量作业的各项技术按《水运工程测量规范》进行。

2. 测量人员必须持证上岗，进入施工现场戴好安全帽。

3. 进场的测量仪器设备，必须检定合格且在有效期内，标识保存完好。

4. 施工图、控制点，必须经过校算校测合格才能作为测量依据。

5. 所有测量作业完后，测量作业人员必须进行自检，自检合格后，上报质监工程师核验，最后向监理报验。

6. 自检时，对作业成果进行全数检查。

7. 核验时，要重点检查轴线间距、纵横轴线交角以及工程重点部位，保证几何关系正确。

8. 加强现场内的控制点的保护，所有控制点点均明确标识，防止用错和破

9. 仪器的保养和使用制度

（1）仪器实行专人责任制，建立仪器管理台帐，由专人保管、填写。

（2）所有仪器必须每年鉴定一次，并经常进行自检。

（3）仪器必须置于专业仪器柜内，仪器柜必须干燥、无灰土。

（4）仪器使用完毕后，必须进行擦拭，并填写使用情况表格。

（5）仪器在运输过程中，必须手提、抱等，禁止置于有振动的车上。

（6）仪器现场使用时，施测员不得离开仪器。

（二）测量资料的管理

严格按规范中的精度要求进行施工测量。放样时仪器应严格对中，应有已知的校检点，水深测量应有水深检校水尺。各测量记录应写明测量时间，地段，位置，观测人及记录人。各成果资料来源应标明坐标系统，高程系统及高程等级。观测成果要有校核，复核，观测控制网及观测各部位的测量成果，必须上报监理工程师并得到批复确认后方可进行下一道工序。

加强测量人员的思想作风教育和技能培训工作，保证在岗人员的稳定，防止人员更替造成的交接疏漏。定期检验测量仪器，保证仪器不带病工作。建立有计算机管理的工程测量数据库，实行数据共享。

1. 测量记录使用规定的测量图表，填写记录和图表必须符合测量规范的规定。

2. 主要的施工测量记录和测量成果资料，必须有观测，记录和审核人员的签字。对于需向外部提交时，须经项目部技术负责人签字。

3. 需要纳入工程资料的观测资料，按照竣工资料编写的要求及时整理，并经项目主办工程师审查核对。

（三）测量人员应遵守的基本准则

1. 认真学习并执行国家法令、政策与规范，明确为工程服务，以及对按图施工与工程进度负责的工作目的。

2. 遵守先整体后局部的工作程序。即先测设精度较高的场地整体控制网，再以控制网为依据进行各局部建筑物的定位放线。

3. 必须严格审核测量起始依据（设计图纸、文件、测量起始点位数据等）的正确性，坚持测量作业与计算工作步步有校核的工作方法。

4. 测法要科学、简洁，精度要合理、相称的工作原则。仪器选择要适当，要使用精心；在满足工程需要的前提下力争做到省工、省时、省费用。

5. 定位、放线工作必须执行经自检、互检合格后，由有关主管部门验线的工作制度；此外，还应执行安全、保密等有关规定，用好、管好设计图纸与有关资料，实测时要当场做好原始记录，测后要保护好桩位。

6. 紧密配合施工，发扬团结协作，不畏艰难，实事求是，认真负责的工作作风。

7. 虚心学习，及时总结经验，努力开创新局面的工作精神，以适应建筑业不断发展的需求。

（四）网络化管理

1. 网络化管理的目的

（1）提高施工测量管理的质量和效率

这是施工测量网络化管理的首要目的。为此，必须建立一套可靠实用的管理系统并配套相应的管理制度。建立系统的过程包括需求分析、可行性研究、系统设计、系统开发、系统调试和系统运行等，其中，测管系统数据库的开发也是系统开发的主要内容之一。另外，必须建立相应的管理制度，该制度应与现有制度结合起来，并能促进后者的发展。

（2）充分发挥测管部门的核心作用

使测管部门成为施工测量的管理中心、检测中心、技术服务中心和信息中心。每一个任务中心都由专人负着，履行不同职责。测量监理按规定仍履行检测、监督、指导和管理，但是，测量监理有责任将有关信息和监测数据结果汇报给测管部门，测管部门将其与自己的检测数据进行比较分析，评估工程质量。专业测量队按需建立，与承包商测量队一起接受测管部门的管理。所有的测量队伍和测量部门都通过网络进行联系，不同单位分配不同的权限，并且权限分配到人，由此实现责任到人。测管部门设立网络中心，负责网络的运营，充分利用网络优势，履行自己的职责，体现自己的核心作用。

（3）促进工程项目管理体制的改革

测量管理体制作为整个工程项目管理体制的一部分，它的改革必然要求项目管理体制也要作相应的改革，两者相辅相成。工程项目基本的组织模式包括线性式、寄生式、自主式和矩阵式。几种模式各有优缺点，适用于不同的工程。

根据工程需要，可以将几种基本模式组合起来构成混合模式。以上几种组织模式都有一个共同的缺陷—沟通不便，这种缺陷不仅存在于一个企业的各部门之间而且存在于一个工程的各承包商之间，不仅反映在整体管理上而且反映在局部的施工测量上。国外采取了一种先进的项目组织模式—网络式动态联盟，很好地解决了这个问题。网络式动态联盟是各种动态联盟形式（包括供应链式动态联盟、总承包式动态联盟和网络式动态联盟）中的一种，它不是建立在合同关系基础上的，而是建立在自愿合作和信息与活动交互的基础上，动态联盟体内的各方未必有合同关系，各方之间根据联盟协议进行合作，这使合作各方能够在平等地位上真正实现资源共享和风险共担。在网络式动态联盟中，项目参与各方之间通过联盟体内部的信息沟通，及时了解施工进度，协调解决施工过程中出现图纸提供和材料设备的供应延误、施工工期的拖延、专业工程的交接与配合等问题。网络式动态联盟是一种真正意义上的动态联盟模式，是项目组织模式未来发展的趋势。网络化管理系统在施工测量中的应用，实际上实现了不同企业在施工测量这一专业部门之间的动态联盟，这种动态联盟是整个动态联盟中的一部分，建立的系统可以作为整个工程网络化管理系统（以下简称"工管系统"）中具有显著专业特色的子系统。因此，施工测量管理的网络化过程是整个项目管理体制改革过程的一个缩影，并能促进后者的改革。

（4）促进管理理念的创新

管理理念是管理思想、管理宗旨、管理意识等一整套观念性因素的综合。管理理念对管理的影响是深层次的，有什么样的管理理念就会采用什么样的管理模式和管理手段，从而产生不同的管理结果。网络技术，对其所提供的信息知识和技术手段，在改变企业生产和流通各个环节的同时，对传统的管理理念也产生了巨大的冲击。网络化管理的理念渗透于管理的架构、过程、方式等各个方面，主要包括三层含义。第一，人性化管理。网络经济的实质是以网络技术为基础，以创新为核心，由新经济所驱动的可持续发展经济。其中，技术的应用和创新的实现都要通过人来完成，这就要求在管理理念上进行彻底的革新，把充分发挥组织中人的内在潜力放在最为重要的地位，即"人本"管理。在网络经济时代里，管理的重心已不是组织中的群体，而是网络节点上的个体。领导的任务相应地变成了协助每个员工实现个人和组织目标的资源协调者。管理的目标在于创造一种促使员工不断学习的氛围，通过学习，激发每个员工的创造性和开拓性，从而形成组织不断创新的核心竞争力。为此，管理者应在坚持公平性、差异性和多样性的原则下，分析不同成员的各自特点，了解成员物质、精神和情感需要，为组织提供良好的工作和生活环境。第二，"数字化"管理。每一个经济时代都有与之相适应的管理思想。前工业经济时代，管理思想体现了强制性和压迫性；工业经济时代，管理思想体现了科学性和社会性；随着网络经济时代的到来，数字化管理将成为一种新的管理思想（数字化管理是指利用计算机、网络、通信等技术，通过对管理对象和管理过程进行量化，来实现管理的计划、组织、协调、控制等职能）数字化管理有两种基本含义：一是企业管理过程的数字化、信息化，即企业的人力、资金、技术等资源的获取均是基于网络的；二是管理问题的量化，即通过适当应用模型和定量化的技术来解决实际问题。数字化管理思想要求对企业经营管理模式进行一场深刻的变革，包括企业组织的创新、制度的创新、生产流程和交易流程的创新、营销方式的创新、资金筹措方式的创新等。可以说，在管理中充分地运用数字化在企业管理发展史上具有划时代的意义，可以促进传统管理理念的全面改革和创新。第三，合作的理念。传统的管理模式是建立在竞争的基础上的，进入 21 世纪，合作正逐步取代竞争而成为管理的新的指导思想。因此，未来企业能否取得成功将在很大程度上取决于企业能否有效地开展合作。

2. 网络化管理的意义

航道工程施工测量管理的网络化，顺应了当今世界管理理论和技术发展的趋势，能够推动我国工程项目管理由传统的组织模式向网络式动态联盟的更先进组织模式发展。它能大大提高施工测量管理的质量和效率，减少管理费用，减轻管理负担。它是施工测量管理技术上的一个跨越，更是管理理论和理念上的一次进步。它解决了大型施工测量管理中沟通不畅和联系不便的老问题，保障了工程施工的质量和进度，具有实际的应用价值和推广意义。

第四节　码头施工测量

一、码头工程测量

（一）基槽开挖

测量人员使用 GPS 或全站仪控制好挖泥船的挖泥位置，并在挖泥过程中要严格控制好挖泥区域宽度及挖泥的标高，在开挖完成后，测量人员对所挖区域要进行验收。

（二）基床抛石

挖泥基槽经验收合格后，便进行基床抛石。抛石时，定位方驳横跨在基槽上，用 GPS 对定位方驳进行定位，控制好定位方驳在基槽纵、横断面的位置，并用水坨控制好抛石标高。根据事先计算好的断面抛石量和实际抛石量的比较及抛石检查结果，决定移船距离，再次定位。抛石过程中先粗抛然后赶平潮进行细抛。

（三）基床粗平

定位方驳用 GPS 定位，方驳横跨在断面上，在基槽纵、横断面的位置均由 GPS 控制，下刮杠时，要控制好刮杠的高程。

（四）基床细平，极细平

1. 细平

（1）下轨道：方驳顺基槽方向驻位，陆上测量人员用 GPS（或经纬仪）控制轨道位置，标高由水准仪控制，方驳边缘竖立尺杆，其尺杆底在水下的位置即为轨道的轴线位置标高。

（2）细平完成后，测量人员用经纬仪、水准仪和水深测杆验收，1 断面/2 米，3 点/断面进行验收，顶面标高不大于 50mm 为合格。

2. 极细平

（1）细平验收合格后，对轨道高程进行复测调查，以保证轨道高程的准确。

（2）测量人员对方驳进行定位，方驳要横跨在基床上。

（3）极细平完成后，进行验收，顶面高程允许偏差不大于 30mm 为合格。

（五）方块、卸荷板安装

1. 起重船驻于码头前沿线，在安装过程中，测量人员要控制好起重船的位置，尽可能使起重船轴线与码头前沿线垂直。

2. 安放水下定位墩，在防波堤北堤建立测量控制点，控制点在方块安装轴线处，吊一个 15KG 的重锤球，陆上用经纬仪控制重锤球的位置，潜水员在水下依据重锤球尖确定定位墩的位置，在此位置钉一钢钉，以便系 22#铅丝用，此项工作要赶平潮进行，以避免潮流带来的误差，定位墩要在第一层方块前底脚 20cm 处，相邻定位墩之间用 22#铅丝连接以做为第一层方块安装的轴线。

3. 二、三、四层方块的前沿线控制以下一层方块前沿线为标准，为了加强整个码头前沿线的控制，在第三层方块安装时要重新放线，放线方法与安装第一层方块的放线方法相似，在第二层方块的沉降缝顶部插木方，然后放安装线，安装过程中控制好块与块间的缝隙，保证伸缩缝缝隙合格并上下贯通。

4. 卸荷板安装时，用经纬仪或全站仪控制好安装的前沿线。

5. 安装过程中，以四块为一个安装单元，通过锤球、全站仪、经纬仪复测码头的安装方块里程，及时调整以保证码头长度偏差。

（六）胸墙的施工

胸墙施工时，要用经纬仪或全站仪控制好模板支设的轴线。

二、重力式码头的测量

重力式码头施工测量的主要内容有：施工控制网和施工基线的测设，基槽开挖，基床抛填、基床整平和预制物件安装的测量。其高程控制除建立一定数量的水准点外，还需在附近设立水尺，观测水位，用以计算测得点的高程。

（一）基槽开挖的测量工作

开挖基槽一般由挖掘泥船进行。测量工作的任务主要是：设置挖泥导标以控制开挖的宽度和方向；测设横断面桩进行挖泥前、后的断面测量，以检查开挖是否合乎设计要求。如图 1 所示，为了控制基槽开挖的宽度和方向，可沿侧面基线朋按尺寸设置纵向导标。图的左边是基槽的设计断面图，ab 为基槽的底宽，a'b' 为基槽开挖宽度。由于基槽开挖后容易加淤，一般要超长 0.5m，超宽 1m。在正面基线 BC 上。布设描断面控制桩，每隔 5~10m 设置一桩并用里程进行编号，以控制基槽纵向开挖区间及掌握开挖断面的标准。挖泥船沿纵向，由码头前沿、自图的右方向左方，在一定宽度 1 的范围内挖泥，挖完一条后，向岸边移动 1 长再挖第二条，按此继续进行。

（二）基床抛填的测量工作

根据设计要求，基床施工的顺序是先铺砂后抛石，然后对基床表面进行粗平、细平和极细平。测量放样的任务必须为基床抛填设置方向标，同时为基床平整进行放样工作。

1. 设置方向标

为了控制施工范围的方向，需要在侧面基线土按图示尺寸设置各种控制桩；为了防止混乱，采用不同形式的方向标，以资区别。如用一对菱形标 4 控制抛砂的宽度；用一对圆形标 3 控制抛石的宽度；用一对尖头向下的三角形标 2 控制精平宽度；用一对方形标 1 控制细平和极细平的宽度。施测时，首先在基线上测设各边线的控制桩，然后在各桩垂于基线的方向上设置一对方向标。一般基线上的控制桩可兼作一个方向标。

2. 基床整平的测量工作

（1）粗平：在比较平静的水域施工时，可在船舷处伸出两块跳板，用钢丝绳吊人一根钢轨刮尺，其深度按基床设计标高及水位来决定。当水位变化时应调整钢丝绳使钢轨始终保持在粗平标高上。操作时，船应顺流缓缓前进时，潜水员在水下水平地推动钢轨，将基床中过高的石块扒向凹处，粗乎的允许误差一般为 ±20cm. 如施工水域风浪较大。则采用一金属管尺每米一个点测其标高，以达到粗平目的。

（2）细平和极细平：细平和极细平是基床施工的最后一道工序. 两者采用的方法相同，但精度要求不同。根据规范规定，细平精度为 ±5cm，极细平精度为 ±3cm。

测设钢轨时，一般先要放混凝土小方块，并在混凝土方块上标出点位，用同样方法逐点投影，将各点连结起来即为钢轨的纵向位置。同时测出混凝土方块的标高，由潜水员下水将金属管尺放在混凝土方块上，船上人员扶直尺子，使混凝土方块的高程等于预留基床高程，即钢轨顶面与基床设计标高一致。为了防止地基发生横向不均匀沉降，基床顶面一般预留 1.0%~1.5% 的倒坡，因此测定钢轨顶标高时要注意倒坡值。

如当钢轨间距为6.2m，设计倒坡为1%，则离岸远的钢轨比近的钢轨高出6.2cm。

钢轨的平面位置和标高放样以后，抛填砂石或瓜子石，由两名潜水员在水下沿钢轨顶面推动刮尺，使基床平整。刮尺要求底面平直，有足够的强度。极细平时，潜水员应拉动副尺向后退，使已平整的基床面不受破坏。

（三）方块吊装的放样工作

方块安装的测量主要是确保码头前沿线和码头横端线安装在设计位置上。一般在水下底层方块外缘约5~10cm处测一条安装基准线，作为潜水员进行水下安装的依据。

1. 吊垂法安装基准线的测设

在侧面基线上由基床底线向外5cm处设置点F，置经纬仪并测出其垂直基线方向FF'，指挥测量船行驶，使船上所挂垂线与望远镜十字丝竖丝重合，此时垂尖即为1点位置，由潜水员沿垂球尖端安装中间嵌有木桩的小混凝土方块，垂尖处钉以小钉；依次得2、3、4等点，每点相距15~20m。最后沿1、4点拉紧尼龙线成一直线，检查中间点是否在一直线上。

2. 方块的安装

根据水下基准线与底层方块前沿线的距离1预制直角靠尺。安装时由两名潜水员各携带靠尺，由起重机船配合，将底层方块安装在设计要求的位置上。底层方块安装后，和砌墙一样，逐层向上安装。必须考虑由于基床倒坡引起码头后倾的一个数值，这个数值可根据倒坡坡度及安装高度计算。

（四）墙后抛填的放样工作

重力式码头的上部结构一般为现浇，测量人员只要按设计尺寸和标高，测设出必要的点和线，为立模板提供依据。在吊装方块2、3层后，就可开始墙后抛填，测量放样工作和基床抛填一样，在岸上或水区布置抛填标志、控制各层标高。必要时进行断面测量并绘制断面团，检查坡度和分层标高是否满足要求。

三、码头斜桩测量定位技术

（一）测量定位前的准备工作

1. 外业测量的准备工作

（1）根据已有控制点和桩位的位置，在已有二期码头引桥段按C级GPS和二等水准精度要求，加密布设了平面和高程控制点。所布点位要满足PHC桩定位时的交会角不小于且不大于的工程测量规范要求。

（2）在已经制造好的PHC桩上，用白油漆做上醒目的刻划标记。做标记时，在PHC桩中间部分按1m间隔标注，接近PHC桩设计标高处，按0.1m间隔标注，以便计算PHC桩顶标高及贯入度。

（3）为了能更好反映PHC桩的倾斜方向，在打桩船两侧，布设了两个与岸上通视条件良好的临时控制点 B1、B2、B3、B4，且临时控制点 B1 与 B2 和 B3 与 B4 的连线要与打桩船导向架中心的仰俯方向线平行。用 LeicaTC802 全站仪测出打桩船上临时控制点 B1、B2、B3、B4 与导向架垂直时的中心的坐标，根据所测坐标，计算出它们之间的相对关系；再用钢卷尺量出水面至打桩船导向架转轴处的距离 L。

2. 内业测量的准备工作：

（1）首先收集齐相关资料，包括引桥段、引桥变宽段和码头段桩位布置平面图、结构图、码头施工工艺、打桩船的结构尺寸和相关性能参数等。依据《水运工程质量检验标准》《港口工程桩基规范》《交桩码头设计及施工规范》《水运工程测量规范》《水运工程测量质量检验标准》《公路桥涵施工技术规范》、选择适当的测量仪器，制订相应的测量方案。

（2）由于工程大多数桩位为不同扭角和斜度的斜桩定位测量，在斜桩的插打时应考虑斜桩的倾斜度及水平扭角两个因素。斜桩的倾斜度是指倾斜桩在垂直方向的投影与在水平方向线上的投影的比值，一般用 n∶1 来表示；斜桩的平面扭角是指斜桩中心轴线的水平投影与桩排方向间的夹角，常用 γ 来表示。在充分考虑这两个因素后，对不同扭角和不同斜度的桩位进行分类，以防混淆，再计算出定位点坐标。鉴于现场无法建立正、侧面基线，现拟采用一台 2 秒级经纬仪和两台 2 秒级全站仪共三台仪器进行桩位定位。为简化计算，现根据业主提供的首级（北京 54 坐标系）控制点建立独立的施工坐标系进行桩位交会。

（3）根据收集的各桩位布置图和结构图，先将设计图纸上北京 54 平面坐标系转换成施工坐标系，以方便计算和放样。再根据各 PHC 桩的平面扭角和倾斜度，计算出各 PHC 桩在某一高程面的桩中心坐标（因为本工程各桩位具有不同平面扭角和不同的倾斜度，故其桩中心的平面位置在不同的高程面，就会有不同的坐标相对应）。计算坐标时，每根 PHC 桩要计算出不同高程面上的两个坐标，且这两个高程面之间的距离应尽可能大些，这样有利于仪器交会定位时，能更好的反映出桩的倾斜度和倾斜方向。但一般码头斜桩设计图桩位为桩轴线与盖梁底面和横梁底面交点为准，为减少计算量，计算桩轴线与盖梁底面和横梁底面交点坐标，再计算桩顶坐标便于桩顶高程控制。再根据施工现场实际控制情况计算出不同高度处桩位坐标。（计算公式为，，其中桩轴线与盖梁底面和横梁底面交点桩中心坐标，，为该中心提高或降低高度，为倾斜度，）

（4）依据加密控制点坐标和各桩位坐标，计算每根桩在两个不同高程面上的交会方位角和竖直角。由于是斜桩，桩中心是否位于交会方向上难以判别，为了便于测量员操作，将交会桩中心的方向改为照准 PHC 桩的边沿（切边法）。

（5）根据当天的水位标高和先前采集的水面至打桩船导向架转轴处的距离，计算将要定位的斜桩在转轴标高处的桩中心坐标，再依据此点与打桩船某一侧临时控制点的相对关系，推算出这根斜桩在正确位置时，打桩船上临时控制点 B1、B2 的相应坐标。

（二）测量定位时的具体操作方法

先利用打桩船上倾斜刻度装置，把 PHC 桩调到设计斜度，再以垂球和钢尺对其进行复核。岸上测量员将两台仪器，分别按某一固定高度架设在加密控制点上，相互后视定向（如采用标称精度：测角为 2″、测距为的 LeicaTC802 全站仪和测角精度为 2″级的 SOKKIAT600 电子经纬仪）。用全站仪测出打桩船上临时控制点 B1、B2 的坐标：根据实测的坐标与理论坐标的差值和指挥打桩船往相对应方向移动，当打桩船按照要求移动完毕，再次对打桩船上的控制点进行测量（此项操作应反复进行，使实测控制点的坐标与理论坐标相差不大于 10cm 时，且与，与符号相同）。然后用两台仪器分别对 PHC 桩不同高程面进行前方交会，根据交会的情况进行调整，使其精度满足设计规范的要求。因为在调整斜桩的过程中，其位置和方向会相互影响，所以应先调斜桩的倾角，再调出斜桩的倾斜方向，最后调整斜桩的平面位置（此调整过程要反复进行，直至满足设计施工规范要求）。

（三）下桩过程中的测量

当斜桩定位精度符合要求后，就可缓慢地将斜桩顺着导向架扦入河床中，在下桩的过程中，岸上的仪器要对桩位和打桩船的位移进行实时监测。具体做法是下桩时在控制点上用一台仪器照准水面上斜桩的某一边沿，另一台仪器照准斜桩中间偏上的另一边沿，随时观察下桩过程中桩边沿是否偏离仪器视线方向，并将观察情况及时汇报至打桩船上的指挥员，直至将桩位打到设计位置。待桩锤从钢桩上脱开后，用全站仪测出已打到位的桩中心位置，检测其实际偏差。

四、高桩码头工程施工过程的测量监理

（一）施工准备阶段的测量监理

1. 按照工程项目建设的难点和特点，监理人员应该编制施工测量监理的实施细则，并将其上报，通过工程总监理工程师的审批，才能得以实施。

2. 移交测量控制点。在每一项工程项目建设之前，监理人员应先将业主所定的测量控制点移交承包人，在正式签订移交手续之前，由监理组织施工单位复测测量控制点，如果复测后发现其存在的误差较大，并超出工程建设的规定要求，应及时向业主汇报，待业主重新校队控制点后，再实施复测工作，直到复测合格后才能正式移交和使用控制点。

3. 审查测量方案。根据工程项目的特点和施工测量控制目标，在工程项目正式施工期，应要求施工企业制订整个工程系项目的《施工测量计划》，并报业主，由监理审批，优化和完善测量控制计划。同时在施工过程中，针对工程项目的测量重点和不同施工阶段的需求，可以要求承包方制订重点专项的测量方案，待所有的方案通过审批后，施工单位应严格按照此方案的内容来进行施工。

4. 审核测量设备的配备以及相关的测量人员。工程在施工准备阶段，待测量设备和人员到位后，应将测绘仪器设备的相关证书和测量人员的岗位资质证书等有关资料向监理单位汇报和审批，监理人员在此基础上综合考虑本工程项目的施工测量技术要求和测量的工作量，分析施工单位的整体实力、仪器的类型和数量以及施工单位配备的人员规模，并提出相应的的要求，从而确保工程项目的测量队伍和施工单位能够符合工程项目建设的要求。同时还要定期检查施工单位的测量设备，检查其各类物理指标是否符合工程测量的要求。

5. 查看施工控制网的设置是否正确，同时在方案中应明确叙述工程各级控制网点的布设，施工测量控制点的埋设和选点尽量做到科学、合理和牢固，便于使用，促使是对工程项目的施工不会造成影响，利于保护，如果是设为 GPS 基站点，应综合考虑多路径效应和电磁干扰等因素。此外，还要定期检查和复测施工控制点，每一次复测控制点时监理都要进行旁站，并抽查测量的相关数据，进行审核，以此确保测量的准确性。

（二）高桩码头工程施工阶段的测量监理

1. 沉桩施工测量验收

工程建设前、后的泥面和地面测量，监理单位都必须要全程的旁站，在施工过程中，严格验收重要的标高定位、大型设备的精密安装、轴线放样、预埋件埋设等工程项目，如果有必要的的话，可以重点复测有关的工程项目，严格按照施工验收程序来验收施工测量工作，如果测量验收不合格的话，坚决不能进行下一工序的施工。

（1）检查沉桩船机设备

针对施工单位所报送的《船机设备报验单》，监理人员应及时检查进场打桩船，检查的内容主要为：打桩船是否符合施工海域的施工要求、吃水深度、GPS 测量系统、起吊能力以及打桩船的桩架尺寸、锚缆布置和锤的性能是否能打所有的平面牛角桩。在符合以上要求以后，经监理人员同意后，才能正式地进行施工。此外，监理人员还要掌握每艘船的施工条件，根据天气预报及时地做出相应的防范措施，如果超出打桩船的施工能力，坚决不能施工，以此确保工程的沉桩质量。

（2）沉桩之前的质量控制

①要求施工单位对每一艘进场的船桩都要进行报验，经监理人员验收合格以后才能用于施工，其验收的内容主要包括：船桩的根数、产地、型号、灌浆日期以及制桩编号等，并做好相关的记录，其中要重点检查桩的龄期，其龄期必须要达到 14d 才能用于施工。同时还要检查桩在运输中是否有所损坏和碰撞。

②在沉桩之前，施工现场监理人应及时对桩垫的材料、厚度和加工进行仔细地检查，检查合格以后才能使用。

③吊桩之前，施工监理人员应检查吊具是否合格，吊点的布置是否准确、合理，合格后，才能进行吊桩，同时还要注意在吊桩过程中是否发生脱扣等一些异常情况。

④下桩之前，施工现场监理人员应通过船上的 GPS 系统来检查桩的斜度、平面位置和平面扭角，并做好相关的记录，待所有的施工设计符合工程规定要求后，经监理同意以后才能施工。

（3）在沉桩过程中的质量控制主要有以下几点：

①在压锤后，检查桩、桩垫是否保持在同一轴线上，如符合要求，经监理人员同意后方可施工。

②在锤击过程中，施工现场监理人员应针对设计要求控制锤的档位，如需更换档位，必须要经监理人员同意后才能施工。

③根据设计图纸提前计算好桩位坐标，并由监理人员对其进行审核，审核合格以后通过全站仪等仪器来对比打桩船上 GPS，如果对比结果在允许误差的范围内，方能开锤同时在整个打桩的过程中，要定期进行比对工作，以此来确保打桩桩位的准确性。此外，钢管桩夹桩护底以后，承包单位应对桩位进行验收，并把实测桩位的坐标资料进行整理，报验监理单位。

2. 码头、引桥墩台

（1）加大对引桥墩台和码头施工放样的巡视，验收预埋件的坐标和每一步模板的位置，如验收不合格，不允许进行下一工序的施工。

（2）在加工和焊接钢引桥的过程中，必须要根据《水运工程质量的检验标准》所对应的施工项目的要求以及允许的偏差值范围内，来逐一测量验收，其测量精度和方法必须要按照《水运工程的测量规范》的规定，对于不按照要求来实施的测量工作或者随意地编造数据等现象，监理人员应不予签认其测量资料。

（3）在上部施工过程中，由于需要大量的埋设预埋件，因此监理人员必须要做好高轨道安装轴线和控制标高、轨道梁轴线顺直等各施工阶段的测量和验收工作，根据工程项目建设的设计图纸，提前计算好坐标，并对放样成品进行有效地保护，从而确保工程的施工测量监理工作的准确性、及时行和规范性。此外，在工程竣工阶段，应及时对高桩码头的面层标高、整体尺度和前沿线位置等进行测量，以此为准确评价工程建设的质量提供一个更为真实的参考依据，确保测量数据的正确性。

第五节　水下地形测量

一、水下地形测量的基本概念、特点及作用

（一）基本概念

地形测量。所谓地形测量指的是测绘地形图的作业。即对地形表面的地物、地形在水平面上的投影位置和高程进行测定，并按一定比例缩小，用符号和注记绘制成地形图的工作。

水下地形测量。水下地形测量是地形测量的一个重要分支，是相对于陆地形测量而言的，是测绘水下地形图（水深图）的作业，是一门集测量定位、测深及数据处理技术于一体的综合测量技术，是测绘科学技术的重要组成部分，是海道测量、河流、湖泊测量的主要内容。

数字化水下地形测量。是水下地形测量发展的高级阶段和最终趋势，随着科技的发展，全球卫星定位动态实时化、测深的数字化以及数据集成处理的高度自动化三位一体便催生了数字化水下地形测量技术，是一种自动化、高效率、全天候、高精度的水下地形测量新手段。

水深测量。通常人们习惯把水深测量等同于水下地形测量，其实是不全面的，水深测量是水下地形测量的重要组成部分和主要内容。水深测量就是使用水声仪器，全覆盖测量水底深度。如果在海上或江河入海口处测量，还要加入潮汐影响（水位改正）、仪器换能器吃水改正及声速改正等，水深值要换算为地形点的高程值还需要一个相对复杂的步骤。我们知道，大地测量的高程是从某地平均海面起算的，平均海面则是通过潮汐观测确定的。如我国的黄海高程起算面，就是利用青岛验潮站19年的观测资料计算出来的平均海面。而海道测量所得的水下深度是从深度基准面起算的，这个深度基准面也是根据海区潮汐观测资料按照一定数学关系计算出来的。这两个面既有联系，以有区别。水下地形测量，可以平均海面为准测量水深值，将高程统一于大地测量基准。但现在多数水深测量数据往往是以深度基准面为准，如果进行水下地形成图时，可依据两面的关系，改化成与陆地地形图统一的高程基准。

平均海面。平均海面是指某海域或特定范围内，一定期间海面高度的平均值。这个平均海面被假定为不受大气扰动，没有引潮影响的完全静止的海面。

深度基准面。水深测量所获得的深度，是从瞬时海面起算的，同一地点不同时刻测得的深度都不一样。为了绘制海图必须规定一个固定的水面，作为深度的起算标准，将测得的水深统一换算到这一固定水面，这个固定水面就是称为深度基准面。深度基准面是在平均海面下，距平均海面为L值的一个面。确定深度基准面的原则是；既要考虑舰船的航行安全，又要充分提高航道的利用率。若深度基准面定高了，会出现图载水深大于实际水深，依此海图航行，很可能发生搁等事故。若深度基准面定低了，使本来可以航行的航道可能误认水浅而不能通过，从而降低了航道利用率。

平均海面和深度基准面是通过验潮站对周期性的升降运动的海面进行一定时间的观测后，通过潮汐分析求得潮汐调和常数，以调和常数再求得深度基准面、平均海面及验潮站有效范围的。

（二）水下地形测量特点

水下地形测量是陆地地形测量的延续，是一种特殊的地形测量。水下地形测量，在投影、坐标系统、基准面、分幅、编号、内容表示、综合原则以及比例尺确定等方面都与陆地地形测量相一致，但二者测量的具体方法却相差甚大。与陆地地形测量相比，水下地形测量要复杂得多，主要体现在技术含量高、人员及设备投入多、测量过程及数据处理步骤复杂等特点。水下地形测量既需要平面定位技术又需要特有的水深测量技术，水上定位最显著的特点就是动态实时性；传统的水下地形测量一个外业组至少需要 7 个作业员，若采用前方交会法进行水上定位，那么需要投入的设备有 2 台经纬仪、1 台测深仪及一个测量船，基测量步骤也相当烦琐。若要进行远距离定位，离岸几十甚至上百 km 海上测量，则需要一些特种定位技术和设备，如无线电定位或微波测距仪。此外，为了减少外界影响，把几种定位系统组合起来，使之互相补偿，以提高定位精度之目的，这便是组合定位系统。当然，现在全球卫星定位系统的建立及普及，给数字化水下地形测量提供了定位精度和效率更高的选择。测深仪则是水下地形测量的特有仪器，目前可供选择的测深仪种类很多，有模拟电路的和数字电路的，有单频和双频的，有单波束、组合（四波束）测深仪及多波束测深仪，还有海底地貌探测仪（又称侧扫声纳），甚至还有从空中测水深的机载激光测深仪。

（三）水下地形测量的用途

同陆地一样，海洋与江河湖泊开发的前期基础性工作也是测图。不同的是，在水域是测量水下地形图或水深图。兴建港口、水上运输、海上采油、海底探矿；海洋捕捞，发展水产；海域划界，海战保障；监测海底运动，研究地球动力等任务都需要各种内容的水下地形测量。

目前，大范围水域资源经济利用的重点，是在海洋近岸基本平坦的浅水区域—大陆架。1958 年，日内瓦国际会议议定大陆架限定在 200m 或者略大深度的等深线以内。1982 年，《联合国海洋法公约》正式确定了大陆架与 370km 专属经济区等项制度，使沿海国家对从自己本国领海基线量起的 370km 专属经济区和邻接陆地领土的大陆架，都拥有主权和管辖权。也就是说，在该区域内，沿海国家有以勘探和开发、维护和管理自然资源的主权，以及对人工岛屿与设施的建造和使用、海洋科学研究、海洋环境保护和安全的管辖权。其他国家则享有航行、飞越、铺设海底电缆和管道等自由。在一专属经济区和大陆架制度下，约有占世界总海域 35.8% 的 1.3 亿平方千米面积水域处于沿海国的管辖之下。在该海域内，蕴藏之一 87% 已探明的世界石油储量，可提供 94% 的世界总渔获量。为此，许多沿海国家纷纷抓紧进行以大陆架和大陆坡地区为主的详细专题制图工作。美国、前苏联、日本、英国等，从 70 年代就开始有计划地出版了大量不同比例尺的海底地形图，为各类用户提供服务，产生了良好的效益。美国在 1988 年 11 月统计，已先成本国的 350 万平方千米专属经济区近一半面积的海底测量任务。日本在《200 海里综合调查计划》中，预计测制海底地形图和海底地质构造图共 500 多幅，可覆盖日本沿海全部海域。1978 年已完成 1；1 万海底地形图 24 幅，1984 年出版了 1；50 万海底地形图等专题图，这些图也采用与陆地图统一的图式和投影进行编制，以保证大陆图与水域边缘图可以对接。前苏联，1974 年制订了《大陆架和专属经济区测图计划》，1975 年开始全面施测，已出版的图件主要是海底地形图。其他海洋国家，如澳大利亚、法国、英国、加拿大、伊朗、荷兰、挪威等都先后进行了大量的大陆架海底地形测量工作。这些国家在这方面，不仅起步早，而且普遍采用新技术。

我国是一个海洋大国。按《联合国海洋法公约》规定，归我国管辖的海域约有 300 万平方千米。建国以来，我国的海洋测绘事业有了较大的发展，但是 80 年代以前，主要进行的是比较单一的海洋测量，其内容局限于水深测量、底质采集和障碍物探测，由此获取的海洋地理信息，只能满足保证航行安全的需要，其用途有限。随着国际上 70 年代末海洋科学和海洋开发的迅速发展，我国的海洋测绘事业也加快了前进的速度。在引进国外比较先进的海洋测量设备的同时，积极组织科技人员自行研制了许多有一定水平的新仪器，并采取了不少先进的测量方法。从 1988 年开始，国务院要求有关部门用 10 年时间完成我国大陆架海底地形测绘任务，为维护我国海洋权益提供基础和依据。目前，黄海、东海大陆架外缘边界，按比例尺 1：20 万的图幅，形成条带覆盖，基本完成。另外，与海岸带调查同步进行的沿岸海底地形测量也取得了很大成绩。除此以外，南海也作了大量的专题测量。但与世界上一些主要海洋国家相比，差距仍然较大。据有关部门统计，已实测的海区仅占我国管辖海域总面积的 40%，估计尚有 180 万平方千米的海域需要规划、施测；现有的海图也急待更新；建立统一的陆地与海洋大地控制网，形成坚强的海平面和高程控制基础，是为维护国家主权和开发海洋资源所必需的基础建设，目前海域部分还差得多；以掌握海洋地理各种信息，如海洋地貌、海洋沉积、海洋地质构造、海洋重力异常、海洋磁场、海底地震、海洋物理化学特性、海洋生物等为目的的海洋专题测量还远远满足不了经济发展的需要；与之相应的海洋专题图和系列配套的海底地形图是海洋开发部门最关心的图种，它们具有强大生命力，是未来海图的重要发展方向，这方而我们还仅仅处在发展的初期；将目前的海洋测绘技术向自动化、高精度、全覆盖方向推进，是满足现代海洋工程建设需要的必由之路，建立满足各方面要求的海洋地理信息系统，将是未来海图走向数字化的方向。总之，要使我国的海洋测绘水平，包括水下地形测量技术，尽快跻身于国际先进行列，尚有一段艰难的路程要走。

二、水下地形测量技术的发展及现状

水下地形测量技术主要包括定位技术、测深技术及数据（集成）处理技术三大部分，因此与陆地地形测量技术相比，制约水下地形技术发展的因素更为复杂。水下地形测量是陆地地形测量的延续，其最大特点是在外业数据采集过程中增加了地形点瞬时水深的采集工作，而水深值的测量精度则是制约整个水下地形测量精度的关键环节。水下地形测量从原始的量深发展到现在高度自动化数字化水下地形测量系统，走过了漫长的道路。

（一）定位技术

定位技术是水下地形测量技术中的一个重要组成部分，这里的定位仅是指确定地形点的平面坐标（X，Y）。无论是测量海底地形，还是测量江河湖泊水底的地貌，都必须把它们固定在某一坐标系统相应的格网内，否则毫无意义。

水上定位不同于陆地上定位，主要在于待测船位是运动的、实时的。不可能像陆地上测量那样用多测回重复测量，以毫米或厘米级的精度严密平差求定点位。但水上定位的坐标基准在陆地，也就是说，水下地形测量通常采用与陆上测量相同的坐标系统。水上定位主要指海洋定位。由于海域辽阔，海洋定位根据距离岸距离的近远不同而采用不的定位方法，如光学定位、无线电定位、卫星定位、水声定位以及组合定位。

光学定位与陆上定位的原理和方法相同，以交会法为主，即通常所用的前方交会法、后方交会法、侧方交会法以及极坐标法等。早期的后方交会法多采用六分仪，点位精度比较低，不宜在近岸大比例尺测图中使用，该法早已被淘汰了。前方交会法使用则较为普遍，在 20 世纪六七十年代后的相当长历史时期内，广泛应用于近岸港口大比例尺水下地形测量中。就是现在，许多要求不高的小面积港口水域地形测量中仍在使用前方交会法定位。

极坐标法定位则是随全站仪诞生后，为开发沿岸测量自动化系统而常用之方法，尤其适用于港湾大比例尺水下地形测量。

无线电定位方法有作用距离远和全天候连续定位等特点，故在海洋定位中应用比较广泛。如海用微波测距仪是目前沿岸海区海上定位的主要仪器之一，作用距离为几十 km，测距精度为 1 ~ 2m。更远距离将采用各种不同原理的无线电定位系统，其精度也有所不同，如劳兰 - C、奥米加等。

卫星定位是利用 GPS 定位，GPS 单点定位由于受多种因素影响，精度不高，定位

精度为 5 ~ 10m，只能作远海小比例尺海底地形测量的控制。对于较大比例尺测量，可用差分 GPS 技术，其差分精度达到亚米级。目前利用小卫星实时动态差分技术其精度也可达到亚米级，当前较为流行的是实时动态差分 GPS 技术即 RTK 定位，这也是这里将重点论及的数字化水下地形测量系统重要组成部分。对于远海局部海域，如测量大比例尺海底地形或进行海上划界测量，可使用水下声学定位方法与小卫星实时动态差分技术，其中小卫星实时动态差分技术将成为今后海洋测量的主要定位技术。

当然，任何一种定位方法都是为了某种定位需要而产生的，因此存在一定的局限性。为了解决这一问题，组合定位系统便被提了出来，就是把几种定位系统组合起来，使之互相补偿，以达到减少外界影响，提高定位精度之目的。组合定位系统的种类很多，如 WINS 系统是由卫星接收机、劳兰 - C 接收机、LTN - 76 惯性导航系统、多普勒声纳系统及计算机等组成；又如 MX1105 卫导一奥米加组合导航仪，是由卫星接收机、奥米加接收机、罗经、计程仪及计算机组成。但这种组合定位系统较为复杂且价格昂贵，所以在实际水下地形测量中应用极少。

（二）测深手段的变迁

测深技术的发展大致经过三个阶段，以其使用的工具和原理区分为竹竿或铅锤测深、纲绳测深及回声测深，前两者测深技术亦称原始测深或直接测深技术。

竹竿和铅锤测深是最古老的测深技术，人类最早是用竹竿来测量水深，后来发展为用一拴有重锤的绳索测量水深，但当水深较大时，这些方法测量很不方便，也很不精确。我国最迟在唐代末年已有测深的设备，一种是"下钩"测深，另一种是"以绳结铁"测深，深度达到六十多尺，这还是浅水测深。

再稍晚一些用"纲"下水测深，即纲绳测深。"纲长五十余丈，才及水底"。纲是大绳，五十多丈，这已属深水测深了。南宋末年吴自牧的《梦粱录》上记载；"船上测水深约有七十余丈"。可见我国宋代已经有比较熟练的深水测深技术了。

随着人类活动的拓展，尤其是逐渐向深海延伸，迫切需要探测深海的工具和技术，于是回声测深便应运而生。1807 年法国的阿喇果指出了利用声反射可以测量水深，提出了关于用"回声测深"的构思。1820 年前后，法国物理学家比尤丹特以铃为声源，在马赛附近测得海水平均声速为 1500m/s。从那时起，科学界都知道声音不仅可以在水下传播，而且传播的速度比在空气中还快。此后各国科学家用不同的装置及声源进行回声测深实验。随着水声技术和电子技术的发展，到 1913 年，美国科学家费森登制造出第一台测量水下目标的回声探测仪。1917 年法国物理学家郎之万发明了装有压电石英振荡器的超声波测距测深仪。1919 年有了用笔在记录纸上记录的回声测深记录仪。采用磁致伸缩的回声测深仪在 1932 年试制成功。1930 年以后，石英晶体压电振荡超声波测深仪投入批量生产并广泛应用。回声测深仪的成功运用，对水下地形测量技术发展来说是一次革命性的巨变,大大提升了水下地形测量的效率及精度,并把实现了真正意义上的深水水深测量。

早期的超声波水深测深仪是用模拟电路设计制造的单波束测深设备,测出的水深结果是人通过对测深仪记录纸上连续的河床底部回波影象进行判读而得来的,俗称量深。实践证明,由一个有实际经验的工作人员进行判读得到的结果正确率是很高的,但是效率很低。

随着电子技术中数字电路的发展,测深仪可以直接在仪器上读出结果,便诞生了数字化测深仪。数字化测深仪的诞生,加速了水下地形测量技术跨越式发展,其与GPS 定位技术及计算机软件技术相结合,掀开了水下地形测量数字化进程的新篇章。目前我国水下地形测量行业,单波束的数字化测深仪已经基本得到普及运用,其国产化程度日益加深。数字化双频测深仪也研制成功并得到广泛应用。

传统的单波束测深仪的诞生和发展为水下测量技术的进步做出了很大的贡献,但由于它只能得到测量船正下方的水深,获取的数据量少,工作效率低,勘测成本大。严格意义上讲,传统的单波束测深仪仅仅是一种水深剖面仪。

为克服单波束测深仪的缺陷,达到水深测量全覆盖,有人曾经用"并联组合测深仪"通过多个单波束测深仪换能器在船尾排列,从而实现多个波束的发射和接收,如20 世纪 50 年代日产 PS－60。四波束测深仪就是典型代表。

"并联组合测深仪"原理引进了发射阵和接收阵的概念,是一种从单波束测深仪向多波束系统过渡的产品。

20 世纪 50 年代后,随着计算机技术和电子技术的进步发展,给超声波水深测量技术带来了新的思路和方法,一种充分利用计算机强大的数据处理功能,变传统的单波束测深技术为多波束测深技术的水深测深系统一多波束测深系统已经走向成熟。

(三) 水下地形测量技术的发展及现状

水下地形测量技术一直是伴随着水上定位技术和测深技术的发展现而发展,按照国内业界人士习惯把它划分为三个发展阶段;原始测深、传统测深及多波束测深。原始测深即指最原始的纲绳系陀测深,传统测深则是指单波束的回声测深仪测深了,多波束测深是在回声单波束测深的基础上发展来的,其实也就是回声测深的高级阶段。

按照"水下测深"的属性来划分水下地形测量技术的发展阶段不甚严密,也不够全面,无法准确体现水下地形测量技术综合发展的过程,应该把水下地形测量技术的发展分为;原始水下地形测量、传统水下地形测量及数字化水下地形测量技术。

原始水下地形测量技术即指在回声测深仪诞生之前的纲绳测深阶段技术,传统水下地形测量技术应指在 GPS 实时动态定位技术成功运用之前的技术,数字化水下地形测量技术就是现阶段的 GPS 实时动态定位技术加数字化测技术并计算机数据集成处理技术与一体。每一个技术的发展阶段不是孤立的，而是相互交融，体现在时间上有一定的重叠搭接。纵观水下地形测量技术发展全过程，该技术的发展呈加速发展之势。在我国，随着改革开放深入，科技的飞速发展，水下地形测量技术也得到迅猛发展，虽然与国际发达国家相比，整体上仍处于相对落后的局面，但这种差距正在日益缩短。如20世纪的四、五十年代，云南省大理洱海的测量，当时的测量手段是竹杆加测绳。当时国际上先进的测深技术已发展到四波束组合测深仪得到成功运用，多波速的测深理念已经确立，多波束测深仪器已研究成功。而到本世纪初，洱海再次测量时，我们的测手段已经是 GPS 加数字化双频测深仪，基本达到数字化测量水平。

　　我国目前水下地形测量技术水平，正处在以普及"数字化"技术为方向，传统技术仍占据主要地位的阶段。特别是大比例尺、小面积水域的工程地形测量，许多地方作业队使用的还是经纬仪前方交会，内业数据处理采用"拉点"成图的模式，这种"前方交会内业拉点成图"的传统作业技术，对我国水下地形测量特别是大比例尺局部水域工程地形测量贡献很大，大部分港口码头、入港航道、内河湖都是采用这种方法测量成图的。